Das große WHITE EAGLE HEILUNGSBUCH

Das große WHITE EAGLE HEILUNGSBUCH

Aquamarin Verlag

White Eagle Kontaktadressen:

White Eagle Center Deutschland:
Annemarie Libera
Schraystraße 2 · D-82110 Germering
Telefon 089/841 77 90 · Fax 089/841 77 90

White Eagle Stern-Zentrum Schweiz:
Carol Sommer
Im Kehr 79 · CH-3412 Heimiswil
Telefon und Fax 034/423 24 44

Titel der englischen Originalausgabe
HEAL YOURSELF und
THE WITHE EAGLE LODGE BOOK OF HEALTH AND HEALING

Übersetzung: Jana Faust
Titelbild: Heita Copony
8. Auflage 2000

Druck: Wiener Verlag, Himberg

ISBN 3-922936-41-5

INHALTSVERZEICHNIS

TEIL I

TEIL II

TEIL I

HEILE DICH SELBST

Der erste Teil dieses Buches möchte den Weg zum Quell allen Heilens weisen, einen Weg, der im Laufe der Zeiten immer stärker seine Bestätigung gefunden hat. Während nahezu eines halben Jahrhunderts hat White Eagle durch Grace Cooke viele Menschen, die an Leib und Seele erkrankt waren, geheilt und andere gelehrt, wie durch den Geist geheilt werden kann. In all diesen Jahren sind unzählige stille Wunder geschehen, nicht nur an körperlicher Gesundung, sondern auch hinsichtlich eines Wandels der Seele. So konnte immer tiefer erfahren werden, daß dieser Weg des Heilens, wenn er getreu und gewissenhaft beschritten wird, in ein völlig neues Leben führt.

I

DER LEBENSSPENDENDE GEIST

Wir kommen aus den geistigen Welten, um euch eine Botschaft der Liebe und Hoffnung zu bringen.

Ihr alle leidet auf vielfache Weise, die einen unter Schmerzen und körperlichem Unbehagen, die anderen unter Sorgen oder quälenden Gedanken, manche unter seelischen Belastungen und Ängsten, wieder andere zuweilen unter Zorn und Unbeherrschtheit.
Wir kommen, um euch zu trösten, um euch mit neuem Lebensmut zu erfüllen und um euch zu sagen, daß all die Prüfungen, unter denen ihr leidet, nichts weiter als Lektionen sind, die euch aufgegeben werden, um euch auf ein Land der Schönheit und neuen Möglichkeiten, ein Land himmlischen Glückes, vorzubereiten.
Wir kennen Furcht und Enttäuschung, die euch bedrängen, ebenso wie all die Härten, die ihr zu erdulden habt. Wir, in der Welt des Geistes, wissen um die vielen Prüfungen, die euch begegnen, und wir wissen auch, daß euer physischer Leib nicht immer so gesund und vollkommen ist, wie er sein könnte. Ferner ist uns klar, wie stark materielle Bedingungen euer Leben oft belasten. Glaubt aber nicht, daß wir kein Verständnis für eure irdischen Sorgen hätten. Wir sind so sehr auf euch und euer Leben eingestellt, daß wir all eure Gemütsbewegungen empfinden und uns in eure Probleme und Schwierigkeiten sehr wohl hineinversetzen können. Doch möchten wir euch kundtun, daß eine eurem Körper übergeordnete Lebenskraft in euch

wirkt und euch zeigen, wie ihr diese Lebenskraft durch eigenes Bemühen erkennen und für euch nutzbar machen könnt.

Alles menschliche Leben wird durch göttliche Gesetze bestimmt und obgleich sich immer wieder Kummer und Schmerzen einstellen, solange ihr euren physischen Leib bewohnt, hoffen und wünschen wir, daß ihr euren Bedrängnissen mit Mut begegnet und die Probleme, mit denen ihr euch auseinanderzusetzen habt, nicht nur als eine Herausforderung annehmen könnt, sondern mehr noch: als eine Möglichkeit, zu Weisheit und Meisterschaft zu gelangen. Alle schmerzlichen Erfahrungen erfordern viel Disziplin von euch. Sie sind euch aber nicht, wie viele meinen, von Gott gesandt, sondern beruhen auf dem Gesetz von Ursache und Wirkung, und ihr selber habt einmal den Samen zu all diesen Erfahrungen gelegt. Ihr selbst habt euch zu dem gemacht, was ihr heute seid, und es bringt euch nicht weiter, Gott oder sonst jemanden dafür verantwortlich zu machen.
Jedoch hat Gott das Heilmittel für alle Leiden in eure Hände gelegt. Christus brachte es der Menschheit, indem er sagte: „Liebet einander." Lieben heißt: das Gesetz erfüllen.
Liebe *ist* das Gesetz, *ist* das Leben, und wenn ihr nach dem Gesetz der Liebe lebt, wird sich alles für euch zum Guten wenden. Wenn ihr liebt, seid ihr in direktem Kontakt mit dem Geiste Christi, und alle Dunkelheit wird von euch genommen.

Wir möchten euch helfen, von irdischen Banden frei zu werden, solange ihr noch im physischen Körper weilt. Doch täuscht euch nicht: Das Leben auf dem irdischen Plan stellt eine äußerst notwendige und wertvolle Erfahrung dar, und ihr solltet daher lernen, euren Leib bei guter Gesundheit zu erhalten: durch ein Leben in Harmonie mit den natürlichen und göttlichen Gesetzen. Wenn diese Gesetze durch eigene innere Schwachheit gebrochen werden, erwächst Leid für euch — für den Menschen. Ist euch doch euer Leib von Gott gegeben und sollte mit Achtung und Rücksicht, ja mit Liebe behandelt werden. Einen anderen zu lieben, heißt ihm zur Vollkommenheit zu verhelfen. So gebt denn auch eurem Körper Liebe: überarbeitet, überanstrengt, überfüttert und verzärtelt ihn nicht; denn Christus in euch benötigt ihn als Werkzeug, um allen Geschöpfen zu dienen. — Ja, ihr habt sogar die ernste und verantwortungsvolle Pflicht, für euren Leib zu sorgen — ihn weise und vernünftig zu behandeln und ihn rein zu erhalten, denn er ist der Tempel des lebendigen Christus in euch, in eurem Herzen.

Begeht auch nicht den Fehler, euren Körper als etwas zu betrachten, dem man entfliehen sollte. Sind doch die Kräfte des Lichtes und der Finsternis gleichermaßen in ihm wirksam. Durch euren eigenen freien Willen, wenn er der Liebe des Herzens entspringt, könnt ihr das Christuslicht in jedem Atom eures Körpers verwirklichen.

Du bist Geist. Dein eigentliches Selbst ist Geist. Wenn du diese Erkenntnis durch Meditation und Gottesverehrung in dir gefestigt hast, wird der Geist in dir auch all deine physischen Atome unter seine Herrschaft bringen, bis dein Leib von Lebenskraft durchstrahlt und jede Zelle deines Körpers von deinem Geist, deinem wahren Selbst, durchdrungen ist.

Solange ihr nur im Bewußtsein des physischen Daseins lebt, ist es, als wäret ihr in einem geschlossenen Raum und könntet nur durch ein dunkles Fenster blicken. Dadurch werdet ihr oft müde und mutlos und braucht daher immer wieder Hilfe und neue Zuversicht. Ihr sehnt euch danach, über die Begrenzungen des Irdischen hinauszuwachsen, um eine klarere Sicht in die Welt des Geistes zu erlangen. Diese Welt ist gar nicht so fern von euch, und tatsächlich ist sie eure wahre Heimat — die Heimat, von der ihr gekommen seid, um einen physischen Körper zu bewohnen.

Wir, aus der Welt des Geistes, kommen zu euch, um euch jene Kraft zu bringen, die eure Seele emporhebt, eurem Gemüt Frieden und eurem Körper Stärkung gibt.

Aber es ist nicht genug, daß wir euch diese Kraft spenden, ihr müßt auch von euch aus darum bemüht sein, euer wahres Leben zu erkennen. Ihr glaubt an eine unsichtbare Lebenskraft, eine alles bewirkende Macht, die euch von Krankheit und Schmerzen, von Disharmonie und Verwirrtheit befreit. Diese Kraft aber braucht ein Tor, durch das sie eindringen kann. Und so solltet ihr euren Körper und euren Geist auf das Einströmen göttlicher Heilkräfte vorbereiten und eure Seele öffnen.

Nur allzu viele suchen Heilung, ohne sich darüber klar zu werden, daß sie Geist sind, und sie selbst ebensoviel zu ihrer Genesung beitragen müssen wie jeder Heiler, der ihnen helfen möchte. Es steht nicht im Einklang mit dem göttlichen Gesetz, daß der Leib vollständig geheilt werden kann ohne eine Mitwirkung der Seele. Ehe der Körper ganz gesund wird, müßt ihr euren Teil zu seiner Heilung beitragen, denn die Seele muß erfahren, daß es der Sinn jeder Krankheit ist, aus ihr etwas zu lernen. Betet deshalb darum, daß ihr die Ursache und den Sinn von Krankheit und Unglück, die euch treffen, zu verstehen lernt. Und seid euch bewußt — wenn euer Karma auch schwer auf euch lastet — daß es dennoch sein Gutes hat; bietet es euch doch eine Gelegenheit, durch das göttliche Gesetz, das über euch waltet, im Geiste zu wachsen und zu reifen.

Von welcher Art eine Krankheit auch immer sei: die Grundursache ist stets dieselbe, und ebenso ist auch die Kraft, die sie heilt, immer wieder dieselbe. Gott aber beschreitet geheimnisvolle Bahnen, um Wunder geschehen zu lassen. Er eröffnet mannigfache Wege, um zu heilen, Leben zu erneuern, geistiges Bewußtsein zu erweitern, den Charakter zu entfalten und des Menschen Seele schließlich zur Erkenntnis Seiner Gnade zu führen.

Versuche zu begreifen, daß du nicht dein physischer Körper bist, ebenso wenig, wie du das Kleid bist, das du trägst. Dein Körper kann mit einem Gewand verglichen werden, und wenn die Zeit für den Übergang in das Jenseits gekommen ist, dann legst du deinen Leib

beiseite, wie du ein abgetragenes Kleid fortlegen würdest. Dein wahres, dein unsichtbares Selbst hingegen liegt tief in dir verborgen. Es wird nicht nur von deiner leiblichen Hülle bedeckt, sondern auch von anderen Körpern, wie dem Ätherleib, dem Astral- oder Gefühlsleib und dem Mental- oder Gedankenleib.
Stelle dir das behutsame Ablegen dieser Körper vor wie das Abstreifen von Kleidungsstücken, eines nach dem anderen. Und dort, tief im Zentrum deines Herzens, unter diesen verschiedenen Schichten, enthüllt sich dir das Licht, der Sohn Gottes, rein und heilig. Er ist noch wie ein kleines Kind in dir, das allmählich zu voller Größe und Reife heranwachsen muß, um zum vollkommenen Menschen, zum Christus-Menschen zu werden.
Wenn du dich an dieses innerste Zentrum wendest, an den reinen Geist, der ganz Liebe ist, öffnest du dich dem Einströmen der Christus-Heilkraft. Das kann auf vielfache Weise geschehen. Vielleicht hast du ein Leiden, das mit Hilfe der 'weißen Magie' dieser Christuskraft augenblicklich überwunden werden kann. Doch mag das deiner Seele unter Umständen gar nicht förderlich sein. Jede körperliche Krankheit hat ihre Wurzel in einer Disharmonie der Seele. Deshalb muß, um ein körperliches Leiden heilen zu können, über die Seele auf den Körper eingewirkt werden, sonst kommt lediglich nur ein Stückwerk, nur eine zeitlich begrenzte Linderung zustande.
Geistiges Heilen wirkt nicht nur auf den Leib, sondern beeinflußt auch deine Seele und dein ganzes Leben. Körper und Seele werden dadurch immer stärker vom Christusgeist, von reiner Heilkraft, durchdrungen. Diese Kraft wird dich stets so führen, daß du das Gute, Schöne und Wahre wählst und geduldig, nachsichtig, tolerant und versöhnlich bist. All diese Eigenschaften werden sich allmählich in jeder Seele entfalten, die fest auf die Heilkraft Gottes vertraut.

Der Geist kann die Schwingung des physischen Körpers, die Schwingung der Materie, verändern, und das Herz des Menschen ist dazu geschaffen, wie ein Gefäß das Einströmen des Geistes, welcher, in einfachen Worten gesagt, Liebe ist, zu empfangen. Möge keiner den Fehler begehen und denken, er sei ja nur ein Mensch, und deshalb könne niemand von ihm erwarten, daß er ein Spiegel reiner göttlicher Liebe sei. Der Mensch ist sowohl göttlich als auch menschlich. Jesus war ein Mensch, und doch wurde er zugleich durchstrahlt von Christus, dem Sohn Gottes.

Der Christus, der sich in Jesus offenbarte, sagte: „Ich bin die Auferstehung und das Leben." Wenn der Mensch versuchen würde, sich der ewigen Gegenwart des Christus bewußt zu werden, könnte er den Zustand völliger Genesung, völligen Geheiltseins erlangen. Christus ist das Leben, der lebensspendende Geist, der durch des Menschen Geist und Seele auf seinen Ätherleib, auch Lichtkörper genannt, einwirkt. Der Ätherleib ist eine Art Bindeglied oder Vermittler, durch welchen die göttliche Lebenskraft in den physischen Leib einströmt.

Erlaube deinem irdischen Verstand nicht, diesen Leib zu verdunkeln, denn er ist das Gewand deiner Seele. Indem du lernst, wahrhaft zu lieben, wird dein Ätherleib zu einem Körper des Lichtes und durchstrahlt deinen physischen Körper, verleiht ihm Leben und Gesundheit. Und durch dein Leben, durch dich, können auch Licht und geistige Nahrung jeder Seele geschenkt werden, mit der du in Berührung kommst — als eine Segnung, die du selbst erfährst und weitergeben kannst.

Suche oftmals den Kontakt mit dem göttlichen Leben. Suche, durch Gebet und Meditation, ein tieferes Wissen über die inneren Welten und die Freude und Schönheit, die dort herrschen, zu erlangen. Nähere dich dem goldenen Licht, dem Meister der Liebe, und nimm ehrfürchtig die Gaben an, die Er dir darbringt.

******

II

ERKENNE DAS GEISTIGE IN DIR

Wir sagen euch immer und immer wieder, daß Gott niemandem von euch Leid aufbürdet. Er lenkt vielmehr das vom Menschen selbst verursachte Leid in einer Weise, daß es Gutes und Förderndes in das Leben des einzelnen bringt. Durch wechselnde Bedingungen und Einflüsse auf der Erde und in der Atmosphäre, keimt der Same des Lebens – schlägt seine Wurzeln und wächst allmählich zu einer vollkommenen Blume heran.

Die Seerose, welche ihre Knospe über die stille Wasserfläche erhebt und sich der Wärme und dem Licht der Sonne öffnet, hat ihre Wurzeln tief in den Schlammboden des Teiches gesenkt. Genauso verhält es sich mit dem Leben des Menschen. Wer zur Vollkommenheit heranwachsen will, muß zunächst seine Wurzeln und auch den Schlamm, von dem sie sich nähren, vergessen und nur an das Licht, dem er entgegenstrebt, und an die Schönheit und die Kraft Gottes denken.

Wenn du krank und müde bist, suche die Nähe des strahlenden Christus und nimm Seine Liebe, Seine Kraft und Seine Schönheit tief in deine Seele auf.

Einem jeden von euch gibt Er die Gewißheit, daß sich das Leben nach einem großen göttlichen Plan vollzieht. Es ist das Wichtigste für euch, den engen Kontakt mit Christus aufrechtzuerhalten. Wenn ihr das tut, kann nichts mehr fehlgehen, nichts mehr falsch verlaufen. Ihr braucht euch dann nicht mehr zu sorgen, ob ihr dies oder das oder jenes tun solltet. Eure Entscheidungen werden für euch getroffen werden, doch kann dies nur geschehen, wenn ihr zum Geistigen erwacht seid und euch zu einer höheren Schwingung erhoben habt, die es euch ermöglicht, euch unmittelbar der sanften Führung der allmächtigen Göttlichen Gegenwart in eurem Herzen anzuvertrauen.

Der heilige Gral ist die immerwährend brennende Flamme, die in deinem Herzen erstrahlt, und deren Glanz du verbreiten kannst.

Laß diese Flamme stets in deinem Herzen scheinen. Wir sagen dir dies so oft, weil wir wissen, daß es das einzige ist, was dir in deinem Leben helfen kann. Es gibt so viele Dinge, die deinen Geist ablenken und deine Seele beunruhigen, doch rufe dir immer wieder in Erinnerung, daß dieses Licht, diese Gegenwart Gottes, in dir ist und die Macht inne hat, über all deine Gedanken und Gefühle, über deinen Körper und deine materiellen Bedingungen zu herrschen.

Wenn ihr gelernt habt, euch willentlich von den äußeren Wirren des Lebens in die Stille und den Frieden eures ewig lebendigen Geistes zurückzuziehen, werdet ihr die Kraft gewinnen, eure irdischen Schwierigkeiten zu überwinden. Ihr alle leidet unter Problemen und Ängsten, habt aber noch nicht verstanden, daß ihr sie euch selbst erschafft und ebenso auch fähig seid, sie selbst zu überwinden.

Manche unter euch beten ernsthaft um die Lösung ihrer Probleme. Ihr alle sehnt euch nach Licht und geistiger Erhebung. Doch, meine Freunde, seht ihr denn nicht, daß nur durch die Disziplinierung des äußeren Lebens eure Augen sich öffnen und euer Gespür für die himmlischen Wahrheiten gesteigert werden kann? Diese Wahrheiten könnt ihr erst erschauen und begreifen, wenn ihr euch der Schulung durch Disziplin unterzogen habt. Dankt daher Gott für alles Leid und alle Prüfungen, die zur Erlernung der Selbstdisziplin notwendig sind. Erst durch sie werdet ihr die Schönheit des himmlischen Lebens wahrhaft verstehen und in euch aufnehmen können.

Wenn du dich deinen täglichen Aufgaben widmest, vergiß nicht jene

ruhigen Augenblicke, in denen du in der Stille deines innersten Heiligtums eine geistige Kraft spürst, die dich behutsam wie mit Engelsflügeln berührt. Auch unter der Belastung des Alltags lausche der sanften Stimme deines Innersten. Laß die Welt mit all ihren Konflikten, ihrer Selbstsucht und Gleichgültigkeit an dir vorüberziehen und bewahre in deinem Herzen die Schönheit und Harmonie des himmlischen Lebens. Wir alle brauchen Geduld — einer mit dem anderen. Sei geduldig deinen Mitmenschen gegenüber, hege gute Gedanken für deine Umwelt. Dies ist der Weg, um sich der unsichtbaren Welten und der geistigen Ebenen des Lebens bewußt zu werden.
Du kannst nicht mehr tun als so zu leben, wie Christus es dich lehrte: liebevoll, heiter und gelassen — in Seinem Geiste. Versuche, dir nicht mehr aufzubürden, als du zu tragen vermagst. Erziehe dich dazu, immer eines nach dem anderen zu tun, ruhig und überlegt. Was du nicht zur Vollendung bringen kannst, ruht in Gottes Hand, und Gott wird es weiter fügen. Alles, was Er von Seinen Kindern erwartet, ist, auf die harmonischste und liebreichste Art das Beste zu geben.
Gib in aller Stille dein Bestes, und du wirst in Übereinstimmung mit dem göttlichen Gesetz arbeiten, das krumme Wege gerade werden läßt und Gesundheit und Harmonie wieder herstellt.

Wenn du gesund und glücklich sein möchtest, mußt du vor allem dem Göttlichen, dem Geistigen, Beachtung schenken. Zwar zieht dein Körper dich immer wieder herab und materielle Dinge gewinnen die Oberhand, Sorgen häufen sich an und drohen, dich zu ersticken, doch sind alle diese Dinge nur Schatten.
Die Zeit wird kommen, da du diese Wahrheit erkennen wirst, auch wenn du sie im Augenblick noch nicht begreifst. Wir sagen dir von unserer geistigen Warte aus, daß alle irdischen Dinge nur Illusion sind. Das einzig Wirkliche, das über den physischen Tod hinaus weiterlebt, ist das göttliche Gesetz in dir; denn du bist Geist, bist ein Kind Gottes. Gottes Liebe für dich ist jenseits aller menschlichen Vorstellungen. Sie ist allumfassend und wird dich nie im Stich las-

sen, solange du zu ihr aufschaust. Sie wird dich durch alle Prüfungen hindurchtragen, die du zu überwinden hast.
Wir können nicht oft genug wiederholen, daß dir alle Prüfungen des irdischen Lebens gesandt werden, damit du durch eigene Erfahrung zu Weisheit und geistiger Kraft gelangst. Gott, der große Architekt des Universums, vergeudet Sein 'Material' nicht. Er errichtet Seine Werke im Einklang mit den großen kosmischen Gesetzen. Er setzt den Grundstein zum Tempel des menschlichen Lebens genau, gerecht und vollkommen.

Nachdem du nun belehrt worden bist, daß du Geist bist, und der Geist Meister über deinen Körper werden soll; nachdem du von uns gelernt hast, daß Gott All-Liebe ist und dir, Seinem Kind, Seine Sorge angedeihen läßt, halte an dieser Wahrheit fest, damit du sowohl im irdischen als auch im geistigen Leben die Früchte einer reichen Ernte empfangen kannst. Du wirst etwas vom Glanze der Vater-Mutter-Sohn Gottheit, der heiligen Dreiheit, in deinem irdischen Leben zum Ausdruck bringen. Gottes Gesetze sind unfehlbar. Sei nicht verzagt, wenn sich die Dinge in deinem Leben nicht augenblicklich ereignen, nicht sofort geschehen. Du darfst niemals zweifeln, denn sobald du dies tust, stärkst du die Macht der negativen Kräfte.
Wie sehr du auch geprüft wirst, verliere die Wahrheit nicht aus den Augen. Wenn dich einer deiner Mitmenschen in der äußeren Welt mißverstehen oder gar verhöhnen sollte, dann sei dir bewußt, wie unwissend die Welt in Bezug auf geistige Kräfte und geistiges Leben ist. Behalte dein Wissen, deine Meinung für dich und erhalte dir deinen Glauben an den lebendigen Gott, an die lichten Lebenskräfte, die in dir wirken. Indem du festhältst an der Gewißheit des göttlichen Lichtes in dir, wird dieses heller und strahlender leuchten. Es führt dich stets auf den harmonischen Weg, den Weg, der Leib und Seele heilen kann. Mit Geduld, mein Freund, mein liebes Kind, werden dir die Früchte des vollkommenen Lebens auf Erden geschenkt werden.

Wir möchten, daß ihr die Welt und euren Leib vergessen könnt und euch als Teil Gottes begreifen lernt. Ihr seid Geist und führt ein Leben in der geistigen Welt, die der materiellen Welt übergeordnet ist. Strebt stets empor in diese geistige Welt und bringt in euer irdisches Dasein die Schönheit und die Sanftmut eurer wahren geistigen Natur, die ein Teil der göttlichen Natur ist. Der Meister Jesus sagte: „Seid vollkommen, wie euer Vater im Himmel vollkommen ist." Das heißt: Wisset im innersten Herzen, daß ihr in Gott vollkommen seid. Jesus sprach auch: „Ich und der Vater sind EINS." Er lehrt all seine Brüder auf Erden, diesem Weg der Wahrheit zu folgen, zu verstehen, wie sie und der Vater tatsächlich EINS sind, und Gott der Schöpfer allen Lebens ist. Er möchte euch zeigen, den Geist Gottes in euch zu erkennen und euch bewußt zu werden, daß ihr in euch die Macht besitzt, ein vollkommenes Leben auf dieser Erde zu erschaffen, mit Hilfe des vollkommenen Geistes in euch, welcher EINS ist mit Gott, dem Vater.

******

III

SCHÖPFERISCHES DENKEN

Erinnert euch an das, meine Brüder, was wir euch über die Ursache aller Krankheiten und den Quell allen Heilens gesagt haben. Denkt daran, wie euer gewohnheitsmäßiges Denken entweder aufbauend oder zerstörend sein kann. Disharmonie in eurem Denken und Leben verursacht Krankheit, Harmonie dagegen Gesundheit. Vermeidet daher allen Groll, jegliche Furcht und Kritik. Haltet euch nur an positive, gütige, Gott-nahe Gedanken, dann wird das Licht in euch einströmen.

Sind all die Dinge, die euch im Alltag umgeben, denn wirklich so wichtig? Die Wirren des materiellen Lebens mögen euch umtoben; doch werden sie den Tempel eures Herzens nicht erreichen und das Heiligtum in euch nicht berühren können, es sei denn, ihr selbst laßt dies zu.

Eine der Lektionen, die der Jünger auf dem Pfad der geistigen Erleuchtung zu erlernen hat, beinhaltet, daß ihm in Wirklichkeit nichts geschehen, ihn nichts verletzen kann.

Der natürliche Instinkt des Menschen verleitet ihn zwar dazu, sich zu fürchten, doch der Geist der Wahrheit muß in deinem Innersten die Erkenntnis wachrufen, daß nichts dein wahres Selbst berühren kann. Ermutige und stärke daher diesen Gedanken, bis er sich fest in dir verwurzelt hat. Nichts kann dir widerfahren, und es gibt nichts zu fürchten, außer der Furcht selbst. Wenn du dein volles Vertrauen auf

Gott setzt, wird das weiße kosmische Licht dein Wesen durchströmen, und alle Finsternis wird von dir weichen.
Lebe still, ruhig und gelassen in Gottes Liebe. Jedes Leben in Gott wird gekrönt durch die Liebe. Und Liebe bedeutet: vollkommenes Glück und vollkommene Freude.

Wenn ihr euch auf das Negative konzentriert, verstärkt ihr dadurch nur dessen Einfluß auf euch. Wenn ihr aber aufhört, negativ zu denken, entzieht ihr dem Negativen alle Lebenskraft, und es wird allmählich dahinsterben. Die Leute sagen oft: „Wir dürfen uns doch den Realitäten nicht verschließen — wir müssen doch den Tatsachen fest ins Auge schauen ..." Nun, meine lieben Freunde: die w i r k l i c h e Realität ist das Licht — ist alles, was positiv, gut, rein und wahr ist. Jenes, was ihr als schlecht und als Übel bezeichnet, das ist unwirklich, ist nicht das wahre Leben. Konzentriert euch daher stets auf das Gute, auf Güte, Schönheit und Liebe und verweilt darin; lenkt eure Gedanken dorthin.
Kennt ihr die Geschichte des Meisters, der einmal mit seinen Schülern an einem verendeten Tier vorüberging? — Die Schüler wendeten sich angeekelt ab und äußerten Abscheu vor dem toten Körper. Der Meister hingegen sah nichts Abstoßendes in diesem Anblick und sagte lediglich: „Wie wunderbar weiß doch seine Zähne sind!"
Ihr seht: Man kann in allem etwas Schönes erblicken. Lernt daher, die Schönheit in den Dingen zu sehen und euch daran zu erfreuen. Eine solche zugewandte, liebende Haltung den Menschen und dem Leben gegenüber wird euch helfen, das Wesen Gottes zu erkennen und den Quell göttlicher Magie und Heilkraft für euch und eure Mitmenschen zu erschließen.

Wenn Depressionen, Furcht und Ängste euch bedrohen, dann meint ihr wahrscheinlich, diese seien nichts weiter als natürliche, menschliche Regungen. Die Wahrheit ist aber, daß ihr selbst solche Gedanken heraufbeschwört, weil ihr sie magisch an euch heranzieht.

Der Mensch ist wie ein Magnet. Er zieht Engel des schöpferischen Lichtes oder Engel der Finsternis und des Verderbens zu sich heran. Die Engel des Lichtes kommen nahe zu denjenigen, die demütig und wahrhaftig dem Großen Weißen Geiste dienen wollen.
Der Sinn des Menschenlebens ist es, zum Bewußtsein seiner göttlichen Eigenschaften zu gelangen, und der Weg, dies zu erreichen, besteht darin, sich gedanklich immer mehr in die Sphären des Lichtes emporzuschwingen, sich stetig fortschreitend den konstruktiven Kräften und der Allmacht Gottes zu öffnen und anzuvertrauen.
Ganz gleich, ob ihr euch dem Studium der Wissenschaften oder den geistigen und esoterischen Wahrheiten widmet, bevor ihr nicht in eurem Seelenleib die Lichtatome, die konstruktiven Gott-Atome erschaffen habt, werdet ihr dem Leben nicht so dienen können, wie ihr es möchtet und anstrebt. Es ist keineswegs dasselbe, etwas mit dem Verstand zu erfassen oder es vom tiefsten Inneren her zu wissen. Etwas von innen heraus zu wissen, beinhaltet spontane gute Gedanken und unmittelbares gutes Handeln, ein freudiges Aussenden jenes Lichtes, das Liebe ist. Liebe, die schöpferisch gestaltend wirkt und die Lichtschwingungen eurer Welt und eures physischen Körpers erquickt, stärkt und erhöht.

Immer wieder sagen wir euch, es wird sich alles letztendlich zu eurem Wohlsein, eurem Glück und Seelenfrieden auswirken. Doch müßt ihr hierfür auch arbeiten und beten und täglich eine Zeit der besinnlichen, meditativen Stille einhalten. Das wißt ihr ja auch selbst sehr wohl. Doch der Sog des modernen Lebens mit all seinen Belastungen ist so groß, daß ihr immer wieder die Wichtigkeit und Notwendigkeit dieser täglichen Vereinigung mit den geistigen Welten, dem 'Brechen des Brotes des Lebens' vergeßt. Eine solche tägliche besinnliche Stille, zusammen mit einem liebevollen Dienen in der Welt, werden aber in euer Wesen und Sein unendlich viele Lichtelemente einbauen, welche die Finsternis erhellen und die zerstörenden Kräfte, die um euch und in euch wirken, überwinden und besiegen. Das ist das Geheimnis der Verwandlung des schweren, dunklen Metalls der groben Materie in das reine, strahlende Gold des Geistes.

Wir möchten noch einmal hervorheben, wie wichtig es ist, euch andauernd zu bemühen, gute Gedanken zu hegen, denn solche Gedanken bauen nicht nur den geistigen Leib auf, sondern verfeinern auch den physischen Körper des Menschen.

Richtiges Denken beruht auf Gott. Es ist göttliches Denken. Was der Mensch heute denkt, das wird er morgen sein. Täglich erschafft er von neuem seinen Körper, sein Leben, seine Seele und erbaut sich durch die Kraft seiner Gedanken sein geistiges Reich. Richtige Gedanken, Gottes-Gedanken, erfordern Selbstdisziplin, und die Ausübung einer solchen Anstrengung erscheint den meisten Menschen leider zu groß zu sein. Seid euch aber bewußt, wie entscheidend das fortwährende Sich-Bemühen ist. Der Mensch, der sein Ziel erkannt hat und unentwegt demselben zustrebt, erringt damit vollkommene Gesundheit und ein vollkommenes Glück.

Lebe dein ganzes Leben mit und in göttlichen Gedanken. Schaue aus nach dem Guten. Glaube an das Gute. Vertraue dem Guten. Höre nie auf, wohlwollend und mitfühlend deinen Mitmenschen und der Welt gegenüber zu denken. Das Ergebnis einer solchen Denkungsweise wird dich in Erstaunen versetzen.

Wenn dich Kummer, Schmerzen, kleine Unpäßlichkeiten überkommen, dann ist es besser, anstatt sie zu nähren, einen vollkommenen Gedanken, einen Gottes-Gedanken an ihre Stelle zu setzen. Wir wissen, dies ist ein Zukunftsbild der Vollkommenheit, doch wir wissen auch, daß der Mensch, bevor er dies nicht täglich übt und ausübt, in seinem Irren, seinen Wirren, seinen Verirrungen weiter fortfahren wird.

Ein Leben, das durch gute, positive Gedanken beeinflußt wird, ein Leben, das vom Herzen oder vom Christusgeist geleitet wird, verläuft geordnet, friedlich, harmonisch und glücklich. Nichts kann ein

solches Leben erschüttern oder stören. Eine gute, schöne und harmonische Ordnung macht alle Dinge neu und vollkommen. Andererseits kommt ein Leben, das unkontrolliert, unbeherrscht, unglücklich, wirr und disharmonisch verläuft, unter den Einfluß negativer Gedanken und niederziehender Kräfte. Dennoch rief Jesus am Kreuz: „Vater, vergib ihnen, denn sie wissen nicht, was sie tun." Es ist die Gleichgültigkeit, die Ignoranz, die das Chaos verursacht. Gleichgültigkeit und Ignoranz gleichen dem Chaos der Finsternis. Wenn die Seele einmal ernsthaft Wissen und Verständnis sucht, begibt sie sich auf den Pfad, der zu Weisheit, Harmonie und Glück führt.
Wenn alle eure Gedanken durch den Geist geprägt und aus der Kraft des Herzens gespeist werden, wenn alle eure Gedanken auf Gott gerichtet sind, dann muß zwangsläufig auch ein richtiges Handeln die Folge sein. Ist der Gedanke erst richtig, dann wird auch die Tat richtig sein. Richtig handeln heißt: göttlich handeln. Denke gut. Weise alle üblen und negativen Dinge von dir. Suche nur nach dem Guten — nach Gott.

Immer wieder sagen wir: Übt das Still-Werden, das Ruhig-Werden. Für einige von euch ist das gar nicht so einfach, denn eine Unzahl von Gedankenformen dringt in die sensible Aura ein und verwandelt sie in ein unruhiges, zuweilen sturmgepeitschtes Meer. Trotzdem kann und wird der Zustand der Stille durch andauernde Anstrengung und Bemühung erreicht werden. Ein Meister, der durch langes Training Gedankenkontrolle erreicht hat, kann sich in einem überfüllten Raum oder einer Menschenansammlung ruhig bewegen und wie in einen schützenden Mantel gehüllt sein, unbeeinflußt durch all die vielen Gedankenkräfte, die auf seine Aura einstürmen. Eine solche Kontrolliertheit und Selbstdisziplin wird natürlich nicht in wenigen Augenblicken erreicht, noch in einigen Wochen oder Monaten. Sie kann erst nach einer stetigen Willensanstrengung während einer langen Zeitdauer gewonnen werden.
Der erste Schritt nach vorn ist, deine Aura durch das Heranziehen

aufbauender Lichtatome mit guten Kräften anzureichern. Das geschieht unter strenger Abwehr aller zerstörenden, pessimistischen und vor allem ängstlichen Gedanken. Erstrebe geduldig den unbedingten Willen zum All-Guten. Das wird in deine Aura positive Atome einschleusen, welche eine starke, schützende Hülle um dich aufbauen. Diese Hülle ist nicht etwa undurchlässig, sondern durchscheinend, damit das in dir gesammelte Licht durch deine Aura hindurchströmen kann, und alle Menschen deine Wärme, deine Kraft und dein Wohlwollen spüren, die von dir ausstrahlen.
Eine andere Methode, der weltlichen Hast zu entrinnen, besteht darin, deinen Atemrhythmus zu verlangsamen. Atme so tief du kannst, ohne dich unwohl zu fühlen. Langsameres und tieferes Atmen wird alle aufgebrachten Schwingungen besänftigen und einen schützenden Einfluß auf deine Aura ausüben. Wenn du dich dann wieder einmal in einer großen Menschenmenge befindest und unter deren Gedanken und Emotionen leidest, halte einfach inne und atme ein wenig tiefer und langsamer. Du wirst erstaunt sein, welche von innen her kommenden Kräfte dann in dich einströmen werden.
Einige von euch werden erfahren, wie es ihnen hilft, ihr rastloses Gemüt zu beruhigen, wenn sie sich den Stern des Lichtes vorstellen und sich auf ihn konzentrieren. Oder ihr vergegenwärtigt euch euren Meister nach eurer eigenen Vorstellung, vollkommen in Gestalt und Antlitz, sanft und gütig und in himmlischem Lichte erstrahlend.
Es ist gut, sich ein solches Bild eures geliebten Freundes und Lehrers vor Augen zu halten und ihm eure volle Aufmerksamkeit zu schenken. Es wird euch helfen, selbst all die Eigenschaften eines vollkommenen Menschen in eurem täglichen Leben zum Ausdruck zu bringen.

Viele von euch fragen, wie das Eindringen alltäglicher Gedanken in die Meditation verhindert werden kann. Wir meinen, der beste Weg ist, diese Eindringlinge erst gar nicht zu beachten. Sorge dich nicht darum. Konzentriere dich einfach umso intensiver auf die göttliche

Gegenwart in deinem Inneren. Eine solche Konzentration wird sich dann so machtvoll und beherrschend auswirken, daß alle weltlichen Gedanken beseitigt werden und die von dir aufgebaute starke Gebetskraft nicht mehr zu stören vermögen. Konzentriere dein ganzes Wesen auf Gott, bis die Verwirklichung Seiner Liebe eine so starke Notwendigkeit für dich wird, daß dir nichts anderes auf der Welt mehr wünschenswert erscheint. Wenn dich die Sehnsucht nach Seiner Liebe ganz und gar in Besitz genommen und dich mit Macht und Licht erfüllt hat, dann wird alles andere von dir abfallen, und du wirst zum Ausdruck der lebendigen Kraft göttlichen Lichtes werden.
Genauso ist es auch im Umgang mit deinen Mitmenschen. Wenn du in irgendwelche kleinen mitmenschlichen Schwierigkeiten oder Differenzen verwickelt bist, ist es besser, diese ganz außer Acht zu lassen. Konzentriere dich stattdessen mit deinem ganzen Wesen auf die Macht und Stärke des Christus in dir, und alle dich bedrängenden Nichtigkeiten werden verschwinden. Viel zu viel Zeit wird oft mit unnötigen Aufregungen und nutzlosen Sorgen verschwendet; und Berge werden oft aus kleinen Maulwurfshügeln erschaffen. Wenn du Vergeltung üben willst, weil du meinst, du seiest ungerecht behandelt worden, dann erinnere dich des Ausspruchs: „Mein ist die Rache, die Vergeltung — spricht der Herr." Die Auswirkung Seiner Gesetze kannst du in aller Ruhe Ihm selbst überlassen.
Sei dir auch bewußt, deine Weggefährten werden ebenso wie du von den Ereignissen des menschlichen Lebens betroffen. Ihre Verhaltensweisen und ihre Verwirrung rühren oft von Gefühlen, von Emotionen her, die sie sich zuweilen selbst nicht recht erklären können. Jede Seele strebt hin zum Licht, genauso wie du. Deshalb übe dich darin, hinter die Dinge zu schauen, und du wirst dort etwas Wahres, Christus-Ähnliches finden, das vielleicht sehr tief im Verborgenen ruht. Doch es ist da, und wenn du es suchst, dann wirst du es auch finden. Wenn du dir das vor Augen hältst, wird dir geholfen werden, dich ruhig, liebevoll und freundlich gegenüber deinen Brüdern und Schwestern zu verhalten.

Laß dein Glück und deinen Frieden weder von irdischen Dingen noch von anderen Menschen abhängig sein. Blicke über Karma, Verwirrung und Unklarheit hinweg, schaue auf zur Ewigkeit des Geistes. Durch Konzentration auf Gott und durch das Erwecken der wahren Fähigkeiten deines höheren Selbstes, wirst du das Richtige tun und all deine Bemühungen auf die beste, wahrhaftigste und schönste Art für dich und andere einsetzen können. Bist du in Einklang, Harmonie und Liebe zu Gott, brauchst du dich um die negativen Dinge nicht mehr zu kümmern, denn sie werden auch ohne dein eigenes Zutun wieder in Ordnung kommen.

******

IV

DAS WALTEN DES GÖTTLICHEN GESETZES UND DIE BEFREIUNG VON LEID UND SCHMERZEN

Jede Seele muß sich früher oder später dem göttlichen Gesetz weihen, welches Liebe heißt und durch das nicht nur das physische Leben, sondern auch die jenseitigen Sphären und die Welten des Alls beherrscht werden. Nichts entgeht diesem Gesetz. Gott ist die große bewegende Kraft, die das Räderwerk des menschlichen und kosmischen Lebens dreht und in Gang hält. Wenn du ein Problem hast, kannst du es lösen, indem du dich Christus anheimgibst. Nicht dem individuellen Christus, sondern dem lebenskraftspendenden, allgegenwärtigen, universalen Christus-Geist. Wenn du dies vermagst, wird sich dein Problem wie von selbst lösen. Bist du in Schwierigkeiten, dann wende dieses Gesetz der Liebe an, und du wirst unfehlbar die Antwort auf deine Fragen erhalten.

Ihr alle seid unserem Herzen teuer. Wir wachen über euch und verstehen eure Probleme, wenn wir sie auch nicht in demselben Licht sehen wie ihr. Unsere Aufgabe ist es, euren Geist zu leiten und euer Bewußtsein auf eine höhere Ebene emporzuheben, auf eine Ebene des Lichtes und des Friedens, welche jenseits der Konflikte und Depressionen des physischen Lebens liegt. Was immer auch eure Probleme sein mögen, wisset, daß Gott über allem wacht, — und es eine gerechte und vollkommene Auswirkung alles menschlichen Karma gibt. Seid aber auch darauf bedacht, nicht wieder neues schwieriges

Karma zu verursachen. Zwar erschafft ihr euch immerfort neues gutes oder nicht gutes Karma; doch was gestern war, könnt ihr heute nicht mehr ändern. Was ihr jedoch heute und jeden weiteren Tag tut, das prägt und gestaltet eure Zukunft. Ihr selbst erschafft euch eure Lebensumstände und Bedingungen im Diesseits und Jenseits. Heute könnt ihr den Samen für ein gutes Karma säen, dessen Ernte euch in ein neues goldenes Zeitalter führen wird. Täglich könnt ihr euch mehr aus den dunklen Nebeln befreien und der goldenen Stadt entgegenwandern. Das ist kein Traum. In fernen, weit zurückliegenden Zeiten, vergessen und ausgelöscht im Gedächtnis der Menschen, gab es goldene Städte, in welchen Eingeweihte als Könige regierten. Es steht in eurer Macht mitzuhelfen, jene goldenen Städte neu erstehen zu lassen. Lebet im Licht, in Liebe und im Dienste des Herrn der Welten.

Wir möchten alle trösten, die unschlüssig und traurig sind. Wie aber können wir euch am besten die Liebe und Weisheit des Ewigen Geistes begreiflich machen? Alle Dinge wirken sich zum Segen aus. Die göttliche Gesetzmäßigkeit durchdringt alles Leben, und aus Unwissenheit und Finsternis entwickelt sich das Gute. Ein weiser und gütiger Plan liegt dem geistigen Wachstum des Menschen zugrunde. Seid nicht besorgt um eure Zukunft, liebe brüderlichen Freunde. Wir versichern euch, es wird alles gut, und hinter allem Leid und Verzicht liegt ein weiser Zweck und Sinn verborgen.
Wie wir euch bereits sagten, verstehen wir die Sorgen des menschlichen Daseins, denn wir haben sie selbst einst erfahren. Wir kennen die Schmerzen und Enttäuschungen eures Lebens, eure Ängste, Zweifel und Schrecken. Wir wissen aber auch, daß hinter eurem menschlichen Streben Hoffnung und Licht vorhanden sind, die genährt werden durch beharrliche Gedanken der Freundlichkeit und des Wohlwollens. Wir wissen, daß alles Klagen, alle Furcht und alle negativen Gedanken graue, dunkle Fäden in euer geistiges Gewand einweben und dadurch euren Geist verdunkeln können, der doch

licht und strahlend sein sollte. Wir wissen andererseits, daß schöpferisches Denken diesen Geist erhellen wird.
Jede Seele hat offensichtlich zu leiden. Doch wenn ihr dieses Leiden in seiner richtigen Zuordnung betrachtet, werdet ihr sehen, wie es eine Wiedergeburt, ein neues Leben mit sich bringt. Durch Begrenzung und Leid erhebt sich die Seele in göttliches Licht und Leben, wie sich eine Raupe über ihre Verpuppung zum buntgeflügelten Schmetterling verwandelt und in das Sonnenlicht aufschwebt.
Das Leben wird in der Tat durch das Gesetz des Karma regiert. Doch ist es ein gnadenreiches Gesetz, das letztlich jeder Seele unausdenkliches Glück beschert.
Ein weiser Mensch läßt sich durch nichts beunruhigen. Er kümmert sich weder um Lob noch um Tadel. Er ängstigt sich weder um die Lebenden, noch um die Toten. Er weiß, daß das göttliche Gesetz gerecht, vollkommen und wahr ist, und daß es alle Einzelheiten des menschlichen Lebens beherrscht. Beklagt euch deshalb nicht und seid nicht unzufrieden mit eurem Los. Wenn ihr lernt, euer Karma anzunehmen, weil ihr erkannt habt, daß ihr dadurch nur gewinnen könnt, werdet ihr um vieles leichter und glücklicher leben.

Wir kennen die Nöte und Schwierigkeiten des Lebens in einem physischen Leib, welcher zur Zeit noch unerweckt ist für die Schönheiten der göttlichen Welten. Wir wissen, wie schwer es ist, in der Dunkelheit zu wandeln, die Bedingungen, in welchen ihr euch befindet, anzunehmen und der Liebe des Großen Weißen Geistes zu vertrauen; zu wissen, daß Seine ewigen Arme immer um euch sind, und überzeugt zu sein, daß eure irdischen Erfahrungen einen weisen Sinn und eine tiefe Bedeutung haben. All dies ist nicht leicht, das wissen wir sehr wohl.
Weil die Brüder, die ins Licht gegangen sind, die Sorgen, Enttäuschungen und Härten des sterblichen Lebens kennen, kommen sie mit großem Helferwillen zurück, um euch Kenntnisse über eure eigenen inneren Kräfte zu vermitteln und euch von jenen lichteren

und froheren Daseinsstufen zu berichten, die euch erwarten. Sie wollen euch sagen, wie sehr es sich der Mühe lohnt, aufwärts zu streben und keine Anstrengung zu scheuen, auch wenn ihr oft die Ergebnisse eurer Mühen nicht wahrnehmen könnt. Fahrt also fort, aufrichtig euren Weg weiterzugehen. Wir versprechen euch, daß er euch in den Himmel führt, in ein Leben voller Seligkeit und Frieden, wie ihr es euch nicht vorstellen könnt.

Ihr mögt sagen: „Das ist alles schön und gut, White Eagle. Wir glauben es dir auch. Wie aber werden durch deine Versprechungen unsere Alltagsprobleme und derzeitigen Schwierigkeiten gelöst und überwunden?" Meine lieben Freunde, meine lieben Kinder, wir zeigen euch den Weg, der euch zum Ziel führt, und wenn ihr euer Augenmerk auf diesen Weg richtet, dann werdet ihr den Mitmenschen und euren Problemen gegenüber eine ganz andere geistig-seelische Einstellung einnehmen. Ihr wißt sehr wohl und so gut wie wir um das Ewige Licht, welches das große Heilmittel ist, das zur Befreiung führt. Doch um sich mit diesem Licht verbinden zu können, müßt ihr zuvor eure niedere Natur, welche ganz mit dem Irdischen verknüpft ist, überwinden. Solange die Menschheit aber noch nicht bereit und gewillt ist, diese eigene Anstrengung mit ihrem Denken und Streben zu vollziehen, wird sie sich noch nicht endgültig in jenes Leben erheben können, welches Licht, Freude und Friede ist.

Wir kommen, euch die Wahrheit zu künden, euch zu lieben und zu inspirieren, auf Gott zu schauen. All eure Schwierigkeiten werden dann weichen, denn sie sind ja vergänglich.

Kein Hindernis ist unüberwindlich. Tut euer Bestes. Sorgt euch nicht um das Morgen. Wenn euer himmlischer Vater die Sperlinge füttert und jedes Haar auf eurem Haupt gezählt hat, dann weiß Er auch, was euer Geist benötigt und wird euch nicht verlassen.

Materiell eingestellte Menschen leben wie in einer dichten Nebelwelt, die nur durch das geistige Licht und die Winde des Himmels aufgelöst und fortgeweht werden kann. Ein Licht scheint in dir, das noch gedämpft ist und nur einen sanften Schein verbreitet. Nur du

selbst kannst in dir eine Kraft erzeugen, die wie die starken Winde des Himmels deine Umgebung freifegt, so daß aller Nebel schwinden muß. Dann werden sich die Umweltbedingungen deines Lebens ändern und, was wichtiger ist, du selbst änderst dich, so daß die Dinge des Alltags, die bislang oft hinderlich und ermüdend waren, dich nicht mehr länger behelligen. Du wirst sie in ihrer richtigen Zuordnung erkennen und lernen, sie als unwichtig anzusehen.
Du bist ein Kind Gottes, und Gott hat die Kraft des Glücklichseins in dich gelegt, die alle Dunkelheit besiegt und dich in die Vollkommenheit des Lebens führen wird.

Die Brüder der alten Orden pflegten in ihrer Weisheit zu fragen: „Wo hängt der Schlüssel zu den Mysterien des Himmels?", und ihre Antwort darauf lautete: „In deinem eigenen Herzen!"
Es ist daher nicht allein damit getan, Gott zu lieben und Ihm zu dienen, ebensowenig wie die Menschen zu lieben und ihnen zu dienen. Viel Ausdauer, Zähigkeit und Kraft sind vielmehr nötig, um an der Liebe, der ewigen Liebe, der Liebe Gottes, immerfort und unerschütterlich festzuhalten.
Diese Liebe, die vom Schöpfer in des Menschen Herz gelegt wurde, birgt die Kraft unendlichen Glückes in sich. Sie ist die reine, aber bis jetzt noch nicht verwirklichte, himmlische Freude. Sie ist auch die Macht, durch die alle physischen Atome deines Leibes beherrscht und zusammengehalten werden; und sie ist die Kraft, welche Harmonie und Vollkommenheit in das menschliche Leben bringt.
Der Mensch muß noch lernen, diese schöpferische Kraft in sich wirken zu lassen. Wer gesund, das heißt 'heil' sein möchte, der muß es aus sich selbst heraus schaffen, glücklich zu sein. Suche in dir die innere Freude, das Glück und den Frieden, welche dir aus dem Wissen um die Gegenwärtigkeit Gottes in der Tiefe deines Innersten erwachsen.
Ein seelisch glücklicher Mensch stirbt nicht an einer Krankheit, denn Krankheit ist die Auswirkung von Disharmonie. Erhalte dir die

Harmonie deiner Seele, und Harmonie wird in deinem Leben herrschen. Der Körper wird dann keine Krankheiten mehr kennen, da jede Zelle deines Seins vom Licht und der Lebenskraft Gottes durchströmt und gesund erhalten wird.

Lieben heißt geben — ohne selbstsüchtige Gedanken. Lieben heißt: tapfer ausharren auf einem schwierigen Pfad. Liebe ist Vertrauen, Mut und Treue. Liebe ist Brüderlichkeit, die in jedem Gedanken, jedem Wort und jeder Tat ihren Ausdruck findet. Liebe ist Gerechtigkeit und Recht. Liebe ist Verständnis für den anderen, ganz gleich, wie unscheinbar sein Äußeres auch sein möge. Liebe ist etwas Geistiges, und durch sie erkennst du den Geist deines Bruders. Liebe verurteilt nicht und fragt nicht nach dem Beweggrund des anderen. Gott allein kennt das Herz deines Menschenbruders. Du kannst und sollst ihn nicht richten. Liebe ist freundlich und kann viel erdulden. Liebe ist Befreiung von allen Problemen. Was es auch immer sei: Dein Problem verschwindet, wenn du menschliche Liebe übst und dich der göttlichen Liebe öffnest. Mit Geduld und Liebe kann jedes Lebensübel überwunden werden.

Dein schwacher Punkt ist dein Eigenwille. Der Weg selbst ist für alle der gleiche. Jene, zu denen du um Trost und Führung aufschaust, sind denselben Weg gegangen, den auch du jetzt zu gehen hast. Auch sie mußten ihr Selbst bezwingen und das Christuslicht in ihr Leben einströmen lassen. Deine älteren Brüder in den geistigen Welten sind mit dir. Sie richten nicht und verdammen keinen Menschen. Sie strahlen einfach reine Liebe aus, um dich zu stärken und zu trösten. Ihre Liebe wird deinen Weg erhellen. Wenn du Licht von ihnen und Licht von Gott empfängst, dann verhülle und verdunkele es nicht, sondern laß es weiterhin leuchten. Gib die Liebe, die du von oben erhältst, auf die gleiche selbstlose Art an das Leben und an die anderen weiter.

Ihr alle möchtet wissen, wie ihr all denen helfen könnt, die entweder physisch oder seelisch leiden müssen. Nun, niemand von euch kann eine Seele daran hindern, ihrem selbst gewählten Weg zu folgen. Aber ihr könnt euren Bruder, eure Schwester in Licht und Liebe hüllen. Haltet diese Seele liebevoll in das göttliche Licht und sprecht sanft zu ihr auf der inneren Ebene. Ermutigt sie und helft ihr durch die Kraft des Lichtes, welche gleichbedeutend ist mit dem Geiste Christi. Das ist Liebe. Schwäche oder Sentimentalität ist nicht Liebe. Liebe ist stark. Liebe ist wahr. Liebe ist weise. Liebe ist tolerant und gewährend. Liebe ist das göttliche Gesetz der Befreiung von allen Schmerzen und Problemen.

Die größte Gabe, die ihr besitzt, ist die Gabe der Intuition. Sie ist das Licht, das euch führt. Doch wird diese schöne Gabe nur allzu oft von einem reinen Wunschdenken überdeckt. Die Stimme des Wunsches, wie edel sie auch sein mag, ist nicht die Stimme der Intuition, die tief im Herzen durch den Geist der Liebe wirkt. Die Stimme der Intuition ist leise, und sie kann nur in Augenblicken selbstloser Liebe vernommen werden, wenn die Seele, in sich selbst ruhend, eins mit Christus geworden ist.

Alle Gefühle und Emotionen, die euer persönliches Leben bestimmen, sind gewissermaßen Werkzeuge, die ihr handhabt, um den Tempel eurer Seele zu erbauen. Ihr lernt durch Erfahrung. Ihr leidet durch eure Fehler. Ihr 'erkauft' neue Erfahrungen durch wiederholte Erdenleben. Doch wenn ihr wißt, wohin ihr geht und immer wieder um innere Kraft betet, um den Kontakt mit der erhabenen Sonne, der geistigen Sonne, dem Christuslicht, dem Sohne Gottes aufrechtzuerhalten, dann werdet ihr stetig an Weisheit zunehmen. Durch Intuitionen, die ihr in der Stille und der Heiligkeit eures inneren Tempels geschenkt bekommt, wird euch das wegweisende Licht geistiger Führung zuteil werden, das ihr für euer Wirken, eure Werke und euer Handeln benötigt.

******

V

DIE ANNAHME DES SCHICKSALS – EIN WEG ZUR GEISTIGEN ERLEUCHTUNG

„Nicht mein Wille, sondern Dein Wille geschehe."
Gottes Wille für Seine Kinder ist Vollkommenheit auf allen Daseinsstufen. Doch muß der Mensch diese Vollkommenheit mühsam erringen; und wenn das bedeutet, zur Erde zurückzukehren, um Fehler wiedergutzumachen, die in einem früheren Leben begangen wurden, dann heißt es: das Gesetz des Karma freudig anzuerkennen. Ist der Mensch gewillt, sein Karma zu erdulden, welches nach dem Willen Gottes der einzige Weg ist, getane Fehler wiedergutzumachen, dann sollte er es mit positiver Einstellung mutig und freudig annehmen. Durch das Hinnehmen des Schicksals im Geist der Demut und der Liebe werden alle Folgen des Gesetzes von Ursache und Wirkung ausgelöscht, womit das Karma getilgt und damit wieder ausgeglichen ist.
Doch das Annehmen des Schicksals muß aus dem Inneren, aus dem Geistigen kommen. Es ist nicht etwas, über das man nur nachdenken soll, vielmehr muß es aufrichtig und unmittelbar in Gedanken, Worten und Taten seinen Ausdruck finden. Wenn die Seele schließlich diesen Zustand der Hingabe erreicht hat, wird ihr Erleuchtung zuteil; sie wird der leuchtenden Gegenwart und Herrlichkeit des Christus gewahr, eine Erfahrung, die nie mehr vergessen werden kann.

Wir möchten euch eine ganz einfache Formel für eure Gesundheit

geben. Sie lautet: d a n k b a r l e b e n ! Wenn ein Menschenherz dankbar schlägt, für seine Erschaffung und für all seine Erfahrungen des Lebens, dann erstrahlt ein Licht aus dem Urgrund der Seele und erhellt das ganze Leben. Das Leben als solches und die Freude am Leben und den Erfahrungen, die uns durch das Geschenk unserer fünf Sinne zuteil werden, sollten eine Welle der Dankbarkeit in den Herzen der Kinder Gottes auslösen. Leider aber herrschen Kritik und Nichteinverständnis mit dem Leben vor, und die Herzen der Menschen bleiben zumeist verschlossen. Und doch flackert tief innen in euch allen die kleine Flamme, die zu einem mächtigen Feuer angefacht werden kann, wenn sie durch die lebensspendende Kraft der strahlenden Sonne — dem Christus — gespeist wird.
Eure — oft so erdrückenden — Belastungen schwächen euren Leib und eure Seele. Doch können sie alle hinweggefegt werden, wenn das Herz in Dankbarkeit schlägt für die Erfahrungen des Lebens, die euch letztlich nur Schönes und Gutes bringen.

Geliebte Menschenkinder, aus den geistigen Sphären bringen wir euch unsere Liebe. Eure Sorgen können wir euch nicht abnehmen, denn sie sind nun einmal Erfahrungen, die ihr machen müßt, damit eure Augen für die Schönheiten des geistigen Lebens geöffnet werden. In euer Karma dürfen wir nicht eingreifen. Doch ist es uns gestattet, euch ab und zu das eine oder andere zu sagen, was euch auf eurer Lebensreise helfen und nützen kann. Wenn wir sehen, wie ihr einen Weg einschlagt, der euch Kummer und Schmerzen bringt, sind wir an eurer Seite, um euch Mut und Kraft zu spenden.
Wie schwierig euer Pfad auch sein mag, der geistige Weg, den ihr geführt werdet, ist der Weg Gottes und damit der richtige Weg. Im Wissen darum werdet ihr gut daran tun, euch Gottes Liebe anzuvertrauen.
Wenn Lebensprobleme dich verwirren, dann suche dein eigenes inneres Sanktuarium, den Tempel deines Herzens auf. Knie nieder vor der Göttlichen Gegenwart in dir. Laß deinen irdischen Verstand dar-

an nicht herumdeuteln. Unterwerfe dich dem göttlichen Gesetz, gib dich ihm hin, und du wirst Frieden und Freude finden. Du wirst dann nicht mehr daran zweifeln, daß alles in deinem Leben richtig und gut ist. Du fühlst dich im Einklang mit Gott. Du weißt, daß Gott Liebe ist, und Sein Weg immer der richtige bleibt. Vertraue Ihm und fasse Mut. Wenn du dich unnötigerweise aufgelehnt hast, bitte hernach um Verzeihung. Hierin liegt des Menschen einzige Wahl, seinen freien Willen auszuüben: Nicht, ob er diesen oder jenen Weg gehen will, sondern ob er seine Erfahrungen in Liebe und Geduld anzunehmen bereit ist, anstatt voller quälender und widerspenstiger Gefühlsaufwallungen in Ärger und Enttäuschung zu verharren.

Möge Friede euer Herz, euren Geist und euer Leben erfüllen. — Gott begeht niemals Fehler. Daher, wenn du etwas nicht verstehen und ergründen kannst, bleibe geduldig und warte. Zur richtigen Stunde wird das Licht aufstrahlen, und du wirst verstehen können. Wenn wir sagen: f i n d e t F r i e d e n , dann meinen wir damit nicht eine Art von erstarrtem und festgefahrenem Frieden, sondern wir meinen damit ein Sich-Loslösen von den irdischen Problemen und ein Sich-Einlassen auf die All-Liebe Gottes. Das ist der Weg, der dazu führt, die große göttliche Magie und die alles durchdringende göttliche Kraft im Leben zu verwirklichen.
Manche Leute sehen friedlich zu sein und glättendes Öl auf die aufgebrachten Wogen zu gießen als ein Zeichen von Schwäche an. Doch laßt uns den Ausdruck 'Schwäche' durch das Wort 'Sanftmut' ersetzen. Christus, der Herr, ist sanftmütig und machtvoll zugleich. Friede ist keine statische, sondern eine dynamische Kraft, sowohl im einzelnen Menschen als auch im Leben ganzer Nationen. Ein friedfertiger Geist besitzt die Macht des Guten. Tragt diesen Geist des Friedens hinein in die Welt der Materie. Arbeitet mit der Materie, nutzt die Materie; gestattet aber weder der Materie noch eurem niederen Selbst, jenen Frieden, jene Kraft, jene göttliche Liebe — euer Glück — zu zerstören.

Wenn du dein niederes Selbst überwunden und gelernt hast, seine Ansprüche abzulegen, um göttliche Liebe und Sanftmut in dir zu verwirklichen, wenn du gelernt hast, weder zu vergelten, noch irgend etwas übel zu nehmen oder nachzutragen, dann wird dir das Geheimnis göttlicher Magie zu eigen sein, eine Magie, welche die Macht besitzt, Heilung zu bringen.

Der Meister umhüllt dich mit seiner Liebe. Er kennt dein Herz und deine Nöte. Er weiß aber auch, daß die Schwierigkeiten, die du hast, ein Teil deines Karma sind, und er hilft dir, Meister deiner selbst zu werden.
Nicht das, was um dich herum vor sich geht, ist wichtig. Es ist vielmehr die Art, wie du mit diesen Ereignissen umgehst. Du kannst dich aufarbeiten und dabei allmählich krank werden, wie es einige von euch tun, und wie es immer wieder geschieht; du kannst aber auch still und ruhig bleiben und bewußt den Ort der Ruhe und der Kraft in dir aufsuchen. Sind die Gefühle und Emotionen erst einmal unter Kontrolle, dann kann als nächster Schritt die Einkehr in dein innerstes Heiligtum erfolgen, wo du dich mit Gott verbindest, um neuen Mut zu schöpfen. Dann bist du in der Lage, dein Problem zu betrachten und zu sagen: „Himmlischer Vater, gib mir die Kraft, dieses Problem so zu lösen, wie es der Meister tun würde."
In der Gegenwart des Meisters vergehen Ärger, Groll und Ängste. Du wirst über den niederziehenden Sog und die vielfältigen Widerstände der Welt emporgehoben und mit Friede, Liebe und Verehrung erfüllt. Wenn du reif und weise genug bist, um zu tun, was wir dir raten, wirst du nie wieder von Emotionen hin- und hergerissen oder durch unliebsame Vorkommnisse verunsichert werden, denn in dir selbst wirst du die stille, stetig leuchtende Flamme finden — die Flamme der geistigen Sonne. Indem du dich auf diese reine, strahlende, weiße Flamme konzentrierst, fühlst du die Erhabenheit der Sonne in dir, und du wirst wissen, daß du Meister über deinen Körper und über all deine Lebensumstände geworden bist. Nichts

kann dir mehr geschehen. Die Göttliche Gegenwart, tief in deinem Inneren, ist das ICH BIN. — 'Sei still und wisse: ICH BIN Gott.' Wenn ihr diesen Kontakt herstellen könnt, meine lieben Menschenkinder, dann werden all eure Sorgen von euch gleiten, und euer Leben wird vollkommen sein.

Wir sprechen zu euch vom Annehmen-Können; und doch möchten wir euch zugleich auch ermutigen, Niederlagen und Fehlschläge nicht einfach kampflos hinzunehmen. Erhebt euch über alles in Liebe zu Gott und macht euch klar, daß mit Gott alle Dinge möglich sind.

Einige von euch, die im Meditieren und Anrufen der göttlichen Lebenskraft schon etwas geübt sind, werden sicherlich auch schon jene Seligkeit, jene Ekstase erfahren haben, die aus der Vereinigung mit dem ewigen Geist erwächst, und sie wissen daher ohne den geringsten Zweifel um die Güte Gottes. Jede Seele lernt zu ihrer Zeit, daß Gott das vollkommene Gute ist. Zwar gibt es auch einen Aspekt des Schöpfers, dem man den Begriff des 'Übels' zuordnen könnte, da damit alles, was dem Menschen Leid bringt, verbunden zu sein scheint, doch ist Leiden auch ein Teil der geistigen Höherentwicklung, die dem Menschen Segen bringt. Deshalb sagen wir euch mit aller Deutlichkeit, daß der Pfad, den jede Seele hier auf Erden zu gehen hat, nur aufwärtsleitet, nur emporführt — zu Gott.

Durch die Boten des Geistes, die Engel Gottes, wirst du auf den rechten Pfad geführt und geleitet. Alles, was du zu deinem Fortschritt, deiner Gesundheit und deinem Wohlergehen tun mußt, ist nur — auf diesem deinem Pfad zu bleiben.

Du kannst weder dein Karma noch irgendetwas anderes durch Zaudern und Ängstlichkeit verbessern; du kannst hingegen vieles ändern und verändern durch dein Vertrauen zu Gott. Halte fest an der Gewißheit, daß Gott All-Liebe ist, und alles in dir einem wunderbaren Höhepunkt entgegenstrebt.

Konzentriere dich auf das Leben und das Licht Gottes, und die Wände deines Kerkers werden weichen. Du kannst dich selbst aus der Knechtschaft deines physischen Körpers lösen, durch ein Leben im Geistigen, im Licht, in dem Bewußtsein, geborgen und behütet zu sein im ewigen Licht. Was immer dir auch geschehen mag, Gott ist mit dir. Was deinem Körper widerfährt, ist letztlich nicht wichtig. Entscheidend ist, was deiner Seele und deinem Geist geschieht. Das zählt.

VI

DEIN HÖHERES SELBST

Außer deinem physischen Leib und deiner Persönlichkeit, mit der deine Freunde und Mitmenschen dich kennen, ist dir noch dein wahres Selbst zu eigen, dein höheres Selbst, welches von den Lichtsphären deiner eigentlichen Heimat herabgestiegen ist, um sich in dieser Welt zu manifestieren. Noch ist es deinem wahren Selbst nicht möglich, sich voll und ganz in deinen niederen Körpern zu verwirklichen, weil diese noch nicht so weit sind, dein schönes, geistiges, höheres Selbst vollkommen in sich zu beherbergen. Aber in deinem täglichen Leben bist du schon dabei, deinen emotionalen, deinen mentalen, deinen Ätherleib und all deine anderen feineren Körper hierfür vorzubereiten. Wenn dann diese niederen Körper durch Selbstdisziplin und Einweihung hinreichend geläutert wurden, wird auch dein geistiges, dein wahres, dein höheres Selbst in der Lage sein, sich in weitaus stärkerem Maße als bisher in deinem physischen Leib zu inkarnieren.

Das höhere Selbst besteht aus sehr feinstofflichen Substanzen, aus pulsierendem Licht, das im Laufe deiner geistigen Entwicklung durch deine Chakren hindurch zu leuchten beginnt. Diese Chakren befinden sich in deinem Ätherleib und werden auch die 'Fenster der Seele' genannt.

Wenn dieses pulsierende, göttliche Licht zu voller Wirksamkeit ge-

langt ist, so daß alle Chakren zu scheinen beginnen, wie es von Gott gedacht ist, dann wird dein ganzer Körper in einen Zustand des Aufsteigens, des Emporgehobenseins gebracht. Wir meinen damit, daß dein Körper, obgleich er nach wie vor von physischer Natur ist, auf einer weit höheren Bewußtseinsebene als zuvor sich auszudrücken beginnt. Zur Zeit mag er sich noch in einem recht niederen Bewußtseinszustand befinden, doch wenn das göttliche Feuer erst entzündet ist, dann wird der Körper in seiner Gesamtschwingung erhöht, wird leicht, hell und schön und nähert sich damit jener Stufe, welche die 'Gott-Menschen', oder auch 'Sonnen-Menschen' genannt, inne hatten, als sie zu Beginn der Schöpfung mit den Menschen gemeinsam auf unserer Erde wandelten.
Die großen, weisen Lehrer näherten oder nähern sich jener Sphäre, welche die Erde umgibt, um von dort her der Menschheit ihre Weisheit zu bringen. Die Seelen, die durch die Feuer des Leidens hindurchgegangen sind und bereits einen gehobenen Grad an Selbstdisziplin errungen haben, werden belehrt, wie sie in sicherer Weise, das heißt ohne Schaden zu nehmen, das göttliche Feuer in sich entfachen können; denn dieses ist sowohl aufbauender als auch zerstörender Natur, was bedeutet, daß die Unwissenden und Selbstherrlichen, die beabsichtigen, von den Mysterien der Schöpfung in selbstsüchtiger, unbedachter und verantwortungsloser Art Gebrauch zu machen, Gefahr laufen, sich dabei selbst zu zerstören. Daher die Notwendigkeit zur Selbstdisziplin und sorgfältigen Entfaltung der feineren Wesensglieder.
Aus dem gleichen Grund hüten auch diejenigen, welche in den Welten des Lichtes über der Menschheit wachen, ihre Geheimnisse solange, bis der Mensch genug fortgeschritten ist, um diese achtsam anzuwenden und damit gleichzeitig in die volle Freude des göttlichen Lebens einzugehen, so wie es Wille und Absicht des Schöpfers von Anbeginn waren.
Der Mensch, in seiner Unkenntnis und Gleichgültigkeit, verschwendet dieses innere Feuer andauernd durch brennende Wünsche und

Leidenschaften, durch die Auswirkungen ungezügelter Emotionen. Jedesmal, wenn du deinem Ärger oder deiner Leidenschaftlichkeit nachgibst, vergeudest du das heilige Feuer. Jedesmal, wenn du deine Gefühle unter Kontrolle hältst und in die sanfte Wärme der Liebe verwandelst, integrierst du Licht und höheres Leben in deine verschiedenen Körper. So wendest du das göttliche Feuer im guten Sinne an, um deine Seele zu erhellen, deine Umwelt zu verschönern und Gott zu verherrlichen.

Entfalte deine inneren Kräfte aus tiefstem Herzen. Meditiere über die Liebe. Lebe in Liebe. Nimm Liebe in dich auf und gib Liebe, und deine Seele wird erleuchtet, wird zu Licht. Dann wird dir göttliche, magische Wunderkraft in die Hände gelegt, welche dich befähigt, Kranke zu heilen, Trauernde und Verlassene zu trösten, Mühselige zu laben, Leidvolle zu segnen und alles, was du berührst, zu verschönern, indem du Friede und Glück in das Leben der Menschen trägst.

Das höhere Selbst, von dem wir sprechen, liegt jenseits irdischen Denkens und außerhalb der Ebene der äußeren Form. Durch dein menschliches Denken ist es nicht zu erreichen, sondern nur durch die Verwirklichung des Christuslichtes. Es drängt sich nicht ein noch auf. Es wird von irdischer Persönlichkeit weder behelligt noch verunreinigt. Es ist vollkommen und rein. Wenn du für einen kurzen Augenblick dich mit ihm vereinen kannst, flutet kosmisches Bewußtsein in dich ein, denn wenn du dieses Licht, wenn du dein höheres Selbst berührst, berührst du zugleich auch die kosmischen Gefilde.

Du kannst dein höheres Selbst erreichen durch Hingabe, durch Aufgabe aller persönlichen Wünsche und Eigenliebe sowie durch Kontemplation, einem Zustand der Verinnerlichung, der Anbetung und Verehrung des erhabenen Wesens, das wir Christus nennen.

Jedes Kind Gottes trägt in seinem Herzen ein Idealbild des Vollkommenen. Doch liegt dieses Ideal jenseits allen Denkens. Es ist ein Ideal, welches die reinste Vorstellung dessen in sich birgt, was ein Leben in Vollkommenheit einmal sein könnte, nämlich die klarste und reinste Manifestation eines wahren Sohnes, einer wahren Tochter Gottes.

Wir könnten es auch anders sagen: Du erarbeitest dir ein Idealbild, welches deiner eigenen Vorstellung von Christus entspricht. Du meditierst über die vollkommenen Eigenschaften dieses hohen Wesens. Du wirst dir Seiner vollkommenen Liebe, Seiner Demut und Seiner Reinheit bewußt, und indem du dich in Sein Wesen vertiefst, identifizierst du dich mit dem, was du dir selbst erschaffen hast. Du kannst diese Eigenschaften nicht empfinden, ohne eins zu werden mit ihnen, wenn auch nur für einen kurzen Augenblick, und während dies geschieht, wirst du eins mit deinem höheren Selbst und damit mit Christus. Wir wissen, daß du in diesem Bewußtsein reinen Lichtes, reiner Wahrheit nicht unbegrenzt lange verweilen kannst, denn schließlich ist es das Höchste, dessen du fähig bist. Aber du kannst es dennoch in Augenblicken höchster Seligkeit und Entrücktheit berühren und somit erleuchtet werden.

Das höhere Selbst wirkt normalerweise nicht durch den Verstand, ausgenommen, wenn euch Inspiration gegeben wird, um im Einvernehmen mit dem Gesetz Christi zu handeln. Doch ist euer niederer, irdischer Verstand nur allzu oft geneigt, euch einen plausiblen Grund anzugeben, warum ihr von eurer Inspiration keinen Gebrauch machen solltet. Im Laufe der Zeit werdet ihr aber klar zu unterscheiden lernen zwischen diesen beiden Seiten eures Wesens: dem Christus-Selbst und dem Erden-Selbst.

Noch einmal möchten wir betonen, daß das höhere Selbst nicht durch den Verstand angesprochen werden kann, sondern durch das Herz und die Kraft der Liebe.

Liebe ist nicht besitzergreifend. Lieben heißt geben. Liebe ist eine Strahlung, die vom Herzen ausgeht, ein süßer Balsam, eine wunderkräftige Essenz, die heilt.

Alle Menschen können Diener, können Heiler sein. Alle Menschen können Tröster sein. Tröster — welch wunderbares Wort! Welch herrlichere Aufgabe könntest du dir vorstellen, als deinen Bruder, deine Schwester zu trösten? Ein Diener Gottes zu sein, ist die schönste Verantwortung und Gelegenheit, die einem Menschen gegeben werden kann.

Tätige Diener sind diejenigen, die mit Gott zusammenwirken und sich stets Seiner Gegenwart bewußt sind. Ein solches Leben macht den Menschen zu einem heiligen Wesen. Alle Meister sind Heilige, sind demütig, wahr und rein. Dies ist auch der richtige Bewußtseinszustand für alle, die heilen möchten, denn in dem Maße, wie man nach ihm strebt, erschafft man in sich eine Macht, welche die Menschen als Wunderkraft bezeichnen.

Jesus, in seiner einfachen Art zu dienen und Gott zu finden, lehrte die Menschen, indem er sagte: „Der Vater und ich sind EINS." Dies Wort ist der Quell der Heilkraft. Wenn du vom heiligen Licht, dem göttlichen Feuer, durchdrungen bist, strömt Heilkraft von dir aus. Vergiß aber nie, daß du aus dir selbst heraus nichts bist und nichts vollbringen kannst. Es ist Gottes Macht, die in dir wirkt, und die Gottes Willen ausführt. Das zu wissen, ist wichtig, denn Gott schaltet und waltet wie Er will, und nicht wie du willst.

Wenn du Heilkräfte weitergeben willst, mußt du den göttlichen Willen anerkennen, der durch dich wirkt, wenn du ihm dein Selbst unterordnest. Die Basis, der Kern, der Höhepunkt des Lebens — ist Gott. Sprich immer das Göttliche in der Materie an. Suche die Liebe Gottes, den Willen Gottes, nie den eigenen Selbst-Willen. Das ist eine schwere Lektion, wenn du gerade dabei bist, sie zu erlernen. Wenn du sie aber gelernt hast, dann wirst du wissen, daß sie dir die einzige dauerhafte Kraftfülle bringt.

„Du sollst Gott deinen Herrn lieben von ganzem Herzen, mit ganzem Gemüt und ganzer Seele." Nichts anderes soll in deinem Leben sein als Gott, die Offenbarung Gottes auf jeder Ebene deines Seins, damit du in allen menschlichen Beziehungen, auf jeder Stufe sowohl der äußeren als auch deiner inneren Welt, stets nach Seinem Willen handelst. So wird der Mensch vollkommen, und das zeichnet auch den vollkommenen Heiler aus.

Der sechseckige Stern ist das Symbol des vollkommenen Menschen, des Christus-ähnlichen Menschen. Es gibt viele solcher Menschen. Es sind jene, die gemäß den Christus-Gesetzen gelebt haben. Viele Inkarnationen sind notwendig für eine Seele, um Meisterschaft auf der physischen, emotionalen und mentalen Ebene zu erlangen. Der Mensch aber, der wahrlich ein 'Christus-ähnlicher' genannt werden kann, ist derjenige, der sich geübt hat, Liebe zu schenken. In seinem täglichen Leben und in allen Beziehungen zu seinen Mitmenschen gibt er Liebe, nichts als Liebe. Und Liebe ist Licht.
Ihr fühlt euch alle zuweilen betroffen, wenn wir von Liebe reden, indem ihr meint: „Da gibt es aber doch auch einige Menschen, die ich nicht lieben kann!" Unsere Antwort lautet: Halte deine persönlichen Gefühle zurück. Liebe um der Liebe willen. Denke daran, wie liebevoll Gott und wie liebenswert daher Seine Schöpfung ist. Deshalb liebe Gott von ganzem Herzen und mit deiner ganzen Seele. Liebe Christus.
Könntest du heilende Hände bei ihrer Arbeit wirklich sehen, so würdest du mit deinen inneren Augen wahrhaft erblicken, wie Ströme des Lichtes von ihnen ausgehen. Dieses Licht wird aus Liebe geboren. Allein die Liebe heilt. Die hohe Schwingung der Liebe ist es, die Heilung ermöglicht.
Wenn du eine Wunde, eine Verletzung oder Erkrankung hast, dann denke mit Liebe an sie. Lege deine rechte Hand auf die schmerzende Stelle und denke an sie liebevoll, denke an sie mit Liebe, nicht mitleidig. Mitleid ist etwas anderes. Liebe die schmerzende Stelle, dann wird heilendes Licht durch deine Hände fließen.

Wenn wir mit Erbarmen an das Leid in der Welt denken, so wie wir uns vorstellen, daß Jesus es tat, dann können wir Licht aussenden, gleich einem hellen Stern, der sein Ziel der Ruhe und des Friedens in den Herzen der Müden, Traurigen und Kranken findet. Dort erschafft das strahlende Licht der Liebe ein neues Leben, einen neuen Leib.

Das Aussenden des Lichtes des Sternes zur Heilung der Menschen, sollte nicht als etwas Lästiges empfunden werden, als etwas, was anstrengend und ermüdend ist. Es sollte einfach eine stille, vom innersten Herzen ausströmende Strahlung sein. Du bist das Gefäß, du bist ein Lichtkanal für jenes Licht. Du, du selbst, formst das Symbol des sechseckigen, sechsstrahligen Sterns. Das ICH BIN — der Christus in deinem Herzen — ist der Stern, ist die Flamme.

ICH BIN der Stern. Das Licht des ewigen Feuers strahlt durch mich und IST der Stern. Der Stern, so wie er von deinem Herzen ausstrahlt, ruft und erweckt das Licht der Liebe in den Herzen all derer, auf die du deine geistige Gedankenkraft richtest.

Gebrauche jetzt deine Vorstellungskraft. Stelle dir vor, du schaust mitten in das Zentrum dieses Sterns, Symbol des Christus-ähnlichen Menschen.

Während du innerlich schaust und dich vollkommen auf die Liebe und das Heilungslicht, das ebenfalls durch das Symbol des Sternes versinnbildlicht wird, konzentrierst, spürst du, wie du in das Herzzentrum des Sternes emporgehoben und selbst ein Teil dieses Sternes wirst.

Nicht nur du selbst wirst dadurch Heilung erfahren, sondern es werden auch Strahlen der Heilung von dir aus der Mitte des Sternes ausströmen, in das Herz der Welt und hin zu allen Menschen.

Die Macht des Geistes ist in dir. Sie ist schöpferisch und kennt keine Grenzen. Verbiete deinem irdischen Verstand, dein Denken zu beschränken und deine Visionen einzuengen. Im täglichen Leben, im Kontakt mit deinen Mit-Geschöpfen, in deiner Arbeit, erlaube dir nie, die Beschränkung der physischen Materie zu empfinden. Du siehst, mein geliebter Freund, alles ist nur eine Frage des Bewußtseins. Wie du denkst — so bist du.

Ihr alle kennt das Sprichwort von den 'Luftschlössern, die gebaut werden', ohne euch die Wahrheit dieser Worte bewußt zu machen. Erschaffe daher in erster Linie in deinem Bewußtsein den Stern und

erhebe dich in sein Zentrum. Du b i s t der Stern, und von d i r geht sein Licht aus in alle Regionen.
Wenn du dies tust, bekommst du Kraft. Du erhältst die Macht der göttlichen Liebe, die kein Mißlingen kennt.
Die Liebe Gottes ist allmächtig, allweise, allgegenwärtig. Gott ist in deinem Innersten, und mit Gott sind alle Dinge möglich.

******

VII

EINE KOMMUNION DER HEILUNG

Jesus sprach: „ICH BIN das Brot des Lebens." Das Brot, das er meinte, ist nicht ein irdisches, sondern ein geistiges Brot, durch Christus dem Geistigen in dir dargeboten.

Dieses 'Brot' versinnbildlicht den göttlichen Geist in dir, welcher durch die Kommunion, die Vereinigung mit Christus, zur lebensspendenden Kraft in dir und deinem Leben wird.

Es ist nicht pure Einbildung, wenn dir gesagt wird, daß Er dich mit dem Brot des Lebens speist. Wenn du dich auf dieses geistige Abendmahl aufrichtig vorbereitet hast, dann hast du deinen Verstand beiseite gelassen und dein Herz in schlichter Liebe geöffnet. In diesem Bereitsein wirst du das goldene Licht, das vom Herzen des Christus ausstrahlt, empfangen können. Es ist die Substanz des Geistes, des Kosmischen Christus, Sein Leib — und diese kosmische Substanz, welche in dich einfließt und dich erfüllt, bewirkt, daß das göttliche Leben in dir wächst und seine Kraft entfaltet.

Deshalb, wenn du im Geiste das Brot des Lebens zu dir nimmst, dann werde dir in deinem Innersten bewußt, wie du das Christus-Leben in dir nährst und stärkst. Mit deiner Vorstellungskraft erschaue, wie Er dir den Wein, welcher in Wirklichkeit aus dem Herzen des Kosmischen Christus ausströmt, im Kelch aus purem Golde darreicht. Sei bereit, diesen Wein bewußt zu empfangen, und wisse, daß er so substantiell ist wie ein physischer, irdischer Wein, der dir dargeboten wird.

Für eine Zeitlang bist du erquickt. Doch du solltest die Verbindung mit Ihm oftmals aufnehmen. Du bedarfst immer wieder der Erneuerung deines Wesens durch die goldenen Strahlen, welche den Christus in dir stärken und deiner Seele neue Lebenskraft schenken.
Geliebte Brüder, die Kraft Gottes ist mit euch. Richtet die Kraft eures Herzens auf Ihn und das Licht, das den geistigen Welten entströmt. Verwirklicht den Willen Gottes hier auf Erden, der sich im Innersten eures Herzens kundtut, um euch aller Sorgen, Enttäuschungen, Schmerzen und Ängste zu entledigen sowie auch aller irdischen Verstrickungen und Probleme, so daß ihr euer Bewußtsein erheben könnt, um mit Ihm im Tempel der Heilung zu weilen.
Seht mit eurem inneren Auge, was in der Himmelswelt für euch bereitet ist. Seht die strahlende Schar der Engel, welche die Seelen derer erwarten, die Heilung empfangen möchten. Seht, wie die Leidenden und Kranken zum See der heilenden Wasser des Lebens gebracht werden. Steigt selber mit ihnen hinab in die blauen Wasser, aus denen sie sich mit frohem, lächelndem Antlitz wieder erheben. Spürt, wie ihr und sie nun von der Heilkraft des Christus-Geistes erfüllt seid.
Liebe, göttliche Liebe, ist die große, unerschöpfliche Heilungskraft. Liebe heilt gebrochene Herzen und verwundete Gefühle. Liebe kühlt das erhitzte Gemüt. — Du wirst nun die Liebe sehen, wie sie sich darbringt in der Gestalt des Christus, welcher in die Mitte des Heiltempels tritt.
Er kommt in Herrlichkeit, Schönheit und Sanftmut und breitet segnend Seine Arme und Hände aus. Er sagt: „Ich bin gekommen, auf daß ihr das ewige Leben habet."
Er reicht dir das Brot des Lebens.
„Nimm und iß. Empfange die Substanz Meines Kosmischen Leibes.
Er hält dir den Kelch mit dem Wein entgegen, dem Wein Seines Geistes, welcher von Seinem Herzen fließt.
„Nimm und trinke. Es ist Meine Macht, Mein Leben.
Werde zum Teil Meines Lebens.

Es ist Meine Liebe, und diese Liebe gebe ich dir.
Trinke und spüre das göttliche Feuer, das dich durchflutet.
Es reinigt dich von aller Furcht und erlöst dich von allen Schmerzen.
Sei geheilt und erhebe dich empor zur geistigen Sonne —
in das ewige Leben Meines VATERS im Himmel."

******

TEIL II

HEILE DICH UND ANDERE

Während der erste Teil dieses Buches, mit dem Untertitel "Heile dich selbst", der Lehre White Eagle's entnommen wurde, bringt der zweite Teil "Heile dich und andere" Auszüge aus dem Werk von Joan Hodgson, mit dem Titel: A WHITE EAGLE LODGE BOOK OF HEALTH AND HEALING ("Ein Gesundheits- und Heilungsbuch der White Eagle Loge").

Joan hat seit nahezu fünfzig Jahren viele White Eagle Heiler betreut und ausgebildet. Sie zeigt Wege auf, die zum 'Heil-Sein', zum 'Ganz'- und 'Eins-Sein' führen — Wege, die sich ihr während der langjährigen Arbeit des geistigen Heilens offenbart haben.

Es werden hier keine neuen Therapien oder Techniken vorgestellt, vielmehr geht es darum, das schöpferische Prinzip im Innersten jedes Menschen zu entdecken, zu entfalten und im Dienst an den Menschen segensreich wirksam werden zu lassen.

Joan begründet, warum jeder ein Heiler sein kann. Sie beschreibt das Anwenden von Farb- und Lichtqualitäten im Bereich des geistigen Heilens und vermittelt darüber hinaus Kenntnisse der esoterischen Astrologie, die es jedem Heiler ermöglichen, seine ganz besonderen Fähigkeiten, die er unter dem Einfluß des Sonnenzeichens in seinem Horoskop verliehen bekommen hat, bewußt und verantwortungsvoll einzusetzen.

I

UNSER LICHTLEIB UND UNSER ELEMENTARKÖRPER

Irgendwann müssen wir alle lernen, daß wir nicht allein unser physischer Leib sind, obgleich wir durch ihn in der materiellen Welt wirken, sondern daß wir über ihn hinaus weitere feinstoffliche Körper besitzen, die unsere physischen Körperzellen, wie Wasser einen Schwamm, durchdringen.

Zu uns gehört ein Mentalkörper, der unser Denken bestimmt, sowie ein Emotionalkörper, der unsere Gefühle zum Ausdruck bringt. Während die feinstofflichen Körper nur einem hellsichtigen Menschen wahrnehmbar sind, können die Qualitäten, die Schwingungen dieser Körper von jedem von uns durch die Aura, die von einem Menschen ausstrahlt, empfunden werden.

Feinstofflicher noch als die Mental- und Emotionalkörper ist das beschaffen, was zumeist als das 'höhere Selbst' bezeichnet wird. Wir können es uns als eine Art 'Leiter' denken, auf welcher sich unser Bewußtsein geradewegs hinauf in die himmlischen Sphären erheben kann.

All diese sehr feinen Vehikel sind in der Lage, sich im Bereich des Physischen zu manifestieren, durch den sogenannten 'Ätherleib', welcher eine Art Brücke schlägt zwischen der sichtbaren und der unsichtbaren Welt. Alle natürlichen, alle physischen Formen besitzen eine ätherische Entsprechung. Auch die inneren Welten, in welche sich die Seele nach dem physischen Tod zurückzieht, bestehen aus

verschiedenartigsten Abstufungen dieser ätherischen Substanz. Sie variiert und unterscheidet sich in Graden der Feinstofflichkeit, welche sich nach ihrer jeweiligen Manifestationsebene richten.
Bei der ätherischen Substanz handelt es sich um einen Urstoff der Schöpfung, den ewigen Lebensquell, der von der göttlichen Flamme ausging. Er hat sich in viele Formen gekleidet, von den allerfeinsten bis zu den gröbsten.
Wir alle haben einen Ätherleib, der ein feines, sensibles Gegenmuster zu unserem physischen Körper bildet und eng mit ihm zusammenwirkt. Dieser Ätherleib ist darüber hinaus auf das engste mit allen unseren feinstofflicheren Körpern verbunden. Er kann von einigen Menschen als ein sanfter, indigo-farbener Schatten wahrgenommen werden, der etwa ein bis drei Zentimeter über die Form des physischen Körper hinausragt. Er ist eng verwoben mit der grauen Hirnsubstanz sowie unserem gesamten Nervensystem. Innerhalb des Ätherkörpers befinden sich Zentren aus vibrierender Energie, die durch die endokrinen Drüsen*) und die wichtigsten Ganglien**) mit dem physischen Träger verbunden sind.
Jeder der feinstofflichen Körper hat durch diese Energiezentren, die in der fernöstlichen Philosophie mit dem Begriff des Chakra bezeichnet werden, seine besondere Verbindung zu einzelnen Bereichen des physischen Leibes. Während des Verlaufes der menschlichen Evolution werden alle Chakren zu voller Entfaltung gebracht, und zwar in dem Maße, wie das wahre, ewige Selbst jedes Individuums es erlernt, seine Energiezentren zu beherrschen und sinnvoll zu gebrauchen.
So wie ein kleines Kind nach und nach zu lernen hat, seine Fähigkeiten der Körperbewegung und Sprache zu entwickeln und die verschiedenen ihm von seinen fünf Sinnen übermittelten Eindrücke

*) Drüsen mit innerer Sekretion

**) Zellen, deren Aufgabe es ist, die Reizübertragung innerhalb des Nervensystems vorzunehmen

richtig zu interpretieren, so muß auch des Menschen wirkliches und ewiges Selbst allmählich einen Weg finden, um seine geistigen Gaben zu entfalten. Zu gegebener Zeit werden diese dann alle Körper, in die das höhere Selbst gekleidet ist, zur Erleuchtung bringen.
Mit jeder neuen Inkarnation kehren wir mit einer bestimmten Aufgabe in einen physischen Leib zurück, mit ganz bestimmten neuen Möglichkeiten, die unserer Fortentwicklung dienen und zur Verwirklichung einer neuen, weiteren Facette unseres geistigen Bewußtseins führen.
White Eagle lehrt, daß diese ganz besondere Facette, die während einer bestimmten Reinkarnation entwickelt und erarbeitet werden muß, sich astrologisch durch die Position der Sonne zum Zeitpunkt der Geburt zu erkennen gibt. Die Sonne versinnbildlicht seit alters her das Herzzentrum und damit das Chakra, welches uns mit der innersten Heimat unseres wahren Selbst verbindet.
In vielen Inkarnationen bauen wir alle den Tempel unserer Seele auf, den Körper des Lichtes, welchen White Eagle so oft den "Sonnenleib" nennt. Er sagt uns (in einem unveröffentlichten Text): „Jede auf Erden lebende Seele wohnt in einem physischen Körper, um zu der ihr angemessenen Zeit diesen Lichtleib zu erschaffen, der von den Brüdern der alten Orden der 'Sonnenleib' genannt wurde. Wenn du mit der Gabe des Hellsehens und Hellhörens beschenkt bist, dann wirst du diesen Sonnenleib deines Menschenbruders, der um ein weniges über seinen physischen Körper hinausragt, erkennen können. Um jeden Mann, jede Frau und auch jedes Kind kann dieser wunderschöne Sonnen- oder Lichtleib, der aus dem Licht der Sonne, dem Licht des Kosmischen Christus erschaffen ist, wahrgenommen werden, wenn diese einen bestimmten Grad geistiger Entfaltung erreicht haben."
Die reine weiße Flamme des Christuslichtes, des göttlichen Lichtes im Herzen jedes Menschen, manifestiert sich in menschlicher Form, um in ihr zu wachsen und Erfahrungen zu gewinnen. Damit dies möglich wird, bündelt sich die Licht- und Willensenergie, die ihren

Ursprung im Denken Gottes hat, um so die sie umgebende Äthersubstanz nach dem Gesetz des göttlichen Planes zu formen. Wie aus einem Samenkorn sich zuerst das Wurzelwerk in die Erde senkt, um Nahrung zu gewinnen, und danach erst die Form der Blätter, der Blüte und der Früchte gestaltet werden, so erschafft sich der göttliche Wille durch das Mittel der Erfahrung im irdischen Bereich, der schwersten und dunkelsten Form ätherischer Substanz, die Vehikel, die für Ihn notwendig sind, um sich auf den verschiedenen Seinsebenen als Lebensformen zu manifestieren.

White Eagle fährt fort: „Wenn der Sonnenleib, der Leib des Lichtes, in einem Menschen entfaltet ist, wird auch der physische Körper erleuchtet und somit zu einem feineren Gefäß für die Seele. Wir sind bemüht, euch während eurer Meditationen und durch die Kraft von Gottesgedanken zu helfen, diesen höheren Leib, den Leib des Lichtes, euren Sonnenleib, aufzubauen.

Das ist der Sinn der Meditation als einziger Weg, auf dem der Mensch bewußt den reinen Körper des Lichtes in sich entwickeln kann. In den alten Mysterienschulen und Bruderschaften wurde daher die Meditation zu allen Zeiten gelehrt, und die Brüder zogen sich aus dem materiellen Leben in ihre Gemeinschaften, die oft auf hohen Berg-Plateaus gelegen waren, zurück, um sich in der Stille der Meditation über die Belange der irdischen Welt zu erheben."

White Eagle hat stets unterschieden zwischen dem Unterbewußtsein und dem Überbewußtsein. Beide sind unabhängig von unserem Tagesbewußtsein, und dieses sollte immer mehr lernen, sich zu der unsterblichen Weisheit und Stärke des Überbewußtseins zu erheben, um von dort her das rein menschliche Bewußtsein zu beherrschen und zu erleuchten.

White Eagle sagt uns in seinem Buch "Der geistige Pfad": „Jedem physischen Körper zugeordnet ist ein Elementarkörper. Dieser hat seinen Platz in der Evolution nicht nur des Menschen, sondern auch der niederen Lebensformen und ist als solcher nichts Negatives. Wir werden immer wieder gefragt, warum die Verlockung des Übels für eine Seele im physischen Leib so viel stärker ist als die Anziehungskraft des Guten. Die Antwort hierauf liegt in diesem Elementar- oder Wunschkörper begründet, der in vielen Männern und Frauen sehr stark ausgeprägt ist. Im Verlauf seiner Evolution wird der Mensch lernen müssen, daß das höhere Selbst, welches in den meisten von uns nur teilweise gegenwärtig ist, die volle Herrschaft über den Elementarkörper erringen muß. Die Heimat des menschlichen Ego ist der himmlische Körper, der das Höchste und zugleich die reinste Aura des Menschen darstellt."

Doch ist nicht nur das höhere Selbst, sondern ebenfalls auch der menschliche Elementarkörper an der Evolution des Menschen beteiligt. Er stellt eine Art von Ballast dar, welcher den Menschen nahe mit der Erde verbunden hält. Ihr alle fühlt dieses Herabziehen, diese Schwerkraft, die keineswegs etwas Böses bedeutet. Verhilft sie doch dazu, das geistige oder Gott-Bewußtsein wachsen zu lassen, um dessen Entfaltung willen wir alle immer wieder in neue Erdenleben zurückkehren.

Die Aufgabe eines jeden von uns auf Erden ist zu lernen, das göttliche Denken, den Geist des Herzens, in unser Leben einzubringen. Diesen Geist zu stärken, gelingt uns am besten durch regelmäßig durchgeführte Meditationen, womit wir eine Lichtverbindung schaffen können zwischen unserem irdischen Selbst, das hauptsächlich durch unseren Alltag bestimmt wird, und unserem scheinenden, ewigen Selbst, dem Stern in uns, der unserem Lebensweg leuchtet.

Nur wenige Menschen in unserer westlichen Welt können es sich einrichten, lange Stunden ihres Tages der Meditation und Kontemplation zu widmen, wie es weit verbreitet in der fernöstlichen Welt geschieht. Die im westlichen Lebensraum geborenen Menschen sind von ihrem Wesen her bestimmt, durch praktisches Handeln zu lernen und Möglichkeiten zu finden, um zu verschiedenen Zeiten schnell und wirksam einen Kontakt zu der inneren Flamme in ihrem Herzen aufzunehmen, um von dieser oft nur kurzen Stärkung her eine innere Führung für ihr äußeres Leben und dessen Aufgaben zu erlangen.

Die geeignetste Gelegenheit für einen stärkenden Kontakt zwischen dem höheren Selbst – dem Geist des Herzens – und dem äußeren Selbst ist die Zeit zwischen dem Erwachen und der Aufnahme der Tagespflichten sowie vor dem Schlafengehen. Dies sind Zeiten, wo noch oder schon eine Durchdringung der beiden Welten, der inneren und der äußeren, besteht. Schon fünf Minuten des bewußten Einschwingens, der Verbindung mit dem Christusstern vor dem Aufstehen am Morgen können bereits eine Lichtbrücke zu den himmlischen Welten erstehen lassen und geistige Stärkung bringen. Dies geschieht nicht so sehr durch eine gedankliche Anstrengung, sondern mehr durch ein bewußtes Loslassen, Geschehenlassen, ein Hingeben aller äußeren Sorgen und Nöte und ein Öffnen des Herzens gegenüber dem Einströmen des Lichtes, so wie eine Blüte sich der wärmenden Lebenskraft der Sonne darbringt.

Nur wenige Menschen machen sich bewußt, wie sehr eine ruhige, klare Ausrichtung ihrer Gedanken vor dem Schlafengehen ihnen zu Kraft und Weisheit verhelfen kann, indem alle äußeren Gedanken und der Elementarkörper sich mit dem wahren, ewigen Selbst verbinden, das durch einen weithin leuchtenden sechsstrahligen Stern, der im Herzen der Sonne scheint, symbolisiert wird.

Bevor du dich vor deiner Nachtruhe in die Meditation begibst, vergewissere dich, daß alle Anspannungen deines Körpers gelöst sind. Strecke und dehne dich vielleicht ein wenig und entspanne dann nach und nach alle Gelenke und Muskeln deines Leibes, von den Zehenspitzen bis hinauf zur Wölbung deines Kopfes. Tue dies so lange, bis dein Atem sanft und friedlich fließt, ruhig, gleichmäßig, voller Harmonie. Während du dich auf diese Weise ganz nach innen zurückziehst und dem Rhythmus deines Atems lauschst, wirst du spüren, wie dein Atem immer langsamer und gleichmäßiger wird, und du selbst mit ihm zur Ruhe kommst.

Das Geräusch dieses langsamen, gleichmäßigen Atems läßt an das

Kommen und Gehen der Wellen an einer Meeresküste denken, und unschwer wird es dir gelingen, dich ganz in diesen Rhythmus einzufinden. Spüre, daß du eins mit dem ewigen Ozean des Lebens bist, Teil der Wellen, die an das Ufer des Meeres branden. Mit jedem Einatmen fühle dich mit den Wellen in den Schoß des Meeres zurückkehren, in das Herz des Lebens zurückgenommen werden, in das Zentrum des Sonnen-Sterns, der auf das weite Meer herniederstrahlt. Werde eins mit dem leuchtenden Herzen der Sonne, dann wirst du bei jedem Ausatmen spüren, wie das Licht aus deinem eigenen Herzen scheint und die Wasser der Seele erhellt. Du b i s t das Licht der Sonne – s e i daher das Licht der Sonne!
Die Wellen schäumen an das Ufer und durchdringen jedes Sandkorn, jede Zelle deines Körpers mit Licht. Fahre fort, dieses Ein- und Ausatmen des großen Ozeans des Lebens zu empfinden, dieses Meeres, das einmündet in das Herz des Sonnen-Sterns und wieder ausströmt, angereichert mit den Kräften des Lebens. Mit jedem Einatmen wird dein Herz-Chakra strahlender und sonnenähnlicher. Mit jedem Ausatmen fließt und breitet sich das Licht aus: heilend, stärkend, jede Zelle des Körpers erneuernd. Es beginnt, weit über den begrenzten physischen Leib hinaus zu leuchten. Eine große Sonne scheint in die Welt hinaus, um allen Menschen Heilung und Frieden zu bringen.
Du befindest dich nun in einem Zustand der Übereinstimmung mit dem höheren Selbst, und der Elementarkörper wird zu einem schönen Instrument, welches die Impulse des höheren Selbstes wiedergibt und einklingen läßt in dein ewiges Sein. Wenn du dir einer organischen Schwäche deines Körpers oder einer mangelnden Funktion deines Leibes, die Heilung braucht, bewußt bist, dann ist es jetzt an der Zeit, die Kräfte der Heilung für deinen Körper einzusetzen. Formuliere eine klare Anweisung in deinen Gedanken, die nun mit dem Christus-Selbst verbunden sind, und verleihe ihnen zusätzliche Kraft, indem du diese Affirmation entweder laut und deutlich aussprichst oder leise für dich zu Worten werden läßt.

Zuerst bekenne dein Einssein mit dem göttlichen Selbst, dem ICH BIN, und nenne die besondere Bestimmung, die Stelle, an welcher dein Elementarkörper die Heilkräfte aufnehmen soll. Zum Beispiel, wenn starke Schmerzen vorhanden sind, dann wiederhole ruhig die Worte: „ICH BIN der göttliche Friede — göttlicher Friede — göttlicher Friede; ich entlasse alle Schmerzen und Verspannungen in ... (nenne die betreffende Körperstelle); ICH BIN der göttliche Friede, ich entlasse alle Schmerzen und Verspannungen."

Wenn es sich um unerträgliche Schmerzen handelt, wird diese Inanspruchnahme des göttlichen Willens in dir, diese Kraft der Bemühung, die du aufwenden mußt, zunächst völlig unmöglich und nicht zu verwirklichen erscheinen, doch aus tiefem inneren Frieden heraus, mit Beharrlichkeit und Ausdauer, unterstützt von deinem ruhigen, sanften und gleichmäßigen Atmen und mit Hilfe der entschlossenen Bekräftigung, dem Aussprechen der die Heilkräfte lenkenden Gedanken, *wird* dir Erleichterung zuteil werden. Es bedarf zwar einiger Übung und einer willentlichen Anstrengung aus der Tiefe deines Geistes, doch ist es sehr wohl möglich, den physischen Elementarkörper langsam daran zu gewöhnen, die Schmerzen, die dich quälen, geschehen und gehen zu lassen und dich aus ihnen zu erheben.

Wenn in besonderem Maße Kraft und Vitalität notwendig sind, wenn es um Heilung oder Regeneration eines bestimmten Organes geht, dann richte deine ganze Konzentration auf die Verwirklichung des folgenden Satzes und spreche ihn deutlich dreimal aus: *Die Kraft des strahlenden Geistes der Sonne durchdringt mein ganzes Sein und heilt* ... (Name des erkrankten Organes). Sage danach den Christus-Satz: *ICH BIN die Auferstehung und das Leben.*

Wenn diese Selbst-Heilung mit Macht und Überzeugung aufrichtig und immer wieder angewendet wird, können sich wahre Wunder ereignen. Unzählige Gelegenheiten haben das bewiesen bei Menschen, die mit Geduld und Beharrlichkeit und ohne sich beirren zu lassen, diese Übung mit all ihrer inneren Kraft und Beständigkeit angewendet haben, im Geiste der von White Eagle immer wieder uns zugerufenen Aufforderung: Keep on keeping on. (Etwa: Fahrt fort durchzuhalten, fahrt fort, weiterzuschreiten auf eurem geistigen Weg.)

Wenn der körperliche Organismus nur langsam und mühevoll auf die oben vorgeschlagene Heilweise reagiert, dann gib keinesfalls auf, sondern versuche, die innere Aufforderung in einem Augenblick, in dem Körper und Geist sich möglichst entspannt fühlen, noch klarer und machtvoller auszusprechen — am besten, direkt vor dem Einschlafen. Je gelöster oder gar schläfriger dein bewußtes Selbst ist, desto klarer und erfolgreicher kann dein höheres Selbst deinem unbewußten Selbst die Anweisung übermitteln, während du mit der Kraft deines sanften, gleichmäßigen und ruhigen Atems dein ganzes Sein dem Licht des Sonnen-Sternes öffnest.

Klare, kraftvolle Selbst-Heilungs-Übungen können auch dem Elementarkörper helfen, den Hang zum Rauchen, zu Drogen oder Alkohol zu überwinden, vorausgesetzt, daß die Seele auch wirklich aus ihrem Innersten her den festen Wunsch hat, sich von der Sucht zu befreien.

In diesen Fällen sprich, nachdem der Kontakt mit deinem ewigen Selbst durch sorgfältige Entspannung und ruhiges Atmen geschlossen wurde, den Gedanken aus: Jede Zelle meines Seins ist angefüllt mit Licht... gefüllt mit Licht... dieses Licht befreit mich von meinem Verlangen nach... (Zigaretten, Alkohol etc.) ... ich entlasse mein Verlangen nach... löse mich von ihm... löse mich von ihm. Wiederhole dieses Mantra.

Es ist wichtig, daß du deine Anweisung klar, exakt und gezielt formulierst, und die Verbindung zu deinem strahlenden, ewigen Selbst stärkst und festigst, während du deine inneren Anweisungen aussprichst und in die notwendige Richtung lenkst. Laß jedes Heilungs-Mantra, das du anwendest, nicht nur stark und machtvoll, sondern auch voller Frieden sein. Sei entspannt und gelöst, während du es dreimal aussprichst und dich von ihm leiten läßt. Danach sei innerlich ruhig und still; laß alles los und gib dich ganz hin. Fahre fort zu atmen im Rhythmus ruhiger Meereswogen, die gleichmäßig einen Strand berühren, solange, bis du die Neigung verspürst, dich dem Schlaf anheimzugeben.

Versuche, die Zeit deines morgendlichen Erwachens mit Bedacht einzurichten, damit dir eine kurze Spanne bleibt, um es deiner Seele zu ermöglichen, den Kontakt mit der physischen Welt behutsam wieder aufzunehmen. Wenn du so spät erwachst, daß du gezwungen bist, sogleich aus deinem Bett zu springen und durch die Vorbereitungen für den Morgen zu hasten, dann schneidest du dich von dem Strahl des Lichtes ab, der dein irdisches Leben mit deinem ewigen Selbst verbindet. Laß dir Zeit, auf deinem Rücken liegend dich zu strecken und zu dehnen, um alle Muskeln und Gelenke zu aktivieren, um ein- oder zweimal gründlich zu gähnen; entspanne deine Schultern, deinen Rippenkorb, damit dein Atem reiner fließen kann. Bevor du aufstehst, nimm dir ein oder zwei Minuten Zeit, deinen Atem ruhig strömen zu lassen und spüre dich währenddessen hinaufgehoben in das herrliche Licht der ewigen Sonne, dem Quell aller Gesundheit, Kraft und Weisheit. Sieh in deinen Gedanken die glorreiche Sonne mit all ihrer lebensspendenden Heilkraft und bete aus tiefstem Herzen um Kraft und Weisheit für den kommenden Tag. Danach erst beginne ruhig mit deinen morgendlichen Vorbereitungen und Pflichten.

Obgleich dies sehr leicht und einfach zu sein scheint, so ist doch Willenskraft und Ausdauer erforderlich, um ein solches geistiges Verhalten zu einer festen Gewohnheit, wie das Zähneputzen etc., werden zu lassen. Doch auch ein noch so beschäftigter Mensch sollte in der Lage sein, diese wenigen Minuten der Kontemplation an den Anfang und das Ende jeden Tages zu setzen, um daraus immer wieder neue Kraft zu schöpfen.

White Eagle bittet darum, uns mit dem Christus-Stern zu vereinen und das Licht des Sterns jeweils zu den magischen Stunden von drei, sechs, neun und zwölf zur Menschheit hin auszusenden. Diese magischen Stunden bilden auf dem runden Zifferblatt der Uhr ein Kreuz im Kreis und damit ein magisches Symbol uralten Ursprungs. Das Aussenden des Lichtes zu diesen Stunden bedeutet zwar für viele Menschen zunächst eine große Anstrengung, doch ist es wert, diese auf sich zu nehmen, denn jedesmal, wenn wir den Kontakt mit dem inneren Licht herstellen, stärken wir die bewußte Verbindung mit unserem Lichtleib. Dadurch wird es uns nach einiger Zeit ermöglicht, auf allen Ebenen unseres Seins mit vollem Bewußtsein zu wirken und bis in die einzelnen physischen Atome unseres Körpers hinein immer feinstofflicher zu werden.

White Eagle sagt an anderer Stelle: „Es wird eine Zeit kommen, wo die Sonnenkräfte den physischen Leib des Menschen so stark durchdringen, daß sein irdisches Sein und seine Sterblichkeit langsam schwinden, langsam dahinsterben werden. Das bedeutet das allmähliche Auflösen und Fortfallen all jener Atome, die irdisch, die von dieser Erde sind. Zur gleichen Zeit werden geistige Atome in den physischen Leib eindrängen, die diesen langsam neu erschaffen und zu einem Leib des Lichtes werden lassen, einem wahren Sonnenleib. Anstatt das Opfer von Krankheit und Verfall zu sein, wird des Menschen Leib zu ewigem Leben erwachen. 'Ich will ihnen das ewige Leben geben.' — Das ist die wirkliche Bedeutung dessen, was Jesus Christus sagte, und das ist die Wahrheit für alle Zeiten. Des Menschen Leib wird neu belebt, neu erschaffen werden, durchstrahlt vom Sonnenlogos. Es wird keinen Tod mehr geben, da der Mensch in die volle Herrlichkeit seines Seins eintreten wird, in einen Zustand, der für ihn gedacht war, als diese Welt begann. Das gelobte Land wird sich weit vor ihm öffnen.

*****

II

VERTRAUEN UND HEILKRAFT

Im kommenden Zeitalter des Wassermanns werden die Menschen in vollem Ausmaß die Macht der Gedanken erkennen und bestrebt sein, diese in ihrem Leben zu verwirklichen. Sie werden lernen, mit welcher Konsequenz die Kraft der Gedanken das Leben in allen seinen verschiedenen Bereichen prägt. Sie werden erfahren, wie sehr die von Gedanken beeinflußte ätherische Welt sich auf dem physischen Plan materialisiert. Je klarer und kraftvoller Gedanken von uns ausgesandt werden, desto unmittelbarer und genauer können sie auch auf der Ebene des Physischen offenbar werden.
Gott erschuf den Menschen nach seinem Ebenbild und legte in uns die beiden verschiedenen Aspekte der göttlichen Flamme des Lichtes und der Dunkelheit der unentfalteten Äthersubstanz, welche einem ungepflügten Felde gleicht. Tief in jedem Mann, jeder Frau und jedem Kind ruht die Gottesmacht, um durch die Kraft eigener Gedanken die Form, in der wir uns verwirklichen, zu gestalten. Dabei stellen alle unsere Erfahrungen die Ergebnisse vorangegangener Gedanken dar, was bedeutet, daß unsere Lebenserfahrungen weit mehr von unseren Gedanken als durch unsere Taten bestimmt werden.
Gedanken sind die Saat, die wir aussäen. Durch die Erfahrungen des Alltags kommen wir langsam dahin zu lernen, unsere kleine menschliche Persönlichkeit so weit in Übereinstimmung mit der großen göttlichen Intelligenz zu bringen, daß die kosmische Energie harmonisch durch uns fließen kann, um schließlich einen vollkommenen

Körper auszubilden, mit einem schönen, harmonischen Umfeld, in welchem er sich verwirklichen kann.

„Die Menschen alter Zeiten verehrten die Sonne als Zeichen und Symbol Gottes und riefen das Licht der geistigen Sonne an um Kraft, Gesundheit und Heilung. So laß auch uns die Sonne anrufen!"

Diese Worte, die von White Eagle Heilgruppen immer wieder neu gesprochen werden, helfen den Heilern, ihr Bewußtsein auf einen Punkt zu konzentrieren und ihre eigene menschliche Persönlichkeit in Einklang zu bringen mit jener herrlichen, strahlenden, universalen Wesenheit — dem Kosmischen Christus — dem Quell aller Heilkraft. „O h g ö t t l i c h e s L e b e n , d a s a l l e D i n g e n e u e r s t e h e n l ä ß t ."

Der Ort, von dem wir alle einmal aufbrechen müssen, ist unser eigener physischer Körper, der einzige materielle Besitz, der wirklich ganz uns selbst gehört, ein Geschenk unserer Eltern und Vorfahren; ein sehr bedeutsames Geschenk, das eng verbunden ist mit ihrem Karma und unserem Karma, denn das Blut, das in unseren Adern fließt, ist auf mystische Weise mit der Flamme des Lebensgeistes verbunden, der in unserem Herzen wohnt. Familien-Karma beinhaltet ein tiefgründiges Geheimnis, das eines Tages von esoterischen Wissenschaftlern des Neuen Zeitalters erhellt werden wird, wenn die Gesetze der Reinkarnation und des Karma weltweit verstanden und angenommen. werden.

Es geschieht oft aus einer karmischen Erfahrung unseres Lebens heraus, daß wir auf eigentümliche Weise zu einem Zentrum geistigen Heilens geführt werden. In der White Eagle Loge hören wir immer wieder erstaunliche Berichte, wie Seelen in äußerster Not dazu kamen, ein White Eagle Buch in die Hand zu nehmen oder einem Menschen begegneten, der sie zu diesem geistigen Quell hinführte. Schon längst sind wir zu der Überzeugung gelangt, daß in dem Heilungstempel der inneren Welten eine Art von 'Bildschirm-System' sowie eine perfekte Organisation vorhanden sein müssen, um Seelen, die in Kummer und Not sind, zu helfen und sie zu einem geistigen Lehrer zu führen, Seelen, die bereit sind, sich geistig weiter zu entfalten. Über lange Jahre hinweg liegen unendlich viele Beispiele in unserer Arbeit vor, die dies bestätigen, und die uns von der Wahrheit und Schönheit der Lehre White Eagle's überzeugen. Diese Beispiele geben uns die Gewißheit, daß, wenn wir versuchen, einfach und aufrichtig dem geistigen Pfad zu folgen, den White Eagle so klar vor uns ausgebreitet hat, wir (ganz gleich, was uns das Leben als Auswirkung unseres Karma bringt) den unfehlbaren Beistand unserer lieben Brüder in den Welten des Lichtes erhalten. Ihre wunderbare Hilfe kann uns in allen Schwierigkeiten des Lebens begleiten und uns sicher über alle Hindernisse hinweghelfen.

Viele Menschen, die sich zu geistiger Heilung hingezogen fühlen, meinen, alles, was sie tun müßten, sei, sich zurückzulehnen und die Arbeit des geistigen Heilens geschehen zu lassen. Sie würden dann, wenn sie nur genug Vertrauen besäßen, auch geheilt werden. Das ist zweifellos wahr, doch unterscheidet sich ein tiefes seelisches Vertrauen, welches Wunder bewirken kann, grundlegend von einer nur ziemlich lauen und vagen Hoffnung, mit der die überwiegende Mehrzahl der Leute zu einem geistigen Heiler kommt. White Eagle hat dieses unerschütterliche Vertrauen in die Kraft des geistigen Heilens als ein inneres Wissen, ein inneres Erkennen der Wahrheit bezeichnet. Ein solches Vertrauen entstammt einer Erfahrung, die nicht nur in der augenblicklichen Inkarnation gewonnen sein muß. So läßt es sich erklären, warum viele Menschen, denen eine feste geistige Überzeugung zu eigen ist, auf die Frage, was sie veranlaßte, bestimmte geistige Wahrheiten als vollkommen selbstverständlich anzunehmen, antworten: „Ich weiß einfach, daß es so ist, ich brauche keine weiteren Beweise."

Wahres, unbedingtes Vertrauen ist eine Grundlage allen geistigen Heilens. Es gibt Menschen, die ein solches Vertrauen in so reichem Maße besitzen, daß sie nicht nur selbst besonders empfänglich für geistige Heilkräfte sind, sondern sogar die Gabe haben, diese Heilkräfte auch zu anderen, in deren Auftrag sie Hilfe suchen, auszustrahlen. Sie zweifeln nicht daran, daß, seitdem sie ihre Freunde zur White Eagle Heilung gebracht haben, alles wieder in Ordnung kommen muß. Im Laufe der Zeit bewahrheitet sich diese Annahme auch. Alle, die mit einer so schönen kindlichen Zuversicht in die Macht des Geistes gesegnet sind, können überall unter den Menschen angetroffen werden. Diejenigen unter ihnen, die geistig schon weiter fortgeschritten und dabei doch zugleich bescheiden und demütig geblieben sind, haben gelernt, daß menschliche Erkenntnisse und Erfahrungen, wie weitreichend sie auch sein mögen, nicht mehr als nur ein Teil des großen Mysteriums des Lebens ausmachen. Sie verneigen sich in Andacht vor dem großen Architekten des Universums und empfinden in ihrem Herzen die Allmacht Gottes, die jedes Atom zu durchdringen, zu erneuern und zu heilen vermag. Ihr gläubiges Vertrauen ist das der Heiligen früherer Zeiten, und sie haben dieses Vertrauen gewonnen, indem sie durch viel Leid und Schmerzen gegangen sind. So wurden sie zu einem segensreichen Quell der Kraft und Heilung für viele ihrer Mitmenschen.

Die meisten von uns müssen jedoch hart kämpfen, um dieses unerschütterliche Vertrauen zu erreichen. Sie haben zu ringen mit den Riesen des Zweifels, der Enttäuschung, des Schmerzes, der Schwäche und der Verzweifelung: „Herr, hilf meinem Unglauben!" — ist der Schrei so vieler, die sich nach geistiger Heilung sehnen und oft zu uns kommen, nachdem sie eine hoffnungslose medizinische Diagnose erhalten haben. Von Kindheit an gewohnt, ihre Vernunft zu gebrauchen, zu zweifeln, zu analysieren, zu sezieren und nicht zu glauben, was noch nicht endgültig bewiesen ist, ist es für sie oft nur sehr schwer möglich, ein instinktives kindliches Vertrauen in die Macht des Großen Heilers zu setzen. Doch bedeutet diese Fähigkeit, mit der tiefsten Vorstellungskraft des Herzens fest an Seine Gegenwärtigkeit zu glauben, Seine sanfte Berührung zu fühlen und das Tor zu öffnen zu der strahlenden, lebensspendenden Kraft Gottes.

Natürlich ist es schwierig, angesichts so vieler physischer Leiden und Schwächen auf dieser Welt an einer positiven Vorstellung festzuhalten. Die Macht der gedanklichen Schwerkraft ist oft nur zu sehr in der Lage, den menschlichen Geist in die Ketten der Materie zu schmieden, in der Art, wie ein Samenkorn oder eine Blumenzwiebel vom gefrorenen Erdreich fest umklammert werden. Doch geben uns Wissen und Erfahrung die Festigkeit und das Vertrauen, den langen kalten Winter zu überstehen, in der Gewißheit, daß die zarten Frühlingsblumen im Keim bereits vorhanden sind und nur noch auf die wärmende Kraft der Sonne warten, um das strahlende Licht des Tages zu erblicken. So weiß auch unser wahres Selbst, unser höheres Selbst, aus Erkenntnis und Erfahrung, um die Wärme und die Kraft der geistigen Sonne, des Christus, der immer gegenwärtig ist und nur darauf wartet, unser materielles Bewußtsein, in das unser menschlicher Geist wie in kalte, winterliche Erde eingezwängt ist, mit göttlichem Licht zu durchdringen. Bevor aber nicht ein bestimmtes Stadium geistiger Entfaltung erreicht ist, ist es schwer für das höhere Bewußtsein, das Christus-Bewußtsein, unser begrenztes physisches Gehirn zu beeinflussen.

Wenn ihr krank seid, traurig, furchtsam, schwach oder sogar unter ständigen Schmerzen leidet, und wenn ihr es dann fast unmöglich findet, euer Vertrauen aufrechtzuerhalten, dann solltet ihr einfach ein ernsthaftes kindliches Gebet um Licht und Verständnis zum Himmel emporsenden. Widersteht, dem Sog der Schwerkraft nachzugeben und bittet um Hilfe, damit ihr lernen möget, erst völlig zu entspannen und loszulassen und danach euer Bewußtsein über die Begrenzung der Materie hinaus zu erheben. Das wird den Engeln der Heilung ermöglichen, euch nahe zu sein.

In dieser demütigen und ehrerbietigen Geisteshaltung begreift sodann mit eurem vernünftigen, aber begrenzten irdischen Verstand, daß dieser nur ein kleiner Teil eures wahren Selbstes ist. Euer wirkliches, euer höheres Selbst, ist ein scheinendes Wesen, vollkommen im Ebenbild Gottes, das einen physischen Körper angenommen hat, um zu lernen, Meisterschaft über alle physischen Atome zu gewinnen. Dieses scheinende Wesen, euer wahres Wesen, kann sich zur Zeit nur in beschränktem Maße in euch verwirklichen, nämlich durch euer erwachendes Bewußtsein. Das läßt sich vergleichen mit jemandem, der die Technik eines Musikinstrumentes erlernt hat und zunächst nur ganz einfache Stücke spielen kann. Mit fortschreitender Praxis und ernster Bemühung wird jedoch euer wahres Selbst, der Christus in euch, immer stärker die Meisterschaft über euer physisches Instrument erlangen. Es werden Töne und Harmonien erklingen, die ihr euch im Augenblick noch gar nicht vorstellen könnt. Mit anderen Worten: Euer wahres Selbst wird lernen, auch diejenigen Zellen eures physischen Gehirns zu öffnen und zu gebrauchen, die vorläufig noch im Schlummer ruhen. Es wird euch dann eine lichtvolle, strahlende Gesundheit geschenkt werden sowie die Fähigkeit, anderen in Liebe zu dienen.

Euer begrenztes irdisches Bewußtsein muß überzeugt sein von der Richtigkeit und dem Sinn dieses Weges. Nehmt die Wahrheit an, daß euer Verstand nur ein Werkzeug eures wahren Selbstes ist, und die Wahrnehmungsfähigkeit eurer fünf Sinne äußerst begrenzt ist, gemessen an dem, was i h r wißt und vollbringen könnt, wenn ihr von eurem physischen Träger, eurem Körper, während des Schlafens befreit seid. Es braucht Zeit und Geduld, um sich darüber klar zu werden, aber es bedeutet den ersten Schritt vorwärts zu einer inneren Überzeugung und Gewißheit, welche die Wahrheit ist.

Stellt euch vor dem Einschlafen dieses freiere, erfülltere Leben der Seele vor und versucht mit eurem inneren Auge den strahlenden Tempel der Heilung zu erschauen, zu dem ihr während des Schlafes gebracht werdet, um dort die behutsame Berührung des Großen Heilers zu empfangen. Dadurch werdet ihr die Mithilfe eures Unterbewußtseins (oder besser Überbewußtseins) erhalten, damit, wenn ihr erwacht, die Tür, die euch von eurem höheren Selbst wieder trennt, nicht mehr ganz so fest verschlossen wird.

Ihr werdet dann auch feststellen können, wie euch tagsüber völlig neue Gedanken kommen, die euch helfen, positiver zu leben. Anstatt angespannt zu sein und Furcht, Schmerz und Schwäche zu spüren, werden euch Augenblicke des Friedens und des Aufatmens geschenkt werden. Zunächst vielleicht nur für kurze Momente, aber doch so, wie vereinzelte Sonnenstrahlen, wie das flüchtige Streifen eines zarten Engelflügels oder wie die sanfte Berührung eurer Stirn durch die Hand des Großen Heilers. Übt euren menschlichen Verstand darin diese Augenblicke wahrzunehmen, damit der niedere Verstand dadurch immer stärker unter den Einfluß des höheren Selbstes, eures wahren Ichs, gerät.

Die Geschichte von Jakobs Leiter, die, während er im Schlafe lag, erbaut wurde, und auf der Engel hinabstiegen, die ihn segneten und ihm dienten, enthält eine ewige Wahrheit. Jede Seele muß schließlich lernen, die Hilfe der Engel herbeizurufen, indem sie diese Leiter zwischen Erde und Himmel aufrichtet.

Eine der ersten Notwendigkeiten hierzu ist, daran zu arbeiten, die eigene schöpferische Vorstellungskraft vor dem abendlichen Einschlafen zu entwickeln. Das wird euch innerlich die Kraft verleihen, die Schlachten des Lebens, die gewiß auf euch zukommen werden, zu bestehen. Begeht nicht den Fehler anzunehmen, daß wahres Gottvertrauen, welches der Seele zum Sieg über alle Disharmonie des Lebens verhilft, nur eine schwache, halbherzige Hoffnung sei. Wahres Gottvertrauen besteht vielmehr aus ungebrochener Kraft und festem Mut, welche oftmals nur nach langen, mühevollen Kämpfen gegen Dunkelheit, Furcht und Verzweiflung gewonnen werden.

„Haltet fest an der Gewißheit, daß Christus in euch König ist und alle Schwachheit, Krankheit und Disharmonie überwinden kann."

Diese eindringliche Aufforderung, welche Teil des White Eagle Mantras für das Heilen durch Auflegen der Hände (contact healing) ist, wird nicht umsonst stets neu wiederholt, ganz besonders dann, wenn das irdische Bewußtsein eines zu heilenden Patienten von Schmerzen und Enttäuschungen gequält wird.

Doch verhaltet euch auch keineswegs verkrampft oder gar übereifrig in all euren Bemühungen, die Macht des Christus in euch und eurem

Leben zu festigen. Ein zu heftiges Feuer verzehrt sich selbst. Was benötigt wird, ist die stetige Flamme gläubigen Vertrauens, die starke Überzeugung, daß Christus in uns Tag für Tag jede kleinste Zelle unseres Körpers mit Seinem Geist durchdringen und erneuern kann. Das geschieht in einem sanften, sich allmählich stärkenden Prozeß und durch unser eigenes geduldiges Bemühen, uns mit den göttlichen Energien, mit der lebendigen Flamme in uns, immer wieder neu zu vereinigen.

Strebt nicht danach dem Übel zu widerstehen, sondern versucht vielmehr, es durch das Gute und mit Güte zu überwinden. Mit anderen Worten: Versteift euch nicht auf die Bekämpfung von Krankheit, Leid und Enttäuschung, sondern trachtet vielmehr nach der wunderbaren Vollkommenheit, welche durch Christus in eurem Herzen erschaffen und aufgebaut wird. Denkt dabei nicht so sehr in rein zeitlichen Abläufen, wird dadurch doch nur die natürliche Ungeduld eures niederen Selbstes erweckt, das dann sogleich auszurufen bereit ist: „Oh Gott — wie lange noch?" ... Schaut auch nicht wie erstarrt auf das Chaos einer vorübergehenden Situation, sondern lenkt eure Vorstellungskraft lieber auf den Zustand absoluter Vollkommenheit. In ruhiger Gelassenheit und stetiger Beharrlichkeit fahrt fort, das Bild der Harmonie und Vollkommenheit in eurer Vorstellungswelt zu entfalten. Haltet daran fest, ohne euch im geringsten von etwas verunsichern zu lassen.

Eine solche Einstellung ist durchaus nicht übertrieben und noch weniger weltfremd. Auch ein Architekt, der ein wunderschönes Bauwerk errichten möchte, läßt dieses zunächst erst einmal in seiner Vorstellung erstehen. Er sieht das bereits fertiggestellte Gebäude vor seinem inneren Auge und arbeitet nach diesem Vor-Bild alle praktischen Einzelheiten der Architektur aus. Dann läßt er die notwendigen Arbeiten durch seine Handwerker und Bauarbeiter ausführen. Wenn diese jedoch ohne Anweisungen des Architekten tätig wären, würden viele Einzelheiten des gesamten Bauplanes schiefgehen.

Der Architekt des vollkommenen menschlichen Lebens ist das Christus-Selbst in uns, das wiederum zusammenwirkt mit dem Großen Architekten des Universums. Der Christus in uns kann auch die Vollkommenheit erblicken, zu der wir dereinst gelangen werden. Wenn ihr also das Bild der Vollkommenheit aufrecht erhaltet und das gegenwärtig vielleicht herrschende Durcheinander gar nicht beachtet, dann bringt ihr euch in Einklang mit dem Großen Architekten und ermöglicht es Ihm, 'den Handwerkern, die den Bau ausführen', die richtigen Anweisungen zu geben. Dadurch entwickelt ihr auch unaufhaltsam und in zunehmendem Maße euren Willen-zu-Gott und werdet dann immer mehr die Erfahrung gewinnen, wie dieses Streben zu Gott euch auch gleichzeitig in den vielen verschiedenen Kleinigkeiten des alltäglichen Lebens mit Weisheit leiten und bestimmen wird.

Töricht wäre es allerdings zu erwarten, daß Gott Wunder vollbringt, wenn die einfachsten Regeln der Gesundheit mißachtet werden. Die Menschen müssen lernen, „dem Kaiser zu geben, was des Kaisers ist". Doch wenn diese Forderung erfüllt ist, dann solltet ihr auch Gott geben, was Sein ist und Ihm gebührt. Das wird dann zur Folge haben, daß die Magie des Heilens mit Sicherheit helfen und wirken wird.

******

III

HEILEN DURCH AUFLEGEN DER HÄNDE

Viele Menschen möchten gerne Heilenergien weitergeben, wissen aber nicht, wie sie dies bewerkstelligen können. Sie setzen zu wenig Vertrauen in ihre eigenen Kräfte; sie machen sich nicht klar, daß es für jeden Menschen möglich ist, ein Instrument des Heilungsstromes zu werden, wenn er sich darin übt, seine Gedanken auf das Gute zu richten und sein Herz dem Großen Heiler zu öffnen.

Wahre Heilkraft, ganz gleich, ob sie Menschen, Tieren oder Pflanzen zugute kommt, entspringt der Liebe. Menschlicher Liebe, die durch göttliche Liebe gespeist wird, um als Licht durch die Hände des Heilers zu strömen, Licht, das zuerst den Ätherleib, in dem sich die Krankheiten wie dunkle 'Flecken' zeigen, wieder herstellt, um danach auch den physischen Körper gesunden zu lassen.

Für jeden ist es möglich, sich selbst zu erziehen und Gedanken und Gefühle zu beruhigen, damit sich das Herz der Christus-Sonne öffnen kann. Helle und klare Gedanken werden dann als Strahlen des Lichtes durch die Hände des Heilers in den Ätherleib des Patienten fließen, die Krankheit auflösen und die göttliche Flamme im Herzen des Patienten so stärken, daß das Christus-Selbst in ihm die Herrschaft übernehmen und die Heilung im ganzen Körper geschehen lassen kann.

Dieses Hineinstrahlen des Christuslichtes in den physischen Leib, durch die Gedankenkraft des Heilers, kann auf weite Entfernung genauso wirksam sein wie das Auflegen der Hände, das wir in der White

Eagle Loge als 'Contact Healing' ('Direkt-Heilung') bezeichnen. Es gibt einige Patienten, die nicht gern von fremden Händen berührt werden, jedoch sehr gut auf 'Absent Healing' ('Heilen in Abwesenheit'/Fernheilen) ansprechen. Andere hingegen empfinden gerade das Berühren der Hände als besonders hilfreich und angenehm. In jedem Fall ist es so, daß jeder, der anderen Menschen auf eine solche Weise helfen möchte, keinen Grund sehen sollte, diese schlichte Form des Heilens nicht auszuüben.

Grundsätzlich sind jedoch zwei Regeln zu beachten: Die erste sieht vor, sich zu vergewissern, daß der Patient auch wirklich aus eigenem Willen eine Heilbehandlung empfangen möchte. Es wäre ein großer Fehler, wenn ein gut meinender geistiger Heiler eine Beeinflussung ausüben wollte, solange auf seiten des Patienten noch das geringste Zögern vorhanden ist. Damit die Heilkräfte ungehindert fließen können, ist eine sanfte, ruhige, verständnisvolle Liebe des Heilers erforderlich, ebenso wie eine glücklich-entspannte Bereitschaft des Patienten, die Heilung anzunehmen.

Die zweite Regel besagt, daß der Heiler selbst unbedingt gesund sein sollte. Durch das 'Direkt-Heilen' findet nämlich unvermeidbar eine Übertragung des körperlichen Magnetismus des Heilers in den Ätherleib des Patienten statt. Ein besonders reichliches Maß an physischem Magnetismus strömt oft von Naturheilern aus, die sich dafür entschieden haben, in medizinischen Berufen tätig zu sein, wie in der Osteopathie und Physiotherapie oder im Bereich der weniger orthodoxen Heilmethoden. Jeder, der in einem solchen hingebenden Dienst tätig ist, überträgt fast unbewußt, schon durch seine Gegenwart, eine Vitalität und Kraft, welche die Patienten veranlaßt, sich allein dadurch bereits besser zu fühlen. Diese berufsmäßigen Heiler lassen durch ihre lange geübte Disziplin und Arbeit im Dienste der Menschen ihre Kraft und Zuversicht auf ihre Patienten überströmen, sogar wenn sie selbst körperlich erschöpft sind. Sie haben es gelernt, innere Reserven zu erschließen, die es ihnen ermöglichen, helfen und geben zu können, solange es ihr Dienst von ihnen erfordert.

Auf der anderen Seite sollten aber Amateur-Heiler, die sich zwar wünschen, durch die Kraft des Geistes in ihrer Arbeit geführt zu werden, nicht aber über diese Disziplin der beruflich Geübten und Erfahrenen verfügen, auf keinen Fall versuchen, Geist-Heilung zu praktizieren, wenn sie sich in einer Verfassung mangelnder Vitalität befinden. Es könnte durchaus möglich sein, daß diese "Gerne-Heiler-sein-Möchtenden" unbewußt die Vitalität von ihren Patienten abziehen, anstatt sie damit zu versorgen!

Ich möchte ausdrücklich betonen, daß dieses Problem n i c h t beim 'Absent Healing' (Heilung in Abwesenheit der Patienten durch Einzel- und Gruppen-Heilmeditation) besteht. Ich hoffe, diese Feststellung wird auch diejenigen Menschen ermutigen, die nach einem langen Leben des Dienens, Heilens und Sorgens für andere sich nun selbst vielleicht am Ende ihres Lebens zu alt und müde fühlen, um ihren bisher gewohnten Dienst auf dem physischen Plan weiter fortzusetzen. Denn ist der Wunsch zu dienen stark genug in einem Menschenherzen, wird es immer möglich sein, ein geistiges Heilen auszuüben; sogar dann, wenn der Heiler an das Bett oder den Stuhl gebunden ist. In der Seelenwelt bedeutet Entfernung gar nichts. Es gibt weder Zeit noch Raum, welche nur rein menschliche Begriffe sind. Wenn wir unsere Gedanken und unser Sein zur Christus-Sonne emporheben und uns mit dem Großen Heiler vereinen, können wir auch die Seele des Patienten mit in diese wunderbare 'Heilende Gegenwart' hineintragen. Das hat sich während der fünfzig Jahre, in denen das White Eagle 'Absent Healing' schon ausgeübt wird, viele tausend Male bewahrheitet. Wir sind zutiefst davon überzeugt, daß es einen wesentlichen Teil des Trainings und der Vorbereitung auf eine spätere Arbeit als 'Direkt-Heiler' (Contact-Healer) darstellt, regelmäßig als Heiler in einer White Eagle Meditations-Heilgruppe (Fernheilung) zu arbeiten.

Vorausgesetzt nun, der Patient fühlt sich wohl, geborgen und aufnahmebereit und der Heiler ist von vitaler Lebenskraft erfüllt, wie kann das 'Direkt-Heilen' nun vor sich gehen?

Oftmals ist alles, was erforderlich ist, ein behutsames Fortnehmen und 'Abziehen' all der Stauungen aus dem Ätherleib des Patienten, die Blockierungen im Fluß seiner Lebenskräfte bedeuten und Schmerzen, Störungen und Unbehagen im physischen Leib hervorgerufen haben. Danach wird der Heiler mit der rechten Hand, die leicht und Frieden ausstrahlend über die wunde oder empfindliche Stelle gehalten wird, das Licht der Heilung einfließen lassen. Diese Behandlung kann bei jeder Art von geringeren Schmerzen und Verletzungen, besonders in den Gliedmaßen, angewendet werden.

Um Schmerzen oder Unwohlsein 'abziehen', fortnehmen zu können, muß der Patient zunächst in eine bequeme Position gebracht werden, von der aus die betroffene Körperstelle gut und mühelos erreicht werden kann. Es mag dabei hilfreich für den Patienten sein, ihm die Vorstellung zu geben, er entspanne sich, während er ein schönes, wärmendes Sonnenbad nimmt. Bei all unserer Heilarbeit wollen wir übrigens immer wieder davon ausgehen, daß wir nicht so sehr mit unserem Kopf arbeiten, sondern mit dem Geist unseres Herzens.

Atme ruhig und friedlich, sammle deine Gedanken und richte sie auf die Sonne, die geistige Sonne, welche hinter der physischen Sonne leuchtet. Fühle mit jedem Atemzug, wie dein Herz von den Lebenskräften der Christus-Sonne erfüllt wird. Ihr Licht umströmt deinen Körper, durchfließt deinen Blutkreislauf und durchdringt und erhellt jede einzelne Zelle deines Seins. So, wie die Worte für die White Eagle Heilgruppen-Meditation es aussagen: „Wir sind nun Licht von deinem Licht, goldene Sonne des Himmels, erfüllt vom Lichtglanz deiner Strahlen."

So erfüllt von Licht, wirst du es nun nicht schwierig finden, das Licht auch durch deine Hände ausströmen zu lassen. Sieh, wie Strahlen des Lichtes deine Finger durchdringen, sozusagen wie durch die gezinkten Gabelungen eines Grasrechens. Lichtstrahlen, welche die physischen Atome des Patienten durchfließen und die dunklen Flecken der Verstopfung und Stauungen erreichen und 'auskäm-

men', 'fortkämmen', von dem Patienten abziehen. Sehr behutsam und sanft und indem du den Patienten kaum berührst, lege nun die Finger beider Hände gut über den Schmerz oder die Verletzung und ziehe sie die Arme und Beine hinab bis leicht über die Finger- und Zehenspitzen hinaus. Stelle dir dabei vor, daß deine verlängerten Finger aus der Aura die schattenhaften Blockierungen auskämmen, indem du diese in deinen leicht gekrümmten Fingern sozusagen sammelst, sie bis zu den Finger- oder Fußspitzen herunterführst, herunterziehst, und sie dann mit einer bewußten, leicht energischen Abwärtsbewegung aus dem Handgelenk heraus zur Erde hinab abschüttelst, sie in die Erde zurückgibst. Führe diese abwärtsziehende Bewegung mehrmals sorgfältig und sanft bis zu den Finger- bzw. Zehenspitzen aus, während du fortdauernd versuchst, das Licht von deinen Fingern ausströmen zu lassen und die 'Schatten' fortzukämmen und aufzulösen und jedesmal mit einem 'Flick' (flick off) in die Erde hinunter zu geben. Praktiziere dies so lange, bis du das Gefühl hast, daß die Gestautheit sich langsam auflöst. Laß dann deine rechte Hand sehr sanft und leicht auf der schmerzenden Stelle ruhen, während du deine linke Hand auf die genau gegenüberliegende Seite legst, und konzentriere dich dann mit tiefem inneren Frieden auf die glorreiche, heilende Sonne. Spüre, wie das Licht in deinem Herzzentrum als Flamme im Herzen der ewigen Sonne — des Kosmischen Christus — brennt. Laß diese reine Flamme durch jede Zelle deines Seins erstrahlen, solange bis du selbst und der Patient eingehüllt sind in einen fast unvorstellbar reichen Glanz des Lichtes.
Je klarer und genauer du dich konzentrierst, desto freier werden die Heilkräfte dich durchströmen. Mit geduldiger Übung wirst du es lernen, diesen geistigen Kontakt einige Minuten lang aufrechtzuerhalten und die kraftvolle Wärme zu spüren, die du unter Umständen sogar als ein Kribbeln oder Prickeln in deiner rechten Hand, so als ob ein elektrischer Strom dich leicht durchflutet, wahrnehmen wirst. Bemühe dich nicht, diese Empfindung zu lange festzuhalten, sondern verbleibe ruhig und friedvoll in ihr für eine oder zwei Minuten,

und dann löse dich wieder von ihr. Bitte im Geiste um den Segen des Großen Geistes, Christus, und bitte die Engel der Heilung, dein Werk fortzusetzen und zu vollenden.
Diese einfache Heilarbeit kann äußerst wirksam im Umgang mit Kindern und Tieren sein. Kleine Kinder, die sich gestoßen haben oder hingefallen sind, sprechen oft sehr schnell auf diese Form der Behandlung an, besonders, wenn der Heiler auch noch etwas findet, mit dem er die Aufmerksamkeit des Kindes von seiner Verletzung ablenken kann.
Tiere sind ebenfalls erstaunlich aufnahmefähig für geistige Heilung, weit mehr als viele Menschen, weil sie nicht vom Verstand her irgendeinen Widerstand entgegensetzen. Wenn du also den Wunsch hast, dein eigenes Haustier zu heilen, dann wähle einen Zeitpunkt, zu dem das Tier sich in eine möglichst entspannte Lage zurückgezogen hat. Setze dich dann so daneben, daß du es leicht und bequem von Kopf bis zum Schwanz die Wirbelsäule hinab streicheln kannst. Sieh auch dann die Strahlen des Lichtes durch deine Finger hindurch in den Körper des Tieres strömen; kämme die dunklen Schatten des Schmerzes oder Unwohlbefindens fort und erwecke die vitale Lebenskraft in der kleinen Kreatur. Solange dein häuslicher Kamerad nicht wirklich den 'Ruf des Todesengels gehört hat', wird er ganz sicher auf diese Heilbehandlung ansprechen.
Es ist sehr wichtig beim Heilen, daß die Berührung des Patienten äußerst leicht und sanft geschieht. Das gilt in besonderem Maße, wenn du eine Heilung am Kopfbereich ausführst. Eine ganz sachte, schwebende Berührung deiner Fingerspitzen auf den Augenbrauen, fast wie die federleichte, zarte Berührung eines Schmetterlingflügels, wird sicher das beste sein.
Versuche, dir darüber klar zu sein, daß du die Heilung nicht so sehr durch deine Berührung, sondern durch den ruhigen, verantwortlichen Ernst deiner Seele vollbringst und damit deinem Patienten Hoffnung und Zuversicht schenken kannst. Wenn du dich von ganzem Herzen darum bemühst, deine Gedanken zu der strahlenden

Christus-Sonne zu erheben, wirst du herausfinden, wie du nach einiger praktischer Übung eine wirksame Heilbehandlung ohne viel 'Getue' und Aufhebens vollbringen kannst. Für noch wenig erfahrene Heiler sei gesagt, daß es bei Auftreten von Schmerzen oder Krankheiten in den inneren Organen zu empfehlen ist, den Strahl der Heilung durch das Kehlzentrum strömen zu lassen.

Ein guter Heiler kann die ganze Aura eines Patienten reinigen und das Heilungslicht zu dem Teil des Körpers, der es gerade notwendig braucht, in der Form senden, daß er die Innenfläche der rechten Hand auf die Mitte des Nackens legt, wo Nacken- und Schulterpartie ineinander übergehen. Diese Stelle entspricht dem Kehlkopf-Chakra und ist ein Punkt, wo bei den meisten Menschen viele Verspanntheiten und Verkrampfungen zu finden sind. Wenn jemand verärgert ist, überreizt, überarbeitet, voller Sorgen und Ängste, dann wird er unwillkürlich seine Schultern hochziehen, und es werden Verspanntheiten auftreten, die den Atemrhythmus behindern und den freien Fluß der Lebenskraft unterbrechen, welche rund um den Körper die Aura durchströmt. Der Heiler, der gelernt hat, den äußeren Verstand unbedingt zur Ruhe zu bringen und sich mit der Christus-Sonne zu verbinden, kann, indem er seine rechte Hand warm und behutsam auf das Kehlzentrum im Nacken des Patienten legt, die Christus-Heilkraft direkt durch die Aura strömen lassen. Es ist ratsam, dies im Rhythmus des eigenen Atems auszuführen. Beim Einatmen spüre, wie sich dein Herz und Geist gleich einer Blume öffnen, um das Licht der geistigen Sonne in sich aufzunehmen. Beim Ausatmen fühle, wie dieses Licht sich durch deine Hände in das Herz des Patienten ergießt, wodurch das Christuslicht in seinem Herzen gestärkt und belebt wird und den gesamten Blutkreislauf erfüllt, so daß mit jedem Atemzug das ganze Sein des Patienten von der Strahlkraft des Christuslichtes durchdrungen wird.

Wenn du spürst, wie dieser Strahl des Lichtes sich völlig im Rhythmus des Atems ausgebreitet hat, dann richte gedanklich einen besonders hellen Strahl des Lichtes auf den Körperteil, der Hilfe und Heilung benötigt. Gehe wieder in den Rhythmus des Atems hinein, fühle dich angefüllt mit Licht und lenke es gedanklich in den erkrankten Bereich des Patienten.

Du wirst feststellen, daß es die meisten Patienten als sehr angenehm empfinden, wenn du als Abschluß dieser Behandlung mit bewußter und sanfter Festigkeit deine rechte Hand in Uhrzeigersinn-Richtung rund um die Schultern des Patienten führst, womit du ihm eine gute, wärmende, wohltuende Massage spendest. Beende diese kreisende Bewegung, indem du deine Hand zwischen die Schulterblätter legst, um damit dem Herzen Wärme, Kraft und eine tiefe Ruhe zu geben. Diese Art der Behandlung, mit der, wie beschrieben, Licht in die Nackenpartie hineingeströmt wird, kann auch auf einfache und unauffällige Weise an bettlägerigen Patienten, die sich im Krankenhaus befinden, ausgeführt werden. Wir sollten dabei aber berücksichtigen, daß die Verhältnisse auf einer Krankenstation es nicht immer wünschenswert erscheinen lassen, offensichtlich eine geistige Heilung anzuwenden. Es könnte den Patienten unter Umständen in eine gewisse Verlegenheit bringen und ihn der Situation aussetzen, anschließend mit unerwünschten Fragen belästigt zu werden. Deshalb sollten alle Heiler sich bewußt machen, daß es vor allem ihre Gegenwart ist, die dem Patienten das Gefühl der Geborgenheit und Sicherheit vermitteln sollte. Durch die Ernsthaftigkeit und Gewissenhaftigkeit des Heilers wird der Patient Frieden und Zuversicht sowie Vertrauen in die göttliche Allmacht, welche jedes Leben erhält, in sich aufnehmen können; und er wird darauf in der Art eines entspannten und schläfrigen Kindes reagieren. Wenn der Patient sich auf diese Weise ganz in einem gelösten Zustand befindet, der sich durch deine kraftvolle Ruhe und geistige Zuwendung eingestellt hat, dann werden die Engel der Heilung sacht und sanft ganz nahe kommen können, um den Patienten mit Schwingen des Lichtes und des Friedens zu umhüllen. Versuche, das mit deinem geistigen Auge zu erschauen, auch wenn du vielleicht äußerlich ruhig plaudernd an der Seite deines Patienten sitzt.

Bedenke auch, daß die linke Seite die empfangende Seite ist. Wenn du also gern deine Hilfe geben möchtest und die äußeren Gegebenheiten etwas schwierig sind, dann sitze auf der linken Seite des Bettes und umschließe ganz zart und behutsam die linke Hand des Patienten mit deinen beiden Händen, indem du mit deiner rechten Handfläche mit dem Handinneren des Patienten Kontakt aufnimmst und mit der linken Handfläche den Handrücken des Patienten berührst. Wiederum lenke im Rhythmus deines Atems das Heilungslicht durch die linke Hand des Patienten, den Arm hinauf, bis zu seinem Herzen, von dem aus es den ganzen Körper durchströmt und umfließt.

Wenn du Patienten besuchst, die sehr schwer erkrankt sind oder im Sterben liegen, dann achte darauf, nicht zu lange bei ihnen zu sitzen und ihre linke Hand, wie soeben beschrieben, in deinen Händen zu halten, denn du wirst sonst vielleicht feststellen, wie viel Lebenskraft von dir abgezogen wird. Plane deshalb deine Behandlung zeitlich genau und nimm dich dann wieder ein wenig zurück, beziehungsweise dehne deine Behandlung besser nicht bis fast zum Zeitpunkt der Beendigung deines Besuches aus. Übe auch das Heilen nicht über einen Zeitraum von mehr als zwanzig Minuten aus. Vergiß danach nicht, sobald wie möglich deine Hände bis zu den Ellbogen hinauf in kaltem Wasser zu waschen.

Sollte es dir so vorkommen, daß sich durch die seelische Not des Patienten eine dich anstrengende Schwingung eingestellt hat, dann versuche, diese psychische Verknüpfung mit dem Patienten, die an deiner Lebenskraft zehrt, mit klarer Überlegung zu trennen, und versiegle dich anschließend im Nacken über dem Kehlzentrum und über dem Solar Plexus, dem Sonnengeflecht, mit einem gleichseitigen silbernen Kreuz im silbernen Lichtkreis. Solche seelisch bedingten Abhängigkeits-Bindungen sind wie Fäden eines Spinnennetzes, und sie entstehen, wenn sich zwischen dem Heiler und dem Patienten eine emotionelle Bezogenheit gebildet hat. Sie können möglicherweise auch durch unbewußte Wünsche und Bestrebungen des

Patienten, der sich an den Quell der Vitalität und Lebenskraft klammern möchte, zustande kommen, und von seiten des Heilers können sie durch sein emotionelles Geben und die Hingabe an seine Arbeit entstanden sein. Eine solche Gegebenheit ist nicht als gesund zu bezeichnen, weder für den Heiler noch für den Patienten. Es handelt sich in diesem Fall um eine undisziplinierte Reaktion der Elementarkörper und der Wunschkörper des Heilers und des Patienten.
Wahres Heilen erhebt den Geist über alle Schwächen, Wirrnisse und Müdigkeiten des irdischen Lebens und der menschlichen Persönlichkeit hinaus, direkt in das Herz der goldenen geistigen Sonne. Obgleich der Heiler Sympathie und Mitgefühl empfinden muß, darf er sich nicht in eine emotionale Erregung seines Patienten hineinziehen lassen. Es ist daher weise, sich in solchen Augenblicken daran zu erinnern, wie Christus, strahlend, leicht und voller Licht, über die stürmischen Wasser wandelte. Der Heiler sollte aus tiefster Seele Christus anrufen, sein Herzzentrum öffnen und strahlen lassen, und seine Hand ausstrecken, um den Patienten über die Wogen seiner Bedrängnis hinaufzuheben. Genauso wie Jesus seine Hand Petrus hinstreckte, welcher versuchte, ihm, über die Wasser wandelnd, entgegenzugehen, aber durch seine Furcht zu versinken drohte.
Die Arbeit des Heilers ist es, das Christus-Selbst, den Sonnenleib, den Lichtleib des Patienten zu stärken, damit dieser seine eigenen physischen Atome unter Kontrolle bringen und zur Harmonie führen kann.
Wenn der Heiler mit dem Patienten in eine jener wenig positiven Verwicklungen gerät, dann können die spinnwebartigen psychischen Verbindungsfäden entstehen, die soeben beschrieben wurden, und durch diese feinen Kanäle saugt dann der Patient an den Lebenskräften des Heilers, so lange bis die Behandlung vorüber ist. Er klammert sich geistig und gefühlsmäßig an den Quell des Trostes und der wohltuenden Kraft, die ihm zufließt.
Wenn du dich auf diese Weise von der zwischen dem Patienten und dir entstandenen unterschwelligen Bezogenheit, die mit dem niede-

ren Selbst und den physischen Elementarkörpern von euch beiden verknüpft ist, befreit hast, dann konzentriere dich für einige Augenblicke voll und ganz auf die Christus-Sonne. Mit aller Kraft deines Seins und im Namen Christi rufe dann zu den Engeln der Heilung und bitte sie, die Seele des Patienten in die Gegenwart des Großen Heilers emporzutragen. Übergib die Probleme deines Patienten mit kindlichem Vertrauen in die Hände des Großen Heilers. Danach wende dich dann aber mit aller Entschlossenheit wieder anderen Dingen zu und nimm dein eigenes tägliches Leben voll und ganz wieder auf.

Alle Heiler, die in der traurigen Lage sind, sehr schwer erkrankte und todkranke Patienten entweder im Krankenhaus oder zu Hause zu betreuen, sollten diese Vorsichtsmaßnahmen sorgfältig beachten, denn in all solchen Fällen wird der physische Elementarkörper des Patienten voller Furcht sein. Der Patient wird sich unter Umständen wie ein Ertrinkender instinktiv fest an den, der ihn retten will, klammern, und für den Rettenden besteht leicht die Gefahr, mit in die Tiefe der Wogen hinabgezogen zu werden. Es ist deshalb sehr wichtig, daß der Heiler eine feste Verbindung zum göttlichen Quell der Kraft herstellt, womit ihm die Fähigkeit verliehen wird, durch göttliche Weisheit und Liebe geduldig und liebevoll mit den vielen Schwierigkeiten, die auftauchen, fertig zu werden und dem Patienten zu helfen, sich aus dem Strudel der Angst, Verzweiflung, des Aufbegehrens und der Frustration zu befreien; aus all diesen negativen Gefühlen, die sich einstellen, wenn die Seele sich darüber klar zu werden beginnt, daß die Zeit gekommen ist, von allem Irdischen Abschied zu nehmen.

Heutzutage leiden viele alte und sterbende Menschen aufgrund psychischer Auswirkungen von Medikamenten, die ihnen, dem Stand der medizinischen Wissenschaft entsprechend, gegeben werden, an seelischen Verwirrungen, die das Leben derer, die sie mit Liebe pflegen, oft außerordentlich erschweren. Es gibt Medikamente, welche verschiedene Chakren anzugreifen scheinen und dadurch die Seele psychischen und astralen Zuständen aussetzen, die zeitweise die gesamte Persönlichkeit verändern können. Es gibt noch sehr viel zu lernen über den Ätherleib, den physischen Elementarkörper und das wahre Selbst; und oft scheint es so zu sein, daß die Ärzte bereichsweise noch sehr im Dunkeln arbeiten und sich gar nicht vergegenwärtigen, welche seelischen Auswirkungen Medikamente, die sie verschreiben, zur Folge haben können. Solche Veränderungen der Persönlichkeit, die für Familienmitglieder und Freunde oft so betrüblich sind, sollten dann auch unter dem Gesichtspunkt eines vielleicht aus der Vergangenheit stammenden schweren Karma betrachtet werden, eines Karma, das nun von der betroffenen Seele verarbeitet werden kann. Dies sind Fälle, wo der Heiler oder Freunde und Verwandte die beste Hilfe dadurch geben können, daß sie die veränderte charakterliche Reaktion als etwas erkennen, was nicht mit dem wahren Selbst des Patienten zusammenhängt. Was sich zu erkennen gibt, ist der niedere Aspekt des physischen Elementarkörpers oder der irdischen Persönlichkeit, der, infolge von Medikamenten oder des schlechten Allgemeinzustandes, nicht mehr durch das höhere Selbst unter Kontrolle gebracht werden kann. Oft ist der feine Faden des Lichtes zwischen dem höheren und dem niederen Selbst so dünn und schwach geworden, daß er so gut wie gar nicht mehr vorhanden ist und der Körper nur noch durch die Elementarkräfte am Leben erhalten wird, und diese weigern sich hartnäckig loszulassen. Der Patient ist dann bestrebt, jeden erreichbaren Quell der Lebenskraft anzuzapfen, besonders von denjenigen, die ihm gefühlsmäßig am nächsten stehen.

In Fällen, wo das höhere Selbst sich fast schon ganz zurückgezogen hat, mag es für das Wohl des Patienten oft ratsam sein, wenn er von einer berufsmäßigen Pflegerin betreut wird, anstatt von emotional angestrengten und seelisch überforderten verwandten Personen. Die Angehörigen werden dadurch mehr geistige Kraft behalten, um durch liebevolle Zuwendung, durch Heil-Gebete und regelmäßige Fürsorge und Besuche dem Patienten helfen zu können. Wenn der

geliebte Kranke auf diese Weise fest in das Licht des Christus-Sterns gehalten wird, entsteht eine Leiter aus Himmelslicht, die zur Erde hinabführt, und auf der die Engel der Heilung herabsteigen, um der Seele des Kranken Trost, Frieden, Stärkung und Hilfe zu bringen.
Zuweilen scheint auch eine schon weit fortgeschrittene Seele aus unerklärbaren Gründen noch länger an ihren irdischen Leib gefesselt zu bleiben. Solche Menschen sind meistens ganz sanfte, geduldige und liebevolle Patienten, doch sind sie unter Umständen nicht mehr in der Lage wahrzunehmen, was um sie herum geschieht. Oft haben solche Seelen ein tätiges Leben in stillem Dienst an anderen Menschen hinter sich, und sie halten sich nun noch an ihrem physischen Leib fest, um mit ihrer kraftvollen Seele jenen Seelen in der niederen astralen Welt, die dort keine Ruhe finden, eine Art von 'Befreiungswerk' als Hilfsdienst leisten zu können. Der physische Elementarkörper des Patienten wird dann auf der niedrigst möglichen Daseinsebene noch gerade so weit erhalten, daß die Seele zu diesem schönen, selbstlosen Dienst in die 'Unterwelt' hinabsteigen und helfen kann.
Wenn solche Charakterveränderungen sich bei einem Patienten stark bemerkbar machen, wird der Heiler den besten Dienst leisten können, wenn er sorgfältig darauf achtet, nicht in den emotionalen Konflikt mit dem Elementarkörper des Kranken hineingezogen zu werden, und dazu bedarf es einer ruhigen, freundlichen, festen Disziplin, die am besten dadurch zustande kommt, daß die Gedanken auf den leuchtenden Stern des wahren inneren Selbstes geheftet werden. Auch sollte der Heiler ein strahlendes Licht visualisieren, welches den Patienten wie ein helles Zelt oder einen Lichtkegel umgibt, der sie oder ihn vor allen dunklen Schatten der Astralwelt behütet. Wenn dieses Licht in das Herz des Patienten scheint, wird es die reine Flamme des Geistes in seinem Herzen stärken. Selbst wenn sich kaum eine positive Auswirkung in der gesundheitlichen Verfassung des Patienten bemerkbar machen sollte, können wir sicher sein, daß die Seele trotzdem geheilt und gekräftigt wird, um so, wenn sie von

ihrem physischen Körper befreit sein wird, freudig ihren neuen Aufgaben in der Welt des Lichtes zu begegnen.
Vielen Patienten, die zur Heilung in die White Eagle Loge kommen, kann durch die Bach-Heilmittel sehr geholfen werden. *) Wie in dem kleinen Heftchen "The Bach Flower Remedies" ("Die Bachblüten-Heilmittel") bemerkt, wurden diese Heilmittel von einem Arzt erforscht, der über zwanzig Jahre lang in London bakteriologisch und homöopathisch gearbeitet hat. Schließlich gab Edward Bach im Jahre 1930 seine gut gehende Praxis ganz auf, um seine Zeit und Kraft nur noch dem Ziel zu widmen, diejenigen Energien in der Welt der Pflanzen aufzufinden, welche die Lebenskräfte kranker Menschen soweit wieder aufrichten können, daß der an einer Krankheit Leidende selbst wieder in die Lage versetzt wird, seine Beschwerden und Besorgnisse zu überwinden, um auf diese Weise zu seiner eigenen Heilung mit beizutragen.
Alle diese Heilmittel, die bei der Bach-Methode angewandt werden, stammen aus den Blüten wild wachsender Pflanzen und aus Blüten von Sträuchern und Bäumen. Keine von ihnen löst schädliche Nebenwirkungen aus oder kann eine Gewöhnung hervorrufen. Da die Bach-Heilmittel durchweg heilsam und zuträglich sind und keine unangenehmen Reaktionen hervorrufen, können sie von jedermann bedenkenlos angewandt werden. Die Mittel werden in geringer Dosis eingenommen, nur wenige Tropfen in etwas Wasser genügen bereits.
Die Bachblüten-Mittel können ganz Erstaunliches bewirken, vorausgesetzt, es wird das jeweils richtige verschrieben und eingenom-

*) Anmerkung:
Die 'Bach-Heilmittel' sowie Informationen und Beschreibungen ihrer Wirkungsweise sind vom Dr. E. Bach Centre, Mount Vernon, Sotwell, Wallingford, Oxon OX10 OPZ zu erhalten. Die Mittel selbst sind auch bereits in zahlreichen Apotheken in der Bundesrepublik Deutschland zu bekommen. Informationen über: Dr. Edward Bach Center German Office, Mechthild Scheffer, Eppendorfer Landstr. 32, 2000 Hamburg 20

men. Sie wirken sich so aus, daß der Gemütszustand, die Gefühle und die gesamte seelische Verfassung der Patienten harmonisiert werden. Wenn einmal eines dieser Mittel keine Besserung hervorruft, dann mag das möglicherweise daran liegen, daß nicht das für den betreffenden Fall spezifische Mittel eingenommen wurde. Im allgemeinen kann die vorteilhafte Wandlung sowohl der geistigseelischen als auch der körperlichen Verfassung als geradezu wunderbar bezeichnet werden. Diese so einfache Form der homöopathischen Therapie läßt sich ganz ausgezeichnet mit geistigem Heilen verbinden, denn beides bewirkt eine Heilung des Patienten auf der Seelen-Ebene, wodurch die wahren Ursachen der körperlichen Beschwerden behoben werden.

Wenn du schwer kranke Menschen, die langsam ihrem Lebensende entgegengehen, zu betreuen hast, dann kommt es oft zu Kommunikations-Schwierigkeiten, wenn der Patient sich entweder über den Ernst seiner Erkrankung nicht im klaren ist oder ihn nicht wahrhaben und annehmen möchte. Mit dieser Situation umzugehen, erfordert viel liebevolle Weisheit, sanfte Zuwendung und ruhige, geduldige, freundliche Gespräche; vor allem aber ein sicheres, festes Vertrauen in die gütige Betreuung, die fürsorgliche Liebe, die wir aus den geistigen Welten erfahren, und die immer besonders gegenwärtig ist, wenn wir uns unserem Tode nähern.

Geduld und Sanftmut sind so wichtig. Es wird niemals weise sein, den Patienten zu zwingen, eine unumgängliche Tatsache anzunehmen, der er vorerst noch nicht ins Auge blicken kann. Denn, wieviel geistiges Wissen eine Seele auch erworben haben mag, der Gedanke, den physischen Körper nun aufgeben zu müssen, kann alarmierend, schockierend, entsetzlich sein, und es ist so, daß der Elementarkörper oft wie ein Kind oder ein Tier an dem festhalten möchte, was ihm bekannt, gewohnt und vertraut ist. Vielleicht wenig später schon mag es für den Patienten bereits hilfreich sein zu erkennen, wohin sein Weg ihn führt, und es wird sich dann auch das Bedürfnis einstellen, darüber mit dem Heiler zu sprechen, der ihm dann mit aller Behutsamkeit zur Seite stehen kann. Um gut verstehen zu können, was in dieser Phase im Inneren des Patienten vor sich geht, empfiehlt es sich für den Heiler, sich mit dem Werk von Elisabeth Kübler-Ross vertraut zu machen, mit ihren Erfahrungen mit Sterbenden und deren Familien.*)

Doch wird deine Aufgabe als Heiler in solchen Fällen eine andere und besondere sein, nämlich dem Patienten die Schönheit der geistigen Welten zu vermitteln. White Eagle äußert sich zu diesem Thema in "Der geistige Pfad" wie folgt: „Gehe niemals davon aus, daß ein Patient sich seinem Tode nähert. Verknüpfe seinen Zustand nicht damit, daß er bald sterben wird, sondern sieh nur die Schöpfung Gottes, den ewigen Wandel, das sich immer wieder neu entfaltende Leben." Du hast als Heiler die schöne Möglichkeit, sanft und friedlich mit deiner geistigen Imaginationskraft die ewige Sonne zu erschauen und dem Patienten zu helfen, eine Brücke des Lichtes in die goldene Welt Gottes zu erbauen. Indem du die Vision des Patienten auf diese Weise behutsam zur Ewigkeit des Lebens hinführst, dorthin, wo die Wiedervereinigung mit den Liebsten, die den irdischen Plan schon verlassen haben, sich ereignet, dort, wo freudige, erfüllende Aufgaben und Entfaltungsmöglichkeiten uns erwarten, wirst du als Heiler mit sicherem Vertrauen und geistigem Wissen deinem Patienten die Kraft und den Frieden bringen können, die er braucht, um dem großen Unbekannten ohne Furcht begegnen zu können.

*) Anmerkung:
Die Bücher von Frau Dr. Kübler-Ross sind für Menschen geschrieben, die beruflich mit der Pflege Sterbender betraut sind. Sie können aber ebenso auch von jedem anderen gelesen werden. Dabei sollte jedoch bedacht werden, daß diese besondere und hilfreiche Arbeit für Sterbende für erfahrene und berufsmäßige Betreuer gedacht ist und deshalb mit großer Weisheit und mit Unterscheidungsvermögen angewandt werden sollte. Wir empfehlen besonders die beiden Bücher von Frau Dr. Kübler-Ross mit den Titeln "Interview mit Sterbenden" und "Verstehen, was Sterbende sagen wollen".

Die alten Ägypter und auch die nordamerikanischen Indianer liebten es, dem Glanz des Sonnenunterganges zuzuschauen. Sie empfanden das Bild der roten Sonne am Horizont als ein strahlendes, goldenes Tor, das in die Welt des ewigen Lichtes führt.

Es ist gar nicht so einfach für unsere Seele, sich in diese goldene Welt hineinzubegeben und dabei von allen Interessen des irdischen Lebens vollkommen loszulassen. Doch mit ruhiger, liebevoller Hilfe des Heilers und auf der unerschütterlich stark und fest erbauten Lichtbrücke zwischen den Welten, wird die Seele — wenn der Ruf ertönt — von den Engeln der Heilung in den Tempel der untergehenden Sonne getragen, in die goldene Welt Gottes, wo sie sanft und umhüllt von Frieden schlafen darf, so lange, bis sie bereit ist zu erwachen: gestärkt, erfrischt und selig, in einer schönen, vertrauten Umgebung. Oftmals ist es ein Garten, in dem sich die Seele schon heimisch fühlt, aus den vielen Besuchen, die sie dort während des Nachtschlafes vorgenommen hatte. Ein Garten, wie ein schöner irdischer Garten, so daß die Seele meinen könnte, sie befände sich noch in ihrem irdischen Kleid, fühlte sie sich nicht so licht, so leicht, so wohl und so in Harmonie und Frieden geborgen.

Von Darstellungen, die aus Erfahrungen von Menschen zusammengetragen wurden, die bereits klinisch tot waren und wieder zum Leben erweckt werden konnten, geht klar hervor, daß der Zustand, der ihrem Tode folgte, wahrhaft schön sein kann für alle, die jene Brücke des Lichtes in sich erbaut haben. Für den normalen Menschen, der versucht hat, freundlich und den Gesetzen des menschlichen Zusammenlebens entsprechend zu leben, wird das Erleben nach dem Tode zunächst davon bestimmt, was spirituelle Leute als das "Sommerland" bezeichnen. Dort schaut es ähnlich aber doch eben viel schöner aus als in einer herrlichen irdischen Landschaft.

Es sollte auch beruhigend und hilfreich sein, sich zu vergegenwärtigen, daß jedes Leben, ganz gleich wie ausschweifend oder erniedrigt es geführt werden mag, vom liebenden, fürsorglichen Schutz sowohl eines Schutzengels als auch eines weisen, menschlich empfindenden

Lehrers umgeben ist. Keine Seele wird ohne Hilfe, ohne Schutz und Betreuung allein gelassen. Sobald ein Gebet, ein Hilfeschrei aus einem menschlichen Herzen zu Gott, dem allmächtigen, all-liebenden Geist gesandt wird, entsteht ein Verbindungsstrahl des Lichtes, eine Jakobsleiter, auf der die Engel hinabsteigen, um die Seele emporzuheben, emporzutragen aus Furcht und Dunkelheit in die Welt des Lichtes. Aber der Schlüssel zu dieser goldenen Welt liegt im eigenen menschlichen Herzen. Die Tür muß von unserer Seite des Vorhanges zwischen den beiden Welten geöffnet werden. Kein Engel, keine geliebte Seele im Reich des Geistigen kann mehr tun, als voll sorgender, mitfühlender Liebe zu warten, bis die in fleischlicher Hülle befindliche Seele in ihrer Sehnsucht und ihrem Streben zu Gott den in ihrem Inneren verborgenen Schlüssel dreht und damit ihr Herz der Liebe, Wärme und treuen Hilfsbereitschaft jener himmlischen Wesen öffnet, die uns so nahe sind.

Geduldig, einfühlsam, mit Ernst, Ruhe und sicherer Zuversicht sollte der Heiler bei der Erbauung der Lichtbrücke zwischen den beiden Welten behilflich sein; nicht so sehr mit Worten, sondern mit der Kraft des Geistes. Besonders dann, wenn der Patient ein naher Verwandter ist, ein geliebter Mensch, der im eigenen Hause gepflegt wird, wird der Heiler es nötig haben, viele Male am Tag die Gedankenkraft des Herzens zu stärken und den Kontakt zum Quell der ewigen Kraft und des ewigen Lichtes zu festigen. Wann immer sich eine noch so kurze Gelegenheit bietet, sich für wenige Augenblicke auf das Einatmen und Aufnehmen des Lichtes des Sternes ('Star-breathing') zu konzentrieren, bewußt die Gedanken von allen praktischen Notwendigkeiten zurückzunehmen und sich ganz der klaren Flamme des Geistes im eigenen Herzen hinzugeben, dann sollte dies zur Stärkung getan werden. Knie nieder vor der Flamme auf dem Altar deines Herzens und bete um Kraft. Spüre, wie der strahlende Stern über dir eine Pyramide des Lichtes entstehen läßt, einen Tempel des Lichtes, der diese Flamme beschützt und sie wachsen und leuchtender werden läßt, so daß alle dunklen Schatten der Furcht,

der Müdigkeit und des Kummers dahinschmelzen. Dieses Licht des Geistes umhüllt beide, Heiler und Patient. Es vertreibt die Schatten, und so können die Engel der Heilung ganz nahe kommen, um beiden mit ihrer Liebe zu dienen. Es ist durchaus kein Zufall, daß Seelen als Heiler und Patienten zusammengeführt werden. Diejenigen, die sich in der Lage finden, einen kranken Verwandten zu pflegen, und das unter oft äußerst schwierigen Bedingungen, sollten aus dem Wissen Trost gewinnen, daß dies für beide eine gott-gewollte Möglichkeit darstellen kann, um 'Schulden zurückzuzahlen', die mitunter aus einem vergangenen Leben herrühren. Es könnte sein, daß beide Seelen, die auf eine solche Weise miteinander verwoben sind, etwas über die wahre Natur göttlicher Liebe lernen und erkennen sollen, wie sehr diese göttliche Liebe sogar die dunkelsten Plätze und Schattentäler erhellen kann.
Der Tod des physischen Körpers ist wirklich nur ein vorbeiziehendes Ereignis und nicht zu vergleichen mit der Schwere der Seelen-Schlachten, die ausgetragen werden müssen, wenn der Geist langsam zu lernen beginnt, über Furcht und Dunkelheit zu triumphieren. Wenn er anfängt, Haß, Minderwertigkeitsgefühle und Enttäuschung zu überwinden, all die negativen Emotionen, die Teil unseres niederen Selbstes, unseres Elementarkörpers sind.
Alle Menschen, die zu der engen Beziehung von Heiler und Patient zusammengeführt werden, um gemeinsam diesen Kampf mit den Schatten zu bestehen, können eine wunderbare Verbindung der Liebe und Bruderschaft herstellen, dem gegenüber der Tod des physischen Körpers fast nichtig zu erscheinen beginnt. Die wahre Kommunion des Geistes, welche durch die Brücke des Lichtes zwischen den beiden Welten geschaffen wird, wird immer stärker und zu einem Erlebnis von unbeschreiblicher Schönheit. Wenn dann der Tod die Befreiung von den Banden des physischen Körpers bringt, kann die befreite Seele das Bewußtsein der geliebten Menschen, die sie auf Erden zurückläßt, öffnen, um sie das glorreiche Glück der himmlischen Welten erkennen zu lassen.

Das ist auch der Grund, warum der Verlust eines geliebten Menschen durch den Tod seines physischen Körpers weit mehr ein wunderbarer Segen als eine Tragödie für die Hinterbliebenen sein kann. Wenn die Hinterbliebenen tapfer und selbstlos genug sind, nicht in der Trauer zu versinken und mit aller inneren Kraft ihrer geistigen Schau in das Herz der strahlenden Sonne blicken, in die goldene Welt Gottes, indem sie all ihre Liebe zu der nunmehr befreiten Seele hinsenden, so wird es möglich, obwohl die Trauer über den physischen Verlust eines geliebten Nahestehenden vorhanden ist, daß dann die Brücke des Lichtes zwischen den beiden Herzen so stark und scheinend wird, bis eine wahre und vollkommene Vereinigung entstehen kann, eine Kommunion, ein Austausch, der so real und spürbar sein kann, daß alle Zweifel des irdischen Verstandes hinwegschmelzen, wie Eiskristalle im Sonnenlicht.
Das Symbol des sechseckigen, des sechsstrahligen Sternes hilft uns zu verstehen, wie diese innere Verbindung geschehen kann. Die scheinende Flamme des Geistes und die wahre, selbstlose Liebe im Herzen der Seele, die auf Erden zurückgeblieben ist, sind wie ein aufwärts gerichtetes Dreieck, ein Symbol der zu den himmlischen Welten aufstrebenden Seele, und lassen die Brücke nach oben entstehen. Sobald dies geschehen ist, strömt das Licht aus den höheren Welten hinab. Die Seele des oder der Geliebten kann nahe zu uns kommen, und Sinnbild dafür ist das nach unten gerichtete Dreieck. Die Vereinigung dieses Lichtes mit der Flamme im Herzen des Trauernden läßt den hellen Stern weithin erstrahlen, während die beiden geistig vereinten Seelen sich gemeinsam in die Welt des Lichtes emporheben. Wenn es gelungen ist, diese Brücke zu erbauen, wird das Herz des zurückgelassenen Lieben von einer solchen Freude, von einem so überströmenden Gefühl der Dankbarkeit erfüllt werden, daß wahrer Trost und Harmonie sich ausbreiten können. Das Empfinden einer warmen, liebevollen Umarmung wird sich einstellen, eine Empfindung, die alle Gedanken der Trennung verschwinden läßt. Wenn diese Lichtbrücke stark und fest geworden ist, werden auch

während der Meditation sich Erfahrungen einstellen, die es ermöglichen, sich gemeinsam der Schönheit des unendlichen ewigen Gartens der inneren Welt erfreuen zu können.

Die vom Leib befreite Seele wird dann auch in der Lage sein, das Bewußtsein der auf der Erde verbliebenen Seele zu stärken und ihr höheres Bewußtsein zu erwecken. Dies wird sich dahingehend auswirken, daß die auf Erden weilende Seele wachsende Weisheit erlangt, um mit den Gegebenheiten des irdischen Lebens besser fertig zu werden. Tiefer Friede, welcher durch sich entfaltendes gläubiges Vertrauen in die göttliche Liebe entsteht, wird dann unser aller Leben beschützen und umfangen. *)

*) Anmerkung:
White Eagle's Buch „Vom Leben jenseits der Todespforte" wurde für Hinterbliebene geschrieben und für alle Menschen, die sich vor dem Tode fürchten. Und viele Menschen, die an unheilbaren Krankheiten leiden, haben „In der Stille liegt die Kraft" als Born täglichen und stündlichen Trostes kennen und schätzen gelernt.
Leser, die sich für den Kontakt mit anderen White Eagle Freunden in Deutschland interessieren, können sich (bitte mit Rückumschlag) an die Münchner White Eagle Gruppe wenden. Anschrift: Annemarie Libera, Friedenstraße 23 a, 8034 Germering.

IV

DIE ENGEL DER HEILUNG

Das White Eagle Heilen ist seit seinen frühesten Anfängen auf das engste mit dem Lebensstrom der Engel verbunden, sowohl in der Arbeit der Gebets- und Heilgruppen zur Fernheilung als auch in der Heilung durch Auflegen der Hände. White Eagle hat viele Male von dem Wirken der Engel gesprochen und vorausgesagt, daß im kommenden Zeitalter des Wassermanns zahlreiche Möglichkeiten einer Zusammenarbeit zwischen Engeln und Menschen neu erkannt und zu einer schöneren Welt und einem harmonischeren Gemeinschaftsleben der Menschen führen werden.

Wissen und Kenntnisse über den Evolutionsstrom der Engel waren bereits fester Bestandteil der 'Alten Weisheiten'. Sie sind in alle großen Religionen eingegangen und sind sogar auch bei primitiven Eingeborenenstämmen in aller Welt in deren magischen Ritualen und Praktiken zu finden. Je mehr sich aber im Laufe der Zeiten die Seelen der Menschen den vorwiegend materiellen Lebensbereichen zuwandten, und sie zugleich ihr äußeres gedankliches Bewußtsein stärker entwickelten, desto mehr wurde auch die Auffassung über das Vorhandensein der Engel materialisiert. So haben zum Beispiel die Künstler im Zeitalter der Fische jahrhundertelang die Engel in ihren Gemälden als reale, greifbare Geschöpfe mit vogelartigen Schwingen dargestellt. Auch in der naiven Kunst der Eingeborenen wurden Engel als geflügelte Wesen, als Vögel oder andere allegorische Tiere abgebildet und ihnen eine Seelenqualität von guten oder bösen In-

halten verliehen, was dem Vorhandensein ebenso positiver als auch negativer Lebensströme im Dasein der Menschen entspricht.
White Eagle's Beschreibung der Engel ist mehr an der Auffassung der fernöstlichen D e v a s orientiert. Er schildert uns Lichtwesen einer Seelenwelt, die mit dem weiblichen Aspekt der Schöpfung, dem göttlichen Mutter-Prinzip, zusammenwirken und sowohl die Erbauer als auch die Zerstörer physischer Formen sind. In unserer Zeit wird die bedeutende schöpferische Arbeit des Königreiches der Engel vom Bewußtsein der Menschen nur äußerst unzureichend wahrgenommen. Im Verlaufe des Wassermann-Zeitalters werden die Menschen aber lernen, ihr Leben durch bewußte Zusammenarbeit mit den Engeln in eine harmonische Form zu bringen. Die Menschen werden mit ihren Schutzengeln, mit den Naturgeistern ihrer Pflanzen und Gärten und mit den planetarischen Engeln Verbindung aufnehmen. Die planetarischen Engel sind hohe Wesen, die mit den Elementen unserer physischen Welt betraut sind, und die sanft und tiefgreifend zugleich das Seelenleben der Menschheit durchdringen. Der vielleicht entscheidenste Unterschied zwischen der menschlichen Linie der Evolution und der der Engel ist, daß die Menschen weitgehend von Emotionen geprägt sind, während die Engel mit völliger Leidenschaftslosigkeit dem göttlichen Plan dienen, einem unendlich schönen kosmischen Konzept. Der Schutzengel, welcher das Leben eines einzelnen Menschen betreut, hält das ihm anvertraute Menschenleben in einen Strahl des Lichtes und der Macht, um die Voraussetzungen zur Erfüllung der Aufgaben dieser bestimmten Inkarnation zu gewährleisten. Man könnte das Wirken des Königreiches der Engel fast mit einem großen kosmischen Computer vergleichen, der unter der Kontrolle des göttlichen Geistes seine Aufgaben versieht.
Engel und Menschen brauchen einander, sie sind aufeinander angewiesen. Doch bevor beide Evolutionen nicht ein bestimmtes Stadium erreicht haben, erfolgt die Zusammenarbeit vorerst nur unbewußt. Im Zeitalter des Wassermanns wird jedoch die wachsende Ent-

faltung des menschlichen Geistes, sowohl vom Kopf als auch vom Herzen her, die Zusammenarbeit der Menschheit mit den Engeln erleichtern. White Eagle lehrt, daß dies eine Erweckung und Neubelebung unseres Planeten Erde und eine Anhebung des Bewußtseins aller menschlichen Bewohner der Erde auf eine feinere und reinere Ebene zur Folge haben wird, und daß dadurch auch der Schleier, der die beiden Welten des menschlichen Seins voneinander trennt, immer mehr verblassen wird.
In alten Zeiten mußten diejenigen Seelen, die einen geistigen Weg beschritten und in Mysterienschulen, Klöstern oder geheimen Bruderschaften lebten, in denen sie sich bestimmten Schulungen unterziehen mußten, zahlreiche Prüfungen bestehen, bevor sie unterwiesen wurden, wie sie mit den Engeln zusammenarbeiten konnten. Nun, mit Beginn des Wassermann-Zeitalters, wird jenes Wissen, das so lange Zeit sorgsam gehütet wurde, eine weite Verbreitung unter den Menschen finden.
Das Interesse an parapsychologischen Phänomenen, an übersinnlichen Erfahrungen, an geistigem Heilen, an Magie und Zauberkraft wächst ständig an. Durch das Studium all dieser Gebiete erreichen wir die mystische Ebene der inneren Welten oder das, was in frühen Zeiten auch die 'Unterwelt' genannt wurde. Hier ist aber eine besondere Vorsicht und ein gutes Unterscheidungsvermögen notwendig; wir sollten einiges wissen über das Wirken jener 'dunkleren Engel', jener Rangordnungen und Machtbereiche, von denen Paulus sowie viele Mystiker und Seher uns gesprochen haben.
White Eagle's Empfehlungen für Heiler sind so angelegt, daß sie allen Menschen, die schlicht und ernsthaft den Wunsch zu heilen und zu helfen haben, in einfacher Weise vermitteln, wie sie die Hilfe der Engel des Lichtes anrufen können. Die Arbeit einer geistigen Heilgruppe ist zu vergleichen mit der Inanspruchnahme eines göttlichen Computers, welcher in geheimnisvoller und für unseren irdischen Verstand unbegreiflichen Weise den Kranken und Leidenden die unmittelbare Hilfe der Engel zuteil werden läßt.

Die erste Fernheilungsgruppe, die unter White Eagle's Anleitung arbeitete, wurde 1936 ins Leben gerufen, und sogar schon zu diesem Zeitpunkt, wo naturgemäß nur mit ungeübten Gruppenteilnehmern gearbeitet werden konnte, stellten sich derartige Erfolge ein, daß die Zahl der Patienten durch ständige Weiterempfehlungen rasch und stetig anwuchs. Dies ist seitdem und im Laufe der Jahre weiterhin der Fall. Aus diesem Grund werden immer wieder neue Mitarbeiter gebraucht, die sich für diesen geistigen Heildienst und den wachsenden Bedarf, der dafür vorhanden ist, zur Verfügung stellen.

Nachdem wir in der White Eagle Gemeinschaft immer wieder unzählige Hilferufe einerseits und das Echo und die dankbare Bestätigung von Patienten andererseits empfangen haben, ist unser Vertrauen in die magische Macht des heilenden Geistes noch unerschütterlicher geworden. Gleichzeitig werden wir uns stärker bewußt, daß die Heilung einer Seele nicht notwendigerweise dasselbe ist wie die Beseitigung von körperlichen Beschwerden. Uns liegen viele an Wunder grenzende Ergebnisse vor, besonders dann, wenn Heilgruppen die medizinischen Bemühungen der Ärzte durch ihre Arbeit unterstützt haben und es dadurch zu Erfolgen kam, welche die Erwartungen der Ärzte bei weitem übertrafen.

Doch abgesehen davon, ist geistiges Heilen etwas, was im ganzen Lebensbereich eines Menschen Wunder bewirken kann, indem zum Beispiel ungünstige gedankliche Gewohnheiten aufgelöst werden, und es vielen Menschen einfacher wird, die Schwierigkeiten ihres Alltages zu meistern. Probleme verringern sich, Probleme verschwinden, und stattdessen stellen sich Kraft und neuer Mut ein, um das eigene Leben positiv und innerlich gefestigter zu führen.

Für alle, die mit den Engeln der Heilung zusammenarbeiten wollen, ist es zunächst einmal wichtig, den tief verwurzelten Wunsch zu verspüren, der Menschheit zu helfen und zu dienen. Eine weitere Voraussetzung bildet die Fähigkeit, regelmäßig zu einer bestimmten Zeit die Gedanken des äußeren Selbstes unter Kontrolle zu bringen

und damit das Christuslicht im Tempel des Herzens erstrahlen und weithin leuchten zu lassen.
White Eagle sagt in DER GEISTIGE PFAD: „Der Erdenmensch von heute hat noch sehr geringe Kenntnisse von der Existenz der Heilengel. Doch mit fortschreitendem Einfluß des Wassermannzeitalters werden viele Menschen nicht nur die Gegenwart der Heilengel spüren, sondern sie sogar auch sehen können. Je nach den Bedürfnissen und der erzeugten Schwingung kommen zu einer Heilbehandlung Engel in den verschiedensten Farben, gekleidet in das Licht der Sonne. Bekanntlich enthält das Sonnenlicht alle Farben des Spektrums. Stellt euch nun die Heilengel in diesen wunderbaren Farben vor. Nichts an ihnen ist dunkel oder häßlich. Sie erstrahlen im Licht der Reinheit. Diese Engelwesen kommen sehr nahe an den Heiler heran, der eine gewisse 'Substanz' beiträgt, die sie benötigen, um den Kontakt mit dem Heilungssuchenden herzustellen.
Göttliche Heilstrahlen können sowohl zur Heilung des physischen Leibes als auch zur Heilung seelischer Schwierigkeiten angewendet werden, ja sogar auch dazu, um die dunklen, materiellen Umweltbedingungen, welche die Menschheit bedrücken, zu verändern.
Das Licht reiner, weißer Magie strahlte unaufhörlich aus dem Herzen Jesu. Jeder Mensch kann auch heute noch diese Strahlung aus dem Herzen Christi in sein eigenes Herz einströmen lassen, und wenn er ein freudiges und reines Herz hat, kann er seinerseits Licht und Heilkraft in alle Welt ausstrahlen."

Eine wesentliche Voraussetzung, um die Hilfe der Engel anzurufen, ist die Stille, die Ruhe der Gefühle, der Emotionen. Alle, die heilen möchten, müssen es lernen, sich von der Unruhe ihrer eigenen Gedanken und Wünsche zu lösen und sich an den Ort absoluter Stille zurückzuziehen. Alle Gefühle, alle Emotionen müssen so abgeklärt, so ausgewogen sein, daß das Seelenbewußtsein wie ein stiller See oder ein beruhigtes Meer erscheint, mit einer Oberfläche, so klar wie ein Spiegel, der den Himmel widergibt, unbewegt und so strahlend, daß es schwer zu sagen ist, welches das Spiegelbild und welches die Wirklichkeit ist.

In diesem Zustand äußerster Stille können wir zugleich den Sonnenaufgang wie auch den Sonnenuntergang wahrnehmen; unser ganzes Sein wird eins mit der glorreichen Lichtbahn der Sonne. Es wird dadurch auch mühelos für uns möglich sein, mit unserem inneren Auge zu erschauen, wie wunderbare, prächtige, majestätische Engelwesen, jedes von ihnen vibrierend von Licht, Leben und der Energie eines der sieben großen Farbstrahlen, direkt aus dem Zentrum der Sonne hervorschweben. — Es sind die Engel, die den Thron des Höchsten umstehen, es sind die Söhne der Flamme, deren Lebenskräfte alle diejenigen Lebewesen durchdringen, ob sie Menschen, Tiere, Pflanzen oder Mineralien sind, welche dem besonderen Strahl, den diese Engel verkörpern, zugeordnet sind, dem sie entsprechen, in dem sie schwingen und ihr Sein haben. Während jedes dieser hohen Wesen sich mit jeweils einem der Planeten unseres Sonnensystems in verantwortlicher Harmonie befindet, breitet sich ihr Einfluß im ganzen Kosmos aus. Ihre Macht kann ebenso heilend wie zerstörend sein. Zu lernen, mit ihnen zu arbeiten, bedeutet, die Kunst der Magie, der magischen Kraft der Gedanken, welche vom Willen des All-Seienden gelenkt werden, zu erfahren und zu erlernen.

Teilnehmer einer White Eagle Heilungsgruppe sind darin geübt, sich durch ein sicheres und einfaches Vorgehen mit diesen wunderbaren und mächtigen kosmischen Wesen zu verbinden. Die Worte des meditativen Heildienstes wurden uns von White Eagle im Jahre 1936 gegeben, um den Gruppenmitgliedern zu helfen, ihre Gedanken und Emotionen zur Ruhe kommen zu lassen, damit die Macht und Hilfe der Engel angerufen werden kann. Dadurch, daß diese mantrischen Worte zu immer gleichen Stunden und immer wieder in vielen Teilen der Welt, wo White Eagle-Heiler arbeiten, wiederholt und stetig angewandt werden, entstand im Laufe der Zeit eine gewaltige, fontänenhafte Konzentration des Lichtes und der Heilfar-

ben, die vermehrt und gesteigert wurde durch die umfassende Macht der Heilungsengel.
Wenn der Name eines Patienten in der Gruppe ausgesprochen wird, wird die Seele, die gerufen wurde, durch die Macht der Engel direkt in das Herz dieser lebenserfüllten Licht-Fontäne geführt. Wenn die Gruppenteilnehmer einfach und schlicht ihre Arbeit tun, wenn sie von ganzem Herzen ihren Wunsch verwirklichen, andere zu heilen, anderen zu dienen, dann zieht die Gruppe ihren eigenen Kreis von Engeln zu sich heran, von denen jeder seine individuelle Farbschwingung mit einbringt, und jede Gruppe, die in dieser Weise arbeitet, wird auf magische und mystische Weise emporgehoben in den Tempel der Heilung in den geistigen Welten. Von diesem Tempel aus wird die ganze Menschheit, auch in diesem Augenblick,in die Strahlen des Heilungslichtes gehalten, welche allmählich das Bewußtsein der Menschen emporträgt zu einer Ebene des Gewahrwerdens himmlischer Wesen.
Kenntnis und Verständnis der Macht und Anwendbarkeit der verschiedenen Farb-Vibrationen sind für alle Heiler, die in der White Eagle Gemeinschaft dienen, notwendig. Die Farben, die wir mit der Kraft unserer Gedanken und mit Hilfe des göttlichen Willens in uns ausstrahlen, sind alle Farben des Lichtes. Wir können diese Farben nur aussenden mit der Wärme und Strahlkraft der Christus-Sonne in unserem Herzen. Die schönste, zarteste, feinste Art, Gedanken der Heilung zu anderen Seelen hinzulenken, ist die, welche aus dem innersten Herzen kommt. Das von unserem Verstand gesteuerte Alltagsdenken ist nur allzu begrenzt in seiner Fähigkeit, mit den feineren Bewußtseinsebenen umzugehen. Es kann zwar die Einzelheiten unseres äußeren Lebens bestimmen; es kann auch zum Beispiel unseren Meditationsraum harmonisch und schön gestalten; es kann unseren Körper in eine gelöste, aufrechte Haltung für die Meditation bringen, aber dann sollte es sich am besten zurückziehen und ruhig eintauchen in die wunderbare Kraft der mantrischen Worte des Heilungsdienstes. Unser äußeres Bewußtsein sinkt dann wie von selbst

hinab auf den Grund eines Sees, dessen Wasser ruhig und still geworden sind, nachdem die Winde des Himmels sie verlassen haben.
Dann, wie die aufgehende Sonne über dem Wasserspiegel, übernimmt das Bewußtsein des Herzens sanft und erhebend die Führung. Die Farben, die während der Heilmeditation angewendet werden, strahlen von dieser inneren Sonne aus und erfüllen die zur Ruhe gekommene Seele mit Licht. Es sind die bezaubernden, anmutigen Farben der Frühlings- und Sommerblumen oder die Farben, die aus den vielen Facetten eines geschliffenen Juwels hervorfunkeln und hervorblitzen. Die Farben der Heilungsengel leuchten alle klar und licht und sind vibrierend von strahlender Lebenskraft.
Nur wenige Menschen machen sich bewußt, daß sie ständig eine Aura von Farben ausstrahlen. Die Aura verändert sich mit dem Wandel unserer Gedanken und Gefühle. Der Körper und die Seele des Menschen können mit einem Prisma verglichen werden, durch welches die klare, weiße Flamme des Geistes reflektiert wird und sich auffächert in die verschiedenen Farben des Spektrums. Wenn die Gedanken und Emotionen ruhig, freundlich, geduldig und liebevoll sind, dann werden sanfte, schöne, klare Farben in der Aura sichtbar, besonders um den Kopf herum. Aber sobald negative Gedanken oder solche der Furcht oder Depression aufkommen, schlagen die Farben der Aura in dunkle, trübe, schwere Töne um. Wenn wir ärgerlich oder gereizt sind, füllt sich unsere Aura mit heftigem Rot an, einer grellen, hitzigen, unangenehmen Farbe. Kalte, kritische Gedanken manifestieren sich als ein dumpfes, stumpfes Grau oder Gelb, das nicht strahlt und leuchtet, sondern schwer und leblos ist. Diese dumpfen, düsteren, unharmonischen Farben der Aura rufen im physischen Organismus einen Zustand der Krankheit und Disharmonie hervor. Wenn wir jedoch von unserem Herzzentrum aus einen positiven Versuch unternehmen, unseren Geist aufzurichten und uns über die Unruhe, Schwere und Problematik irdischer Gedanken und Gefühle zu erheben, dann ist es so, als ob eine klare, helle Flamme im Zentrum all der trüben Dunkelheit zu scheinen beginnt.

Sobald dieses Licht vom Herzen der Sonne in uns leuchtet, können wir die Engel des Lichtes, die Engel der Heilung, die Söhne der Flamme anrufen. Wenn unser innerer Geist wächst und Kraft gewinnt, indem flehentliche Bitten um die Hilfe des Himmels emporgesandt werden, können sich die Engel nähern und die Aura mit schönen, klaren Farben anfüllen, welche augenblicklich die Düsterkeit und Dunkelheit der Plagen und des Leidens vertreiben. Während die Patienten den Kontakt mit diesem Licht halten, werden sie sich wohler fühlen. Die Krankheit beginnt, sich abzubauen und schließlich ganz zu schwinden.

Zur Zeit ist unser Wahrnehmungsvermögen der Farben des Spektrums noch sehr begrenzt, aber White Eagle und andere geistige Brüder versichern uns, daß es in den höheren, geistigen Ebenen viele differenziertere Farbschwingungen gibt, die in ihrer edlen Feinheit für uns im Augenblick noch nicht vorstellbar sind. Ohne Zweifel werden sie von den Wissenschaftlern der Zukunft entdeckt und in ähnlicher Weise wie heutzutage Ultraviolett und Infrarot angewendet werden. Die Therapie mit Farben wird eine der wichtigsten Techniken des neuen Zeitalters sein. Sie wird ein breites Anwendungsfeld, besonders in Krankenhäusern, Schulen und hoffentlich auch Gefängnissen finden. Die Kenntnis über die Auswirkungen von Farben auf Geist und Seele des Menschen steckt momentan noch in den Kinderschuhen. Doch werden besonders die Heiler herausfinden, daß ein Verständnis der hilfreichen Macht der Farben, wenn sie durch Gedankenkraft weise in die Umwelt hineingestrahlt werden, äußerst positive Veränderungen hervorrufen können und zu sehr erfolgreichen Therapien führen werden.

Unsere Reaktion auf Farben erfolgt sehr individuell. So wird es immer Farben geben, mit denen wir leichter umgehen, und mit denen wir harmonischer leben können als mit anderen. Aber in dem Maße, wie wir daran arbeiten, unser Wahrnehmungsvermögen von Farben und deren Auswirkungen auf uns und andere zu entwickeln und zu bereichern, werden wir auch intuitiv lernen, die richtige Farbe im richtigen Zusammenhang anzuwenden.

Um das Farbbewußtsein zu schulen, empfiehlt es sich, stets innezuhalten, wenn uns eine bestimmte Farbe besonders anziehend und ausdrucksvoll erscheint, und sie eine Weile auf uns wirken zu lassen. Wenn wir uns auf diese Weise für wenige Augenblicke völlig auf diese eine Farbe konzentrieren, werden wir empfinden, wie sich unser äußeres Selbst beruhigt und glättet, und wir über unsere Alltagsgedanken und weltlichen Sorgen hinausgehoben werden.

Atme die Farbe, auf die du dich konzentrierst, tief in dich ein. Spüre, wie du in ihr innerstes Sein hineingenommen wirst, als ob du von der Licht-Fontäne einer himmlischen Farbe umhüllt wärest. Fühle ihre Energie, und lausche in dich hinein, so als ob du eine zarte, feine, transparente Musik, den Klang der Farbe wahrnehmen würdest. Werde dir des Duftes der Farbe bewußt. Verbleibe in der Stille der Farbe, so lange es dir möglich ist, und laß ihre Gefühlsqualität durch dein ganzes Sein schwingen.

Während du dich so verhältst, beginne zu begreifen, wie diese Farbe in der geistigen Heilarbeit angewandt werden kann. Auf diese Weise wirst du auch immer mehr dein Gewahrwerden der Engel der Heilung entfalten und erkennen, wie die Heilengel nicht nur allein mit der Farbe arbeiten, sondern auch mit deren Strahlung und dem Duft der Pflanzen, denen diese Farbe zugeordnet ist; und wie im Königreich der Mineralien die Macht und das Wirken der Engel in jedem Juwel, in jedem Kristall vibriert.

Es gibt viel zu lernen über die Heilschwingungen der Engel. Eine Fülle an Wissen, welches nicht von dieser Welt ist, wird sich demjenigen offenbaren, der sich ganz der Heilarbeit verschreibt und aufrichtig danach strebt, von ganzem Herzen zu dienen.

In einer Heilgruppe, in der alle Teilnehmer sich fest darauf konzentrieren, eine bestimmte Farbe auf einen Patienten auszustrahlen, wird ganz sicher jeder einzelne eine von den anderen verschiedene Farbvorstellung haben und die vorgegebene Heilfarbe in seiner von

ihm visualisierten Schattierung aussenden. Diese Tatsache ist in keiner Weise abträglich, denn der Engel des angerufenen Farbstrahls wird die verschiedenen Farb-Nuancen, die von der Gruppe ausgestrahlt werden, zu einer schönen Einheit verschmelzen und die Gedankenschwingungen und Seelenkräfte, die mit so liebevollem Wollen von den einzelnen Gruppenmitgliedern dargebracht werden, dem Patienten in der wahrhaft besten und wirksamsten Form als geistige Heilung zukommen lassen.
Wenn ein Heiler schon mehr Erfahrung in der Kontrolle und Lenkung seiner Gedankenkraft besitzt, wird er es bereits gelernt haben, die Heilfarben direkt voller Macht und Konzentration mit dem Geist seines Herzens auszustrahlen. Er wird ebenfalls in der Lage sein, aus seinem innersten Wesen den Ton erklingen zu lassen, der die großen Engel der Heilung herbeiruft. Sie werden dann die Seelenschwingung, die er darbietet, verstärken und steigern und in Kräfte des Lichtes und der Heilung umwandeln und wirksam werden lassen. Denn es sollte nicht vergessen werden, daß geistiges Heilen auf der Seelenkraft beruht, die in selbstloser, dienender Liebe von dem Christuslicht im Herzen des Heilers ausstrahlt.
Mit Sicherheit ist es so, daß im Einklang mit den seelischen Bemühungen des Heilers die Engel der Heilung einen Strom des Heilungslichtes und der Heilfarben in den Patienten einfließen lassen und das verständlicherweise in einem weit größeren Maße und Umfang, als der Heiler von sich selbst aus jemals dazu in der Lage sein könnte. Der Aufwand an seelischer Kraft, der von seiten des Heilers durch sein aufrichtiges Bemühen immer wieder geleistet wird, ist, wie sich denken läßt, dazu angetan, seine Nervenenergie und Lebenskräfte zu beanspruchen und anzustrengen. So sollte darauf geachtet werden, diese Energien auch immer wieder zu erneuern und in geeigneter Weise aufzufüllen. Es ist deshalb weise, sich nach einer gegebenen Heilung genügend Zeit und Ruhe zu gönnen, um es den Lebenskräften zu ermöglichen, wieder zurückzufließen und sich neu zu sammeln. Der erfahrene Heiler lernt es, dieser Notwendigkeit zu

entsprechen und den ihm gemäßen Rhythmus hierfür zu finden und zu beachten.

White Eagle lehrt, daß alle Krankheiten der Seele oder des Körpers durch innere Konflikte verursacht werden, durch eine Unausgeglichenheit, eine Disharmonie oder einen gestörten Rhythmus im ganzen Sein eines Menschen. Das bedeutet, die Farben im Seelenspektrum eines Menschen müssen wieder in Einklang mit einander gebracht werden. In der White Eagle Heilarbeit rufen wir diejenigen Engel der Heilung an, die durch den Farbstrahl, mit dem sie wirken, die fehlende Harmonie und innere Ausgewogenheit der Seele wieder herbeiführen können.

Die einzelnen Heilfarben können auch gedacht und vorgestellt werden als Seelen-Qualitäten, die uns bisweilen in unserem Leben fehlen, und die wir dann jeweils wieder neu benötigen. Wenn der Sonnenleib des Menschen wieder völlig hergestellt ist, befinden sich auch alle Farben unseres persönlichen Spektrums wieder im Einklang und sind so ausbalanciert, daß sie erneut als reines weißes Licht erstrahlen können. Wir sollten alle solche wahren Sonnen-Menschen werden, die Licht, Heilung und Stärkung allen Brüdern und Schwestern, die uns auf unserem Lebensweg begegnen, schenken können.

Diese Farben, diese Seelen-Qualitäten, können in der Meditation entwickelt werden (siehe auch die Bücher WHITE EAGLE-MEDITATION und DIE STILLE DES HERZENS).

Um dem Heiler eine Hilfe zu geben, möchten wir ihm nachfolgend eine Meditation vorschlagen, die zu dem Bild hinführt, wie der Patient emporgetragen wird in den Tempel der Heilung, um dort gereinigt und wieder 'heil' zu werden. Diese Meditation wird auch dazu beitragen, die Imaginationskraft des Heilers sowie sein Vorstellungsvermögen hinsichtlich der Heilfarben zu erhöhen und weiter zu entfalten.

Laßt uns daher nun still werden in unseren Gedanken und unserem Körper. Laßt uns Frieden finden im sanften Gewahrwerden unseres

Atems. Laßt uns dem Rhythmus des Atems lauschen, solange, bis er behutsamer, langsamer und tiefer wird.

DER HEILUNGSTEMPEL DER SONNE

Wir stehen am Ufer eines Sees, der in solcher Stille daliegt, daß das Licht, welches er reflektiert, wie Perlmutt aufleuchtet, zart schimmernd, in Farben, die im sanften Wechsel ineinander fließen.
Wir sind nicht allein. Ein scheinendes Wesen weilt neben uns. Wir atmen im Atem Gottes. Wir fühlen uns von weißen Schwingen des Friedens umweht.
Sacht werden wir zu den Wassern des Sees geleitet, die uns empfangen und herrlich erfrischen. Wir baden in einer Fülle lichtdurchfluteter Farben, und wir spüren besonders den wohltuenden Einfluß derjenigen Farbe, die unserer Seele in diesem Augenblick not tut. Grün reinigt uns. Blau führt uns zu innerem Frieden. Goldgelb erweckt in uns Hoffnung und Lebenskraft. Amethyst schenkt uns das Bewußtsein der höheren Welten.
Wir erfreuen uns daran, wie das Wasser uns trägt, wie in diesem See der Farben all unsere Bewegungen gelöst, leicht und mühelos werden, so als ob wir von einer Kraft, außerhalb von uns selbst, behutsam davon getragen würden, einer Kraft unendlicher Liebe, die uns beschützt und zugleich neu erstarken läßt.
Wir wenden uns dem östlichen Himmel zu, wo der Morgen rosig dämmert. Hell erhebt sich über dem Horizont ein sechsstrahliger Stern, dessen Licht einen schmalen goldenen Weg über das Wasser breitet. Alles ist still, während sich unser Herz der Schönheit des Sternes öffnet, dem Herold des Morgens. Das Licht des Sternes wird immer leuchtender und heller, bis es sich vollkommen mit der Hoheit der aufgehenden Sonne vereint.
Der schmale Pfad des Lichtes auf dem Wasser des Sees hat sich nun

zu einer breiten goldenen Straße ausgeweitet. Auf ihr fühlen wir uns dem Licht der Sonne entgegengetragen. Während wir uns so dem Zentrum der Sonne nähern, werden wir der Form eines runden Tempels gewahr, lichtdurchflutet und weithin scheinend, wie aus zartem Alabaster erbaut. Schlanke Säulen ragen himmelwärts. Wir schauen an ihnen empor, fühlen uns klein und doch zugleich geborgen, umhüllt von der Liebe des uns begleitenden Engelwesens. – Wir werden die sieben Stufen zum Eingang des Tempels hinaufgeführt. Sind die Säulen des Tempels aus edlem Gestein oder werden sie von strahlenden Engelwesen gebildet? Wir können es nicht erkennen. –
Nun sind wir in den Innenraum des universalen Sonnentempels gelangt und fühlen uns überwältigt von der Einheit allen Lebens, der unendlichen Liebe, welche jedes Atom des grenzenlosen Kosmos durchdringt. Durch diese All-Liebe, die zugleich hohe kosmische Ordnung ist, werden wir in das Herz des Tempels getragen. Um uns erheben sich schimmernde Säulen des Lichtes. Während wir zu der transparenten Kuppel des Tempels aufschauen, empfinden wir, daß sie von einer Substanz wie Engelsflügel erschaffen ist. Vom höchsten Punkt der weiten Kuppel strahlt ein glänzender Stern herab auf ein schlichtes, weißes Heillager und umhüllt es mit mildem, sanftem Licht.

Nun bemerken wir, daß wir einer großen Versammlung von Heilern angehören, die sowohl aus menschlichen als auch engelhaften dienenden Wesen besteht. Wir alle sind in Weiß gekleidet. Schweigend erwarten wir die Ankunft des großen Heilers. Das Licht, das von oben herniederscheint, wird strahlender und intensiver. Aller Augen wenden sich dem Stern der Kuppel zu, und jede anwesende Seele empfängt in ihrem Innersten einen Strahl des Lichtes, der sie erquickt und erleuchtet.

Aus jedem Herzen erheben sich Andacht und Liebe für den mächtigen Schöpfer, den Großen Geist, während allmählich, umhüllt von strahlend weißem Licht, die Gestalt des Großen Heilers in menschlicher Form erscheint, deutlich sichtbar, fest und kraftvoll, vom Licht

der Sonne durchströmt. Wir werden uns der besonderen Schönheit Seiner Hände und Füße bewußt. Sein Antlitz gleicht einem Leuchtfeuer, so daß Seine Züge für uns nicht klar erkennbar sind.
Nacheinander wird nun jeder einzelne Patient, von Engelshänden getragen, auf das weiße Heillager niedergelegt. Während der Große Heiler den in einem Schlummerzustand ruhenden Patienten segnet, senden alle Heiler aus ihrem Herzen Licht und Liebe aus. Diese Bruderschaft der Heiler, die eine einzige heilige Einheit im Tempel der Sonne bildet, verschmilzt nun mit dem Licht der Christus-Gegenwart, während Er jeden individuellen Patienten segnet und heilt.
Alle Liebe und alle Heilkraft werden für einen Augenblick zu der Seele des anwesenden Patienten gelenkt. Dabei befinden wir uns außerhalb jeden irdischen Zeitmaßes; weilen wir doch, all-eins geworden, im Herzen des erhabenen, ewigen Tempels der Sonne.
Auf ein gütiges Zeichen des Großen Heilers tragen die Engel jeden der schlafenden Patienten in ein kleines Sanktuarium, von denen eine unendliche Vielzahl rund um den großen, runden Tempel-Innenraum angeordnet ist. Alle diese Gemächer sind von einer Seite her zum himmlischen Garten, der sie umgibt, geöffnet.
In seinem ihm zugewiesenen Sanktuarium ruht der Patient nun aus, eingehüllt in himmlische Farben, die ihm von einem anwesenden Engel dargeboten werden. Er oder sie verbleiben danach in tiefem inneren Frieden, solange bis die Zeit für sie gekommen ist, in ihr irdisches Bewußtsein zurückzukehren.
In diesen Heilungstempel der Sonne bringen auch die Engel des Todes alle Seelen, deren Zeit gekommen ist, aus dem irdischen Leben zu scheiden. Jede dieser Seelen wird in einer höchst liebevollen Weise in die Gegenwart des Großen Heilers gebracht und danach in einem der stillen Sanktuarien niedergebettet, wo sie solange in seligem Schlummer verweilen darf, bis sie sich bereit fühlt, zu einem neuen Leben zu erwachen, das ihrer wartet. Im Augenblick des Aufwachens blickt sie dann in den vom Sonnenlicht durchfluteten himmlischen Garten, welcher ihr so vertraut ist, wie ein zuvor auf Er-

den geliebter Garten. Dort kann sie nun im wunderschönen Sonnenlicht einherwandeln und ihre geliebten Familienmitglieder und früheren Freunde begrüßen, die sie bereits erwarten und lächelnd empfangen.

In unserem Innersten werden wir uns nun des all-herrlichen kosmischen Planes bewußt, der jedem Leben gebietet, nicht nur in der physischen Welt, sondern auch in der Welt des Geistes, in der uns vollkommene Erkenntnis und Weisheit zuteil werden durch den Geist göttlicher Liebe — den Großen Weißen Geist. Er erfüllt unsere Herzen mit Ehrfurcht und Dankbarkeit.

Während die Zusammenkunft des Heilens nun langsam ihr Ende findet, werden wir eines fernen Engelsgesanges gewahr. Zart und glockenrein, fast wie ein sanftes Raunen beginnend, schwillt er an zu einer mächtigen melodischen Harmonie, die schließlich einmündet in einen glorreichen Chor der Lobpreisung und des Dankes, in eine wunderbare Musik, die im Herzen jedes einzelnen von uns freudig mitschwingt. Selbst jede Säule, ja jedes Lichtatom des Sonnentempels widerhallen vom Jubel dieser himmlischen Klangfülle alles umfangender Liebe.

„Lob, Ehr, Dank und Preis sei'n geweiht
dem HEILIGSTEN himmlischer Höhen.
In den fernsten, dunkelsten Tiefen
widerhallt noch Sein Name — erwächst Sein Segen.
Er, dessen Worte voll Weisheit,
Schönheit, Liebe und Wunder sind,
Er, der unfehlbar und wahr
uns leitet auf all Seinen Wegen."

Als die Gesänge der Engel verklungen sind, wird uns bewußt, daß wir zurückkehren müssen zu unserer Arbeit und den Pflichten des irdischen Planes. Doch laßt uns zuvor noch etwas wandeln im unendli-

chen, ewigen Garten. Die Anmut der Blumen, die Schönheit der Bäume erfreuen unsere Herzen. Dem Gesang der Vögel laßt uns lauschen und die Wärme und Kraft der aus dem unendlichen Blau herabflutenden Strahlen in uns aufnehmen.
Wir ergehen uns im Garten der Vereinigung, wo wir all denen, die wir lieben, begegnen dürfen, um uns mit ihnen auszutauschen. Es ist zugleich der Garten, in den wir immer wieder einkehren werden, um uns zu laben und uns zu erneuern, während unser physischer Leib in nächtlichem Schlafe ruht.
Doch nun ist es soweit, mit Festigkeit in unser Erdenbewußtsein zurückzukehren. Wir atmen wieder tiefer und langsamer und wenden den Willen unserer äußeren Gedankenkraft an, um uns voll und ganz in unseren Körper zurückzubringen. Wir empfinden wieder unsere Füße, bewegen ein wenig unsere Zehen, wir strecken kräftig unsere Arme aus, um in unser physisches Bewußtsein zurückzufinden. Wir werden unserer irdischen Welt und Umgebung wieder neu gewahr.
Um wirklich sicher zu sein, daß wir uns wieder sorgfältig mit allem Irdischen verbunden haben, laßt uns in Gedanken unser Stirn-Chakra und danach unser Kehlzentrum und Sonnengeflecht versiegeln. Dies geschieht, indem wir ein silbernes Kreuz, umzirkelt von Licht, visualisieren und mit diesem Symbol des Schutzes unsere Chakren, die sich während unserer Meditation geöffnet haben, wieder sanft verschließen.
Zur Stärkung und Entfaltung unserer Imaginationskraft und unseres Vorstellungsvermögens, mit dem wir beim Heilen alle Farben visualisieren, kann ein solches Meditationsbild, wie das soeben mit dem Heiltempel der Sonne verbundene, von nicht zu unterschätzender kreativer Bedeutung sein, indem wir uns eine Vision erschaffen, aus der wir zur jeweils erforderlichen Inspiration immer wieder neu schöpfen können.
So empfehlen wir euch auch, imaginativ hin und wieder zum Gestade des zuvor beschriebenen Sees zurückzukehren, der sich im Glanz

der aufgehenden Sonne in seiner ganzen Pracht und Schönheit erschließt.
Empfinde nun die klare Morgenstimmung, die lebendige Stille, die stumme Erwartung, welche die erwachende Natur erfüllt, während die Sonne sich majestätisch am Horizont erhebt.
Spüre, wie das Licht der aufgehenden Sonne tief dein innerstes Sein durchdringt. Sieh, wie der Sonne Strahlen die Wasser des Sees erhellen. Sie erfüllen den Himmel wie auch den See mit leuchtend transparenten Farben. Mitten im Zentrum der goldenen Sonne erkenne die scheinende Form des Großen Heilers. Er läßt vom Herzen der Sonne machtvolle Strahlen ausgehen, in deren flammendem Licht die Engel der Heilung sichtbar werden. Es sind die Engel der Farb- und Seelenqualitäten, mit denen wir alle unseren Sonnenleib stärken und allmählich zur Vollendung bringen können.
Schau, wie das Licht und die Farbe jedes Engels auf einen Teil des Sees herniederstrahlt und von dem klaren Wasser reflektiert wird. Schließlich erschimmert der ganze See in lauter verschiedenen leuchtenden Farbflächen, von denen jede der Strahlung des zu ihr gehörenden Heilengels zugeordnet ist.
Während du die Vielfalt und Pracht dieser sonnendurchfluteten Farben auf dich wirken läßt, wähle dir eine unter ihnen aus und fühle dich umhüllt und aufgenommen von ihrer Heilkraft und Schönheit. Werde dir bewußt, daß alle Farben, die der Spiegel des Sees widergibt, von höchster Reinheit, Lichtdurchwobenheit und Leuchtkraft der Sonne sind. Keine dieser Farben erscheint schattenhaft oder trübe, alle Farben erstrahlen vielmehr in glanzvollem, flammendem, überirdischem Licht.

DER ROSA HEILSTRAHL

Fühle dich gebadet in den rosigen Wassern des Heilsees der Sonnenfarben. Ihre reinigende und heilende Kraft durchdringt und erfüllt dich mit göttlicher Energie. Empfinde, wie neuer Lebensmut dich beseelt, wie Wärme und Freude mit diesen flammenden rosa und zart rosa-orangen Strahlen in dich einfließen. Es sind Farben, die dem Element Feuer entsprechen. Farben der mächtigen Engel der Liebe, einer Liebe, welche die lebensspendende schöpferische Kraft in unser aller Leben ist und zugleich die innere Flamme der Andacht, Demut und Hingabe in unserem Herzen. Diese Liebe wird in der menschlichen Aura immer als ein warmes Rosen-Rosa sichtbar sein, und sie kann die Seele mit einem Duft beschenken, wie wir ihn vergleichsweise von jenen üppigen altmodischen, sonnendurchglühten Gartenrosen kennen.

Dieses Rosen-Rosa ist eine Farbe, die ein heilsamer Balsam bedeutet für alle Seelen, die sich einsam fühlen, die einen geliebten Menschen durch den Tod verloren haben, die ohne Liebe leben müssen oder unfähig geworden sind, selbst Liebe zu geben. Eine Farbe, die ein Heilmittel ist für all jene, die sich um einen geliebten Menschen ängstigen, um ihn bangen, eine Heilfarbe, die allen wohltut, die unter depressiven Zuständen und zu starker Ichbezogenheit leiden.

Die Wärme der Rosen-Farbe des rosa Heilstrahls strömt aus vom Herzzentrum aller Menschen, die anderen Liebe schenken. Sie kann eine ganze Gruppe oder Versammlung von Menschen mit Glück, Vertrauen und Hoffnung erfüllen und eine Atmosphäre harmonischer, freudiger Kooperation und kreativen Zusammenwirkens erstehen lassen.

Da die Farbe Rot von starker Vitalität und Energie erfüllt ist, sollte sie allerdings mit Vorsicht und großer Behutsamkeit in der Heilarbeit angewendet werden. Dem Heiler sei geraten, sich hauptsächlich auf die sanften rosa-roten Schwingungen zu konzentrieren und diese besonders zum Herzzentrum des Patienten hinströmen zu lassen.

Es werden jedoch unter Menschen, die geistige Heilung suchen, immer wieder Fälle totaler Erschöpfung oder äußerster Hoffnungslosigkeit auftreten, bei denen es der Seele grundsätzlich an Mut und positiven Gedanken fehlt. Hier wird ein klares, zartes und zugleich leuchtendes Rot-Orange, wie frisch erblühter Feldmohn, die beste Hilfe leisten können. Dieses Rot-Orange sollte mit der gesammelten meditativen Gedankenkraft des Heilers direkt auf das Milz-Chakra gelenkt werden. Das Milzzentrum wird als dasjenige Chakra erachtet, durch das die feurigen Lebenskräfte der Sonne am unmittelbarsten vom Organismus des Menschen aufgenommen werden.

Die Farbe Rot-Orange ruft im Körper eine starke Revitalisierung hervor. Sie erleichtert es dem Blutstrom, die in der Atemluft vorhandenen Prana-Kräfte in geeigneter Weise einzuschleusen.

Ein reiches und doch zugleich mildes, weiches, sanftes Rubin-Rot wird, wenn den Füßen oder Fußsohlen zugewendet, diese äußerst sensibelen, feinfühligen und empfänglichen Zentren stärken und der Seele helfen, den Mut aufzubringen, ihre Lebensaufgaben weiter zielstrebig zu erfüllen, nach White Eagle's Parole:

„Keep on keeping on", die immer wieder an unser geistiges Durchhaltevermögen appelliert.

Alle beschriebenen Heil-Schattierungen des rosa Strahls werden dem Herzen der Menschen neue Kraft und Zuversicht spenden und Kummer und Traurigkeit, Verzagtheit und Verzweiflung lindern oder vertreiben.

DER ORANGE HEILSTRAHL

Das reine Orange als Heilfarbe ist ein weiterer Strahl der Macht und kraftvollen Wärme und den einzelnen Heil-Rottönen nahe verwandt. Orange unterstüzt in besonderem Maße eine positive gedankliche Einstellung zum Leben.

In der geistigen Heilarbeit wird es am häufigsten dem Milzzentrum zugeordnet. Dort erhöht es die Spannkraft und wirkt geradezu wie ein stimulierendes Tonikum.

Die Blume, die dieser Heilfarbe vielleicht am besten gerecht werden kann, ist die als Ringelblume bekannte Calendula, welche in ihrer

Wärme, Vitalität und Leuchtkraft an die aufgehende Sonne erinnert. Orange ist anregend, antriebsfördernd, ermunternd, neue Impulse spendend und löst diese Wirkungen vor allem in mentaler Hinsicht, mehr also im rein Gedanklichen als im Gefühlbereich aus. Es stellt eine besonders hilfreiche und fördernde Vibration für alle Menschen dar, die vorwiegend mit gedanklicher Arbeit betraut sind, mit Fragen der Organisation und des Managements, und die zuweilen ihrer Verantwortung und der damit verbundenen Pflichten physisch und geistig müde geworden sind.

Im Umgang mit dieser Heilfarbe ist aber zu berücksichtigen, daß diese sehr vitale Farbe nicht zu verschwenderisch, zu reichlich gegeben werden darf, da sie sonst auch überstimulierend wirken und damit zu unerwünschten Ermüdungszuständen führen kann. Ihre Heilwirkung kann sich vielleicht am besten entfalten, wenn sie, zu breiten Strahlen gebündelt, gezielt auf ganz bestimmte 'strategische' Punkte gerichtet wird.

Personen, die aus mancherlei Gründen geistig müde oder depressiv geworden sind, wird es guttun, ihre Augen auf einem Strauß oder einem Büschel voll erblühter Calendula ruhen zu lassen und sich an ihrem kräftigen Orange zu weiden, sich an einer üppig gefüllten Schale mit leuchtenden, saftigen Orangen zu erfreuen, das reine, strahlende Rotgold der sich in einem See spiegelnden Abendsonne zu erschauen oder einfach nur wahrzunehmen, wie das brennende Orange der Abendsonne von den Fensterscheiben eines Hauses reflektiert wird.

Die Stimmung dieser Orange-Töne vermag Liebe, Wärme, Fürsorglichkeit wiederzugeben, doch sollten wir uns darüber klar sein, daß wahre Liebe, göttliche Liebe, sich niemals dominierend, überwältigend, übertrieben äußern wird. Vielmehr offenbart sie sich in einem sanften, umhüllenden, behutsamen Licht, einer Strahlung, die beschützend, erhebend, ermutigend und beglückend einer Seele dazu verhilft, ihre eigenen höchsten Christus-Qualitäten zu dem ihr gemäßen und richtigen Zeitpunkt zur Entfaltung zu bringen.

DER GELBE HEILSTRAHL

Wenn du dich zu den klaren gelben Wassern des Heilsees hingezogen fühlst, dann weitet sich deine Seele aus, um der göttlichen Weisheit nahe zu kommen. Die Engel der Weisheit, die dich umgeben, sind von außerordentlicher Stille.

Der gelbe Heilstrahl birgt in sich das leuchtende, scheinende, schimmernde Gelb-Weiß der Sonnenstrahlen. Seine lichte Farbe erfreut uns an hellen Frühlingstagen mit dem klaren Gelb der Narzissen, Forsythien, des kleinen Schellkrautes, all der vielen gold-gelben Frühlingsblüten.

Es ist die Farbe des Elementes Luft, des Elementes, das den Austausch der Gedanken fördert und das Streben nach Weisheit. Obgleich diese Farbe das Gefühl von freudiger Lebendigkeit verleihen kann (zuweilen erscheint es fast so, als ob alle Frühlingsblumen in einen Chor-Gesang einstimmen würden), können wir doch, wenn wir tief in das Wesen dieser Farbe hineinlauschen, ihre zarte Essenz der Weisheit, der absoluten Stille vernehmen und mit dieser Stille eine wunderbare Gewißheit des Vorhandenseins göttlicher Liebe erfahren.

Wir finden in dieser Farbe das Heilmittel für alle Menschen, deren Zuversicht und deren Vertrauen in das Walten göttlicher Weisheit nach Stärkung verlangt. Heil-Gelb ist eine hilfreiche Farbe für alle, die mit geistigen Problemen ringen, und die auf eine Erhellung und Erleuchtung ihrer Gedanken warten. In den scheinenden, gold-gelben Wassern des Heilsees, sieh nun eine silberweiße Fontäne des Lichtes ihre Strahlen erheben wie eine Flamme, rein, reinigend, stärkend und doch so still. Ruhe aus in dem Licht dieser Flamme, und die Antwort auf deine Probleme wird sich finden, wird deine Schwierigkeiten lösen und überwinden.

DER GRÜNE HEILSTRAHL

Wenn du dich zu dem grünen Teil des großen Heilsees hingefunden hast, dann ersehnt deine Seele sich die Qualität des Verständnisses, der Anteilnahme, der Anpassungsfähigkeit und des praktischen Verstehens aller menschlichen Sorgen und Nöte. Grün ist fürwahr die Farbe von Mutter Erde. Wie viele große, weite Flächen der Erde sind nicht mit Grün bedeckt. Gibt es doch grünes Gras, grüne Wiesen, grüne Blätter an den Bäumen, grüne Pflanzen, die für Nahrung der Menschen und Tiere sorgen. Grün ist so recht eine Farbe des Lebens. Was für eine wohltuende, angenehme, erholsame und verwöhnende Farbe Grün für uns ist, gar nicht ermüdend, erschöpfend und andererseits über-stimulierend, nur sanft, beruhigend und reinigend.
Laßt uns, wenn wir an Grün in der Heilarbeit denken, alle diejenigen Farbschattierungen vergessen, welche es auch auf dieser Erde gibt, die dunkel, schwer, grau und bedrückend erscheinen. Wenden wir uns lieber der lieblichen, sonnendurchschienenen Grünfärbung junger Blätter zu oder dem durchsichtigen Silbergrün eines Wasserfalles, in dem das helle Sonnenlicht sich funkelnd bricht.
Das tiefste Grün, das als Heilfarbe Verwendung finden kann, ist ein klares, volles Smaragdgrün. Diese Farbe kann kühlend, reinigend, besänftigend und regenerierend wirken. In den smaragdgrünen Wassern des Heilsees zu baden, liebt die Seele, um sich von den Stauungen, Verspanntheiten und der Schwere materieller Gedanken zu befreien, besonders, wenn dieses Smaragdgrün wie vom Sonnenlicht durchflutet wirkt.
Auch die Heilfarbe Grün birgt die Qualität göttlicher Weisheit, eine Seite der göttlichen Weisheit, welche praktische menschliche Belange in höchst feinfühliger und diplomatischer Weise zu regeln und zu lösen vermag. In solche Angelegenheiten läßt Grün himmlische Harmonie besänftigend und beruhigend einströmen. Grün ist die Farbe der Vollkommenheit, die sich im irdischen Bereich manifestiert.

DER BLAUE HEILSTRAHL

Wenn es dich danach verlangt, in den Wassern des blauen Heilstrahles zu baden, mag es den Grund haben, daß deine Seele sich Frieden wünscht und es benötigt, sich mit den Schwingungen der himmlischen Welten zu vereinigen.

Das tiefe Blau eines Sommerhimmels bringt dem rastlosen Gemüt Ruhe, Stille und ersehnten Frieden. Es beschwichtigt und entspannt ein ängstlich verkrampftes Nervensystem und gewährt ein Gefühl des ruhigen Vertrauens in die göttliche Liebe und Weisheit. Die Engel des blauen Strahls beschenken die Seele mit der Fähigkeit zur Andacht und dem Streben nach göttlicher Liebe.

Stelle dir einen blauen Heilsee oder einen Heilteich mit blauem Wasser vor, der umgeben ist von sanften Hügeln, deren Kuppen in das lichtere Blau des Himmels ragen. „Ich will meine Augen zu den Hügeln erheben, von denen mir Hilfe kommen wird." — Blau ruft in der Seele ein Verlangen hervor, die Hilfe des Himmels anzurufen. Diese Hilfe gewährt der Seele Frieden und ein Gefühl ruhiger Geborgenheit, selbst dann, wenn die Ereignisse auf dem äußeren Plan so gut wie hoffnungslos erscheinen mögen.

In seiner anmutsvollen Lieblichkeit ist der blaue Strahl oft als die Farbe des Gewandes der Göttlichen Mutter geschildert und dargestellt worden, als eine Farbe, die getreue, vertrauensvolle Liebe und Hingabe wiedergibt, ohne jegliche Gedanken an das eigene Selbst. Die Engel des blauen Strahles sind Engel des Friedens, eines Friedens, der die Seele überkommt, wenn alle Furcht, alle Ängste abgeglitten und dahingeschwunden sind, und sie sich in vollkommener, reiner Liebe und gläubigem Vertrauen dem Willen Gottes fügt und anheim gibt.

DER INDIGO-BLAUE HEILSTRAHL

Mit dieser Farbqualität der selbstlosen Hingabe, welche ihren ganz eigenen und besonderen Frieden zu geben weiß, werden wir von der Heilfarbe Blau zu den schönen und sehr feinen Farb-Nuancen des Indigo, Violett und Amethyst geführt. Es sind dies die Farben des aufdämmernden Gewahrwerdens des Geistigen sowie der bewußten Vereinigung mit den himmlischen Sphären.

Der Indigo-Strahl ist wiederum der Strahl der Engel der Weisheit; nicht so sehr der Weisheit der irdischen Gedankenwelt als vielmehr der Entfaltung des höheren Bewußtseins, welches die Weisheit der höheren Ebenen erschließt. Er ist der Strahl der Bruderschaft des Geistes, der zustande kommt durch ein tiefes, inniges Verstehen und Erkennen der göttlichen Essenz, des göttlichen Lichtes in jeder Seele. Sieh in ihm den Strahl wahren Heilens, des Heilens der Seele durch die Macht des Geistes.

Häufig geschieht es durch den Dienst des Heilens und durch das Trainieren und Reinigen von Körper und Seele (damit sie klare, durchscheinende Instrumente für das Heilungslicht werden), daß wir sicher und erkennend zu dem Verständnis hingeleitet werden, das uns zu dem Mysterium des Amethyst-Farbheilstrahles führt.

DER AMETHYST-HEILSTRAHL

Der Amethyst-Strahl ist der Strahl der Magie, ist der Farbstrahl des wahrhaft Übersinnlichen und Mystischen. Er ist ein Strahl der geistigen Macht, der mit dem feinstofflichsten Element das es gibt, dem Element Äther, auf das Innigste verwoben ist.

Wenn du dich hingeleitet fühlst zu den Wassern des Heilsees des Amethystlichtes, dann öffne dein ganzes Sein den wunderschönen, herrlichen Engeln dieses Strahls. Ein wundersames Ineinanderblenden von göttlicher Liebe und Weisheit mit der Intensität göttlicher Macht wird sich deinem Bewußtsein offenbaren. Du wirst emporgetragen werden zu einer Ebene des Verständnisses der Inneren Mysterien der weißen Magie, der Christus-Magie, welche letztendlich die physischen Atome des menschlichen Leibes, die physischen Atome der ganzen Erde, in eine feinere Schwingung transformieren wird, in ein Vibrationsspektrum, das wir mit unserem heutigen physischen Sehvermögen noch nicht wahrnehmen können.

Apokryphe Quellen berichten uns von Gelegenheiten, wo Jesus sich von der Menge zurückzog, indem er die Schwingungen seines Körpers erhöhte, bis er für die Menschen unsichtbar wurde und so auch nach seiner Kreuzigung den Tempel seines Leibes wieder aufbaute, ihn erhob, in all seinen Atomen wieder herstellte und auf der Ebene der Unsterblichkeit neu erstehen ließ. White Eagle erzählt uns mehr darüber im zwanzigsten Kapitel des Buches THE LIVING WORD OF ST. JOHN*).

In den himmlischen Welten, welche sich keineswegs 'hoch in den Wolken' befinden, sondern vielmehr unsere physische Welt durchdringen — erscheint selbst die Luft einen zart amethyst-farbenen Schein zu besitzen, ein wenig so wie ein feiner Dunstschleier, der sich an einem makellosen Sommertag an eine entfernte Bergkette schmiegt.

Alle Magie und Mystik erfüllt sich im Licht dieses Strahls, ganz gleich, ob es unter der geschickten Hand eines weltlichen Magiers, eines Zauberers, entsteht, oder ob es sich um die Speisung der Fünftausend oder um die Auferstehung vom Tode eines physischen Leibes handelt. Solche göttliche Magie ist das Ergebnis der Meisterschaft durch den Geist und die Seele des Menschen, seiner Meisterschaft über alle Elemente seines Seins, das Resultat eines vollkommenen Zusammenwirkens des Christus-Menschen mit den Engeln, die über die Elemente herrschen.

Im Verlaufe des Wassermannzeitalters wird es geschehen, daß die

*) Deutsche Übersetzung in Vorbereitung

Menschheit sich so weit fortentwickelt bis das Goldene Zeitalter wahr werden kann, wo Engel unter den Menschen wandeln und mit ihnen sprechen werden, und der Tod überwunden wird durch den Sieg des Geistes.

DER GOLDENE, SILBERNE UND PERLMUTT-FARBENE HEILSTRAHL

Drei der im geistigen Heilen angewandten Farben sind in unserem Spektrum nicht enthalten: Gold, Silber und Perlmutt. Die Qualität dieser Farben ist sehr fein, äußerst differenziert und von hoher Schwingung. Jeder dieser Farben könnte man ein harmonisches Zusammenwirken mehrerer Heilfarben zuordnen.

Gold, obwohl verschieden von Gelb und Orange, vereint doch wesentliche Heileigenschaften dieser beiden Farben.
Der goldene Strahl schimmert glänzend wie das Metall Gold, nur reiner und leuchtender, gleich purem, gleißendem Licht. Wenn wir von der metallischen Grundsubstanz der Farbe Gold ausgehen und ihr dann eine Form verleihen, indem wir sie uns als einen das Sonnenlicht reflektierenden Stern vorstellen, der auf uns herniederscheint, wird es uns vielleicht gelingen zu empfinden, wie unser ganzes Sein durchflutet wird vom Gold einer Strahlkraft und Heilessenz, die unser Leben erneuert, unser Blut reinigt und stärkt und alle Müdigkeit, Schlaffheit und Energielosigkeit davonschmelzen läßt. Gold ist die hilfreichste Farbe, um unsere Seele wieder aufzurichten, wenn Depressionen sie belasten und Lebensprobleme uns ängstigen, niederdrücken und alle Hoffnung von uns fortnehmen.

Silber: So wie der goldene Heilstrahl als die Essenz des geistigen Lebens der Sonne beschrieben wurde, so kann der silberne Strahl mit dem geheimnisvollen Wesen des Mondes, der großen Mutter, verglichen werden.

Lenke wiederum deine Vorstellungskraft auf das reine Metall, auf funkelndes Silber, gegossen in die Symbolform eines sechszackigen, eines sechseckigen Sternes. Siehe, wie dieser Stern das klarste, scheinendste Silberlicht auffängt, in sich sammelt und aus sich heraus verströmen läßt.
Die in der Heilarbeit angewandte Farbe kann als ein Weiß erblickt werden, das eine hell-silberne Strahlung besitzt, ein silbrig scheinendes Weiß. Es ist die Farbe von höchster Reinigungskraft und wird in der Heilung verwandt bei Fällen von geistiger Verwirrung, Abhängigkeit und psychischen Verwicklungen.
Mit Hilfe des silbernen Strahls kann auch ein Schutzkreis um die Aura geschlossen werden. Ebenso können wir in der Farbe Silber ein Kreuz, umzirkelt von Licht, visualisieren. Mit diesem uralten Schutz-Symbol versiegeln wir in der Heilarbeit die Chakren des Patienten, vor allem Kehlzentrum und Solarplexus. Auch nach jeder länger dauernden Meditation verschließen wir unsere sich während der Meditation öffnenden Chakren mit dem gleichseitigen Kreuz aus silbernem Licht im silbernen Lichtkreis und verbinden uns damit gleichzeitig wieder mit der Erde und unserem irdischen Leben.
Die Heilfarbe Silber steht in enger Beziehung zu allem Übersinnlichen und Magischen und sollte mit Vorsicht, Erfahrung und Unterscheidungsvermögen angewandt werden.

P e r l m u t t - W e i ß , P e r l w e i ß . Dies ist die subtilste und differenzierteste aller Heilfarben und nur äußerst schwer zu beschreiben, enthält sie doch das Wesen und die Eigenschaften aller Farben und besitzt zugleich auch ihren ganz eigenen Charakter und ihre ganz besondere Schwingung.
Vielleicht kann diese Heilfarbe am besten vergegenwärtigt werden als die Christus-Strahlung, welche von einer erhobenen, aufgestiegenen Seele emaniert, einer Seele, die in voller Schwere die Kreuzigung ihres niederen Selbst siegreich durchlitten hat, und der die Strahlkraft des auferstandenen Christus im Menschen zu eigen geworden

ist. Perlmutt-Weiß und Perlweiß vereinen in sich ein Sonnenlicht von blendender Schönheit, ein mildes, sanftes Licht des Mondes und ein Sternenlicht, das alle Farben des Himmels umschließt, scheinend, strahlend, leuchtend, in einer Schwingung alles verstehender Liebe und warmen, menschlichen Mitgefühls.
Heiler, die in Augenblicken tiefster und innigster Hingabe ein Licht-Instrument dieser Farbe sein dürfen, werden erfahren, daß der perlmutt-weiße, perlweiße Heilstrahl zur hohen Gnade der Wunder führen kann.

******

V

ASTROLOGIE UND GEISTIGES HEILEN

In Kapitel eins des zweiten Teils dieses Buches, wurden wir mit White Eagle's Lehre über den Sonnenleib vertraut gemacht, den Tempel der Seele, den jeder von uns während seiner Zeit hier auf Erden erbaut. Durch viele Inkarnationen hindurch erschaffen wir diesen Leib des Lichtes, und während jeden Lebens lernen wir, den Teil unseres Sonnenkörpers zu entwickeln und zu vervollkommnen, der mit dem Sonnenzeichen verbunden ist, unter dem wir geboren sind.

Die Arbeit des Dienens durch Heilen ist ein Weg, auf dem dies geschehen kann, und es mag für den Heiler hilfreich sein, die verschiedenen Gaben zu entdecken, mit denen das Sonnenzeichen seiner Geburt ihn beschenkt hat und zugleich auch erkennen zu lernen, unter welchen Heil-Aspekten seine Patienten zu verstehen sind.
Die Daten für die Zeiten, in denen die Sonne die verschiedenen Tierkreiszeichen durchläuft, sind wie folgt, wobei zu berücksichtigen ist, daß diese Daten von Jahr zu Jahr ein wenig variieren können.

Widder	—	21. März bis 20. April
Stier	—	20. April bis 21. Mai
Zwilling	—	21. Mai bis 22. Juni
Krebs	—	22. Juni bis 23. Juli
Löwe	—	23. Juli bis 23. August
Jungfrau	—	23. August bis 23. September

Waage	—	23. September bis 24. Oktober
Skorpion	—	24. Oktober bis 22. November
Schütze	—	22. November bis 22. Dezember
Steinbock	—	22. Dezember bis 21. Januar
Wassermann	—	21. Januar bis 19. Februar
Fische	—	19. Februar bis 20. März

Wenn du ein Astrologe bist, wirst du wissen, daß, wenn du ein Horoskop aufstellst, ganz gleich, welche günstigen oder weniger günstigen Konstellationen die übrigen Planeten aufweisen, die durch den Stand der Sonne definierte Lektion dem gesamten Horoskop zugrunde liegt. Diese wird bestimmt durch die Qualität des Sonnenleibes, der entwickelt werden soll und sich entsprechend dem Sonnenzeichen entfalten kann. Wenn du zum Beispiel im Zeichen der Jungfrau geboren bist, werden alle Erfahrungen deines Lebens dir helfen, den Jungfrau-Aspekt deines Sonnenleibes aufzubauen und zu gestalten.

Astrologische Kenntnisse können eine große Hilfe für dich als Heiler sein, denn wenn du weißt, in welchem Sonnenzeichen dein Patient lebt, und wenn dir einiges von der Natur des Elementes bekannt ist, das dieses Zeichen regiert (die Elemente sind: Feuer, Erde, Luft und Wasser), dann wirst du eher die Gründe für die derzeitigen Erfahrungen deines Patienten verstehen können. Du wirst dich leichter auf den Strahl des Heilens einschwingen und erhältst einen wertvollen Schlüssel, mit dem du die Türe zum Verständnis der Seele deines Patienten öffnen kannst.

Werde innerlich still und meditiere. Entfalte in deinen Gedanken, in deiner Seele die Kraft der Imagination. Versetze dich in den Tempel des Heilens in den inneren Welten. Das Licht der großen Zentralsonne scheint direkt in dein Herz hinein. Die Engel aller Tierkreiszeichen halten ihren Platz wie Säulen des Lichtes rund um den Tempelinnenraum. Wenn du in diesem wunderschönen magischen Sonnenkreis vollkommen zur Ruhe gekommen bist, du befindest dich genau im Mittelpunkt des Kreuzes der vier Elemente, umschlossen vom Kreis des göttlichen Lichtes, wirst du spüren, wie dein Geist inspiriert wird. Es wird dir die Fähigkeit zuteil, die Leiden deines Patienten mit Weisheit zu sehen und zu interpretieren. Selbst wenn du kein Astrologe bist, wird sich deine Sensibilität erhöhen und dich in die Lage versetzen, Menschen, die mit ihren Sorgen, Nöten und Krankheiten zu dir kommen, zu helfen und zu heilen.

Für jeden, der sich dem Heilen und dem Dienst an den Menschen verschrieben hat, wird es wertvoll sein, sich mit der Bedeutung der Sonnenzeichen vertraut zu machen und zu erfahren, welche Möglichkeiten der Fortentwicklung den Seelen in den Zeichen des Zodiak geboten werden. Die mystischen Lehren alter Zeiten wußten darüber Auskunft zu geben, in welcher Weise der physische Leib des Menschen von den Zeichen des Tierkreises beeinflußt wird. In alten Büchern der Astrologie und Mystik können wir heute noch Abbildungen des 'großen himmlischen Menschen' finden, der seine Arme und Beine weit ausgestreckt hält, und dessen Körperzonen mit bestimmten Tierkreiszeichen gekennzeichnet sind. Das Herz des Himmelsmenschen kommt stets unter den Strahl des großen Lichtes der Sonne und breitet sich von dort aus in allen Körperbereichen aus. Die Hände sind geöffnet in der Gebärde des Gebens und Dienens, und die Füße stehen fest gegründet auf der Erde, aus deren Tiefe sie Kraft und Weisheit empfangen.

Bevor wir uns nun astrologisch dem großen Kreuz der Elemente — Feuer, Erde, Luft und Wasser — zuwenden, mögen die Heiler noch hingewiesen sein auf die Haltung und das richtige Gleichgewicht des Körpers (ihres eigenen sowie des Patienten). Denn nur, wenn die Körperhaltung vollkommen ist, das heißt, wenn wir gelernt haben, Kopf und Nacken frei, aufrecht und entspannt zu tragen und uns ohne unnötigen Kraftaufwand zu bewegen, kann jeder Teil des Körpers die Energien des Himmels in sich aufnehmen und Stärkung durch sie erfahren. Die korrekte Haltung des Kopfes (Widder) führt zu einer geraden, festen Wirbelsäule, die sich wie eine Säule des Lichtes

erhebt (Löwe) und den beiden Hüftknochen (Schütze) die notwendige Beweglichkeit ermöglicht. Nur, wenn der gesamte Körper sich locker, frei und aufrecht hält, können die göttlichen Energien ungehindert durch die Physis fließen und jedes Atom des Körpers mit den Kräften des Lichtes versorgen.
Nun laßt uns das Kreuz der Elemente betrachten, unter dem alle in Inkarnation befindlichen menschlichen Seelen ihr Karma auf den verschiedenen Ebenen des Seins entwickeln. Die Engel der Elemente Feuer, Erde, Luft und Wasser sind zugleich auch die großen Engel des Karma und üben von dorther einen entscheidenden Einfluß auf den Bereich des Heilens der Seele aus. White Eagle erinnert wiederholt daran, uns bei dem Dienst unserer Heilarbeit auf das Innigste mit den Engeln der Elemente zu verbinden, ihre Hilfe anzurufen und diese Hilfe dann geschehen zu lassen.

1. DIE FEUERZEICHEN
Widder · Löwe · Schütze

Der Einfluß der drei Feuerzeichen auf unser Leben verhilft uns dazu, uns allmählich immer stärker mit der geistigen Sonne zu vereinen. Heiler, deren Sonne in einem der drei Feuerzeichen steht, können in ihre Heilarbeit die Qualität des Vertrauens, der Zuversicht und des festen inneren Wissens um den Beistand der geistigen Welten einbringen. Mit der Sonne im Bunde, die das Element Feuer begünstigt, wirst du, ganz gleich durch welche Täler dein Leben dich auch führen mag, im Tiefsten deiner Seele festhalten an einem ruhigen Vertrauen zu Gott und dem Wissen um das göttliche Feuer und Licht, das im Innersten deines Herzens brennt.
White Eagle lehrt uns, daß die Lektion, die alle Feuerzeichen zu lernen haben, die der Liebe ist. Dabei ist zu bedenken, daß Liebe nichts zu tun hat mit Emotionen oder Sentimentalität. Liebe ist ein positi-

ves Gott-Denken. Liebe ist ein Gewahrwerden Gottes im Herzen, in Geist und Gedanken, in unserem gesamten Leben.
Heiler mit der Sonne in dem einen oder anderen der Feuerzeichen werden besonders überzeugend ihre Qualität der Liebe und des Vertrauens auf ihren Patienten übertragen können. Überwältige aber deinen Patienten nicht mit übervoller Begeisterung, mit wohlmeinender, aber zu stürmischer Herzlichkeit, sondern lerne, ihm zuerst einmal ruhig und aufmerksam zuzuhören. Ermutige ihn, dir alle seine Sorgen und Nöte zu berichten und hilf ihm dann, ruhig und beständig seine Gedanken zu Gott zu erheben. Teile mit ihm dein starkes Vertrauen, dieses Licht, diese Kraft und Hoffnung, die du bereits selbst in dir gefunden hast. Lasse ihn ganz daran teilhaben und lasse die Feuerkräfte deines Seins kraftvoll in ihn einfließen.
Schenke deinem Patienten eine stärkende, ihm wohltuende und aufbauende Liebe. Hilf ihm, sein eingeschüchtertes Selbstbewußtsein neu zu festigen, nicht so sehr durch das, was du sagst, als vielmehr durch deine eigene Überzeugung und Kraft, die von dir ausstrahlt. Es ist die Stabilität, deine spontane Wärme und in sich ruhende Sicherheit, die dein Patient empfindet, und die ihm solange helfen wird, bis das Licht seines eigenen Herzens wieder zuversichtlicher und heller zu scheinen vermag.
Wenn in deinem Horoskop die Sonne in einem Feuerzeichen steht, kann es durchaus sein, daß du es zuweilen schwierig finden wirst, im Geben weise zu sein. Bevor du nicht gelernt hast, mit deinen Energien hauszuhalten, wirst du nur allzu oft der Gefahr unterliegen, so viel und so intensiv zu geben, daß du plötzlich vollständig verausgabt dastehst. Lerne daher, dich zur rechten Zeit zurückzunehmen, auszuruhen, zu entspannen und in der Natur neue Kräfte zu schöpfen. Erhole dich unter Bäumen, in einer Landschaft mit Bergen oder Hügeln, am Ufer eines Sees, am Gestade des Meeres oder ganz einfach in deinem eigenen Garten.
Wenn dein Patient von einem Feuerzeichen regiert wird, wirst du vermutlich als einen der Gründe, warum er dich aufgesucht hat, fest-

stellen, daß er seine Energien unweise vergeudet hat. Solche Patienten fühlen sich oft deprimiert und ohne Hoffnung. Gib ihnen die Kraft deines Geistes, dein eigenes inneres Feuer, die menschliche Wärme, die du besitzt, um ihre Hoffnung neu zu beleben und ihre Vitalität wieder erstarken zu lassen. Sei vor allem nicht allzu enttäuscht, wenn sie, kaum daß es ihnen wieder besser geht, sogleich hinausstürmen, um ihre Energien wieder aufs neue zu verschwenden!

WIDDER: Das Erste Feuerzeichen ist der Widder, regiert von Mars, dem Planeten des Feuers und der Energie, des Verlangens und der Willenskraft. Wenn eine Seele sich in Inkarnation begibt, wird sie von dem starken Willen gelenkt, sich wieder aufs neue mit allen Problemen des physischen Lebens auseinanderzusetzen. Der Strahl der Sonne (des Geistes) scheint in die Finsternis, und das erste Zeichen des erwachenden Lebens ist das Schlagen eines kleinen Herzens. Die Sonne regiert das Herzzentrum und ist doch erhöht, wie man astrologisch sagt, im Widder, dem Zeichen des Kopfes. Der Kopf ist der erste Körperteil, der für eine neue Erdenerfahrung entwickelt wird und umschließt das Gehirn und den Sitz unseres Bewußtseins. In ihm geborgen sind die Sinnesorgane Augen, Ohren, Nase und Zunge sowie das Zentralnervensystem, welches die Bewegungen und Berührungen des Körpers steuert. Die Tatsache, daß der Widder – Zeichen und Symbol des göttlichen Feuers in schöpferischer Tätigkeit – den Kopf regiert, weist uns darauf hin, wie stark die Macht der Gedanken alles, was wir erschaffen und gestalten, prägt und bestimmt. Wenn dir die Sonne im Zeichen Widder scheint, wird es dir nicht schwerfallen, positiv zu denken, besonders wenn du dich darin geübt hast, die Gedanken des äußeren Selbstes zu beruhigen und zu beherrschen. Du bist von einer solchen Begeisterung für das Leben erfüllt und so davon beflügelt zu handeln, zu experimentieren, dir Aufgaben zu stellen und weit gesteckte Ziele anzustreben, daß du dir mitunter nicht genug Zeit und Gelegenheit gibst, die wahren inne-

ren Kräfte zu entwickeln, mit denen du deinen Sonnenleib aufbauen und stärken solltest.
Wenn du ein Heiler bist, wirst du sicherlich das Stadium erreicht haben, wo es dich von Herzen danach verlangt zu dienen. Es wird nun an dir sein zu erkennen, daß deine Freude am Verströmen von Energien mit weisem Unterscheidungsvermögen gezügelt werden sollte. Mit Beharrlichkeit wird es dir gelingen, deine äußere Gedankenwelt zu beruhigen und dem Geist deines Herzens anheim zu geben. Es wird dir dann möglich sein, die klare, stille Flamme, die in deinem Herzen brennt, zu erschauen. Dadurch werden wertvolle Fähigkeiten gestärkt, die du in die Fernheilarbeit einbringen kannst, und beim "Kontakt-Heilen" wirst du besonders gut mit den positiven, kraftvollen Sonnenfarben Orange, Rosa und Flammenfarben umgehen können. Du wirst erfolgreich psychische Abhängigkeiten und obsessive Bindungen lösen, und es wird dir gegeben sein, mit Kraft und Konzentration die Aura deiner Patienten zu reinigen und zu versiegeln. Mars, der Herrscher deines Zeichens, ist ein Kämpfer des Lichtes. Der Kämpfer im Geiste des Christus trägt ein Schwert. Er muß fest und kraftvoll im Licht stehen.
Übereifer und Enthusiasmus können Widder-Patienten dazu bringen, sich nervlich total zu verausgaben, so daß sie leicht unter Migräne, Neuralgien und schmerzhaften Zuständen im Bereich des Gesichtes zu leiden haben. Auch hohes Fieber kann typisch sein und erfordert zwangsläufig eine Zeit der Ruhe und des Friedens. Die Polarität zum gegenüber liegenden Zeichen Waage kann zudem eine Neigung zur Empfindlichkeit der Nieren hervorrufen. Beide Zeichen bedürfen eines gleichbleibenden, beruhigenden Einflusses, der ihnen sehr förderlich ist.
Alle Feuerzeichen tendieren dazu zu meinen, daß sie diejenigen seien, 'die es am besten wissen', und da könnte mitunter dann doch erwogen werden, ob diese Einstellung nicht ein wenig übertrieben ist und entsprechend gedämpft werden sollte. Oftmals verfügen die Widder-Menschen zwar in der Tat über sehr weitreichende Kennt-

nisse im Bereich der die äußere Welt betreffenden Gedanken, doch sollten sie es dabei nicht vernachlässigen, nach einem ruhigen inneren Wissen zu streben und zu versuchen, das Zutrauen ihrer Patienten zu gewinnen, anstatt sie einfach mit ihrem Ungestüm zu überwältigen.

LÖWE: Die Sonne regiert das Herz, wie wir schon festgestellt haben. Wenn deine Sonne im Zeichen Löwe steht, wirst du vermutlich durch manche deiner Emotionen einige schwierige Lektionen zu lernen haben, denn du wirst nicht immer nur mit Weisheit lieben können. Du besitzt die schöne Gabe, mit aller Wärme und von ganzem Herzen zu lieben, mit einem einfachen, kindlichen Vertrauen zu deiner Umgebung, und du vergißt dabei immer wieder, daß nicht alle Menschen gleich und so wie du sind. Die Löwe-Menschen neigen dazu, ihr Vertrauen zu spontan und leichtgläubig zu verschenken und sich dadurch häufig heftige Enttäuschungen einzuhandeln.
Im Herzen aller Feuerzeichen brennt ein ausgeprägter Sinn für Ehrenhaftigkeit und Integrität. Alle Seelen unter diesen Zeichen können nicht anders als im Licht zu leben. Es erscheint ihnen immer wieder unverständlich, daß es Menschen gibt, deren Natur zu Verschlossenheit, Zurückgezogenheit und zu Heimlichkeiten neigt, und daß es Angelegenheiten gibt, die anscheinend besser verschwiegen und geheimgehalten werden sollten. Das Feuerzeichen Löwe regiert das fünfte astrologische Haus, das Haus der Liebesbeziehungen, der Kinder und aller schöpferischen Aktivitäten. Die Sonnen-Löwen lieben es, einen Kreis von Freunden und Mitmenschen um sich herum zu versammeln. Sie verstehen es glänzend, andere zu unterhalten und ideenreiche Veranstaltungen ins Leben zu rufen. In ihrem Verhältnis zu geliebten Partnern und Kindern können sie mitunter viel Herzenskummer und herbe Enttäuschungen erleben, jedoch können gerade diese leidvollen Erfahrungen sich auch höchst segensreich auswirken. Vermögen sie doch, das Herz des Löwe-Geborenen zu echtem Verständnis anderer Menschen zu öffnen und

dem Mysterium wahrer, geistiger Liebe zu erschließen. Es wird dann eine Liebe erfahren werden, die, ohne Sentimentalität, die Wärme, Kraft und strahlende Reinheit göttlicher Liebe birgt sowie einen festen Willen zu Gott und der Erfüllung Seines ewigen Planes. Aus dieser tiefen Liebesfähigkeit heraus wird auch ein reifes, inniges Verstehen der Sorgen und Nöte der Nächsten, der Leiden der Mitbrüder und Mitschwestern sich entfalten können.

Wenn dich Löwe-Patienten zur Heilung aufsuchen, dann wirst du ruhig davon ausgehen können, daß ihren Beschwerden irgendein seelischer Kummer zugrunde liegt. Es wird dann deine Aufgabe sein, ihr Vertrauen in die göttliche Liebe zu erwecken. Ist es doch deine wunderbare Bestimmung als Heiler, dich selbst der großen, machtvollen Sonne zu öffnen. Für a l l e Heiler ist es unerläßlich, dies zu tun, doch wird es dir als Löwe-Geborenen immer besonders leichtfallen, dich zum ewigen Licht der Sonne zu erheben, da gerade du ja dazu ausersehen bist, von deinem Herzen her alle deine Werke zu vollbringen. So wie wir bereits sagten, ist das Herz dasjenige Organ des menschlichen Körpers, das wie kein anderes dazu erschaffen wurde, das solare Feuer in sich zu entwickeln und weithin zu allen Wesen auszustrahlen.

Die Seele, die im Zeichen des Löwen ihr Lebensziel erarbeitet, ist mit der verantwortungsvollen Aufgabe betraut, wahrhaft der Hirte der Herde zu sein, Liebe und Stärkung zu schenken, Erquickung und Trost zu gewähren. Welch ein Turm von Kraft kannst du sein! Deine Fähigkeit des festen Vertrauens in die göttliche Liebe kann sich mit starker Überzeugungskraft auf deinen Patienten übertragen und ihm dadurch helfen, Probleme, die ihm zuvor unüberwindlich schienen, zu lösen oder ihnen zumindest gegenüberzutreten und sie anzunehmen. Du wirst sicherlich eine besonders glückliche Art haben, den goldenen Strahl anzuwenden, diesen Strahl der Wärme, des Erwekkens und Wiederaufrichtens der vitalen Lebenskräfte, welcher Körper und Geist Kraft und Flexibilität verleiht. Du wirst besonders in der Lage sein, Patienten zu helfen, die an Rückenschwächen, Arthritis sowie Augen- und Ohrenbeschwerden leiden. Doch am allermeisten wirst du einfach immer wieder durch deine warmherzige Persönlichkeit die Hoffnung und Zuversicht deiner Patienten stärken. Sowohl beim Fernheilen in der Heilmeditation als auch beim Kontakt-Heilen, dem Heilen durch Auflegen der Hände, übe dich stets darin, die Strahlen der Heilung wirklich von deinem Herzen auszusenden, und fühle dich dabei verbunden mit dem Licht und der Heilkraft der Sonne, deinem dich beherrschenden und beschützenden Planeten.

SCHÜTZE: Er ist ein duales Zeichen. Wenn dir die Sonne in diesem Zeichen scheint, wirst du auf der einen Seite allen Freuden des physischen Lebens mit seinen Aktivitäten zugetan sein. Andererseits wird dich ein Sehnen beseelen, das dich nach den Sternen greifen läßt. Du liebst es, dich zu bewegen, zu gehen, zu wandern, zu reiten, zu schwimmen, zu segeln oder zu fliegen. Oh, wie sehr verlangt dein Herz nach Freude, nach Freiheit, wie sehr ist es erfüllt von unbändigem Tatendrang.
So oft, wenn die Lektion des Schützen gelernt werden muß, erfährt der unter diesem Zeichen Geborene gewisse Schwierigkeiten und Beschränkungen, die ihm auferlegt werden, und die seine Beine, ja seine ganze Bewegungsfreiheit behindern. Es kann zu Erkrankungen kommen, die ihn für längere Zeit an das Bett oder einen Stuhl fesseln und ihn zwingen, seine weiten, schönen Reisen mehr in Gedanken, mehr im Geiste, als mit seinem Körper zu vollziehen. Wenn der Leib jedoch langsam älter wird und an Aktivität einzubüßen beginnt, wird es ihn dazu hinziehen, sein Herz und Gemüt den Mysterien des Himmels zu öffnen. Er wird sich philosophischen, metaphysischen oder anderen anspruchsvollen Studien widmen, denn des Schützen Geist und Gedanken sind ebenso beweglich wie es sein Körper ist. Man findet viele hochbelesene Leute unter diesem Zeichen, und durch seine zahlreichen Studien und seine ausgeprägte Intuition kann es der Schütze zu beträchtlicher Weisheit bringen.

Doch tendiert, wie auch das Feuerzeichen Löwe, der Schütze gern dazu zu denken, er wüßte es am besten, und schnell ist er dabei, seine Ratschläge zu erteilen. Er könnte lernen, daß es zumeist hilfreicher wäre zu warten, bis ein Rat von ihm erbeten wird.
Die Beschränkungen des Schützen müssen nicht unbedingt physischer Natur sein. Es mag sich auch um gedankliche Hemmnisse handeln; es können äußere Umstände ihn daran hindern, ein Werk auszuführen oder zu vollenden; es können familiäre Verhältnisse seine Freiheit einschränken. So oft ist der Schütze daher gezwungen, durch Disziplin und Gehorsam das Ziel seiner Freiheit zu erreichen. Wenn du also ein Schütze bist und Frustration und Beschränkungen sind dein Los, dann bedenke, daß diese Hindernisse dir sehr wohl zur Hilfe gereichen werden, um größere Weisheit und wahre Freiheit des Geistes zu erringen. Pflege und entfalte deine philosophischen Neigungen und fördere alles, was deiner Hingabe an den göttlichen Geist dienlich ist. Dann nämlich, weil das wundervolle Element Feuer so stark in dir zum Ausdruck drängt, und weil der Wille dazu in dir erwacht ist, wird dir die machtvolle Kraft geschenkt werden, heilen zu können.
Schütze ist ein veränderliches Zeichen, was bedeutet, daß du über ein äußerst aktives und sensibeles Nervensystem und ein besonders lebhaftes Denkvermögen verfügst, ein Denkvermögen, das sich überall zugleich hinwenden möchte und wie ein Wetterleuchten hierhin und dorthin sein aufflackerndes Licht versprüht. Du solltest lernen, deine Gedanken unter Kontrolle zu nehmen. Deshalb wird für dich die Disziplin der Arbeit einer Fernheilgruppe hilfreich, gut und wertvoll sein. Wenn du dich in diese Gemeinschaft eingibst, wird es dir helfen, deine Heilkraft zu entwickeln, und du wirst besonders wirkungsvoll Schmerzen aller Art beseitigen können. Weil du über so viel Hingabebereitschaft und Zuwendungskraft verfügst, wirst du besonders erfolgreich mit dem blauen Strahl umgehen, der Schmerzen lindern und vergehen lassen kann. Blau ist die Farbe des Jupiter (Patron des Schützen).

In deiner Meditation wird es für dich hilfreich sein, dir einen tiefblauen Himmel vorzustellen und in diesem Himmel einen strahlenden sechszackigen Stern sehr klar und deutlich erstehen zu lassen. Sieh ihn im Zentrum des blauen, durchsonnten Himmels scheinen und spüre, wie sein Licht deine Gedanken und dein Herz durchströmt sowie deine Hände, wenn du durch Berührung des Patienten heilende Kräfte weiterschenkst.
Durch das wunderschöne Himmelsblau, das dich umhüllt, wirst du Schmerzen heilen können, die physische oder mentale Ursachen haben. Doch übe dich darin, friedlich und ruhig zu werden, der Ungeduld deines Elementes Feuer zu widerstehen. Laß all deine Ungeduld verebben und hineingenommen werden in den tiefen Frieden des herrlichen blauen heilenden Strahls.

2. DIE ERDZEICHEN

Stier · Jungfrau · Steinbock

STIER: Dieses feste, beständige Erdzeichen wird von Venus regiert und verkörpert im Zodiak das standfesteste, unerschütterlichste, gelassenste Zeichen. Menschen, welche die Sonne oder mehrere Planeten im Taurus, im Stier, stehen haben, verfügen über innere Stärke und gleichbleibende Ruhe. Sie stehen sozusagen mit vier Füßen auf dem Grund der Erde, dauerhaft und zuverlässig. Wenn jemand in deiner Umgebung ein Stier ist, kannst du gar nicht anders als dich geborgen fühlen in dem Frieden, in den er gehüllt zu sein scheint. Er strömt die Ruhe eines Felsen aus. Er besitzt die Gemütskraft, die das Empfinden vermittelt, daß nichts Schreckliches geschehen kann, solange er in deiner Nähe ist. Als Arzt oder Heiler schenkt der Stier seinen Patienten das Gefühl wohltuender Sicherheit.
Diese Qualität der Zuverlässigkeit ist bei allen, astrologisch so genannten, 'fixierten' Zeichen jeden Elementes zu finden. Doch ist sie

im Zeichen Stier besonders tief verwurzelt. Wenn du daher als Heiler sehr Stier-betont bist, wirst du stets einen beruhigenden, beschwichtigenden Einfluß auf Patienten ausüben, die sich in einem überreizten, überarbeiteten, nervösen Zustand befinden.

Während dieser Inkarnation, in der du dich im Zeichen Stier verkörperst, wird der Strahl der Venus durch deinen Solarleib scheinen und deiner Seele viel Sinn für Schönheit und Harmonie verleihen. Diese Gabe in deine physische Welt zu integrieren, wird eine deiner Aufgaben sein. Deinen Patienten wirst du von dieser Venus-Bestrahlung her Harmonie und Frieden geben können sowie die Zuversicht und Hoffnung, daß alles einmal sein gutes Ende nehmen wird.

Allen Erdzeichen ist eine Begabung für das Praktische zu eigen, denn unter diesem Aspekt soll ihre Seele die Lektion des Dienens erlernen, um im Bereich des praktischen Lebens die Harmonie der höheren Sphären zu verwirklichen. Taurus, das Zeichen des Erbauers, des Architekten und Baumeisters, wird stets vom Wunsch harmonischen Gestaltens beseelt sein. Ruhig, besonnen und methodisch erschafft sich der Stier ein schönes Heim, einen herrlichen Garten, ein geschäftlich erfolgreiches Unternehmen oder auch eine Kirche. Stiere lieben einen großzügigen Rahmen, und wenn sie älter werden, möchten sie diesen von ihnen geschaffenen Lebensrahmen auch auf keinen Fall verlassen. Es wird sie immer erfreuen, sich in einem bequemen, üppigen Zustand der 'Brunft' zu sonnen und darin zu verweilen.

Manche der Schwierigkeiten, die den Stieren begegnen, erwachsen ihrem heftigen emotionalen Reagieren auf Personen und Umstände, welche die wohlgefügte Ordnung ihres Lebens zu bedrohen scheinen. Sie werden mitunter ängstlich, unsicher, empfindlich, neigen zu Groll und ärgerlichem Verhalten. Diese Gefühle lösen dann oft schon sehr bald eine negative gesundheitliche Reaktion ihres physischen Leibes aus. Es kann zu allen möglichen Arten von Blockierung, Stauung oder Verstopfung in ihrem Organismus kommen. Deshalb benötigen sie zu ihrer Heilung den reinigenden grünen

Strahl, durch den eine Wiederanpassung an ihr gesamtes physisches System erfolgen kann. Ihrem Herz-Chakra wird es wohltun, den wunderschönen, milden Amethyststrahl zu empfangen, der ihr geistiges Bemühen und Streben stärkt und ihnen hilft, Veränderungen in ihrem Leben geschehen zu lassen und festgefahrene Ideen und Gewohnheiten aufzugeben.

Stier ist das Zeichen des Besitzes. Leute, die sich beharrlich etwas aufgebaut haben, wollen es auch behalten. Haben sie eine Familie gegründet, ist es ihr Wunsch, daß diese auch zusammenhält. Es wird gerne Besitz angehäuft, und Stiere neigen dazu, Dinge zu horten, für den Fall, daß schlechte Zeiten eintreten könnten. Das bezieht sich auf ihr Heim ebenso wie auf ihre Gedanken. Auch ihren geistigen Tempel möchten sie am liebsten vollstopfen mit Werten, von denen sie sich nicht trennen können. Viele Stier-Patienten werden verwirrt und besorgt zu dir kommen, weil sie sich in eine Situation gedrängt fühlen, die sie zwingt, etwas herzugeben. Eine solche Tatsache vermag sie in panik-artige Furcht zu versetzen, und äußerst sanft und geduldig wirst du ihnen dann helfen müssen, ihr Vertrauen in die ewig unwandelbare göttliche Liebe zu stärken und zu festigen.

Der Taurus beherrscht die Kehle. Viele in diesem Zeichen können ihren Patienten geradezu Heilung bringen durch die wunderschöne musikalische Qualität ihrer Stimme. Ihr Stiere mögt entdecken, daß eure Stimme in Gesang und Aussprache von mantrischen Worten — so wie das White Eagle Heil-Mantra — wahrhaftige geistige Kraft freisetzen kann. Der Gesang eines Hymnus des Dankes, das Anstimmen des "OM" oder das Aussprechen eines mantrischen Textes kann in so schöner Weise helfen, das Bewußtsein über die Sorgen und Begrenzungen des physischen Lebens zu erheben. Wenn ein damit verbundener Klang wohllautend durch den Körper schwingt, können Zellen im Gehirn des Menschen erweckt und erfrischt werden, die es der Seele ermöglichen, sich über alles Irdische emporzuschwingen und empfänglich zu werden für die geistige Macht der kosmischen Heilstrahlen.

Als Heiler wirst du ein besonders geeignetes Instrument für den blauen und den grünen Strahl und das liebliche Türkis des Planeten Venus sein. Auch der Amethyststrahl des Mondes, der in deinem Zeichen erhöht ist, wird dir besonders nahe stehen.
Jede Form der Gartenarbeit wird sich hilfreich und aufbauend für dich auswirken. Schon in dem Augenblick, wo deine Hände den Boden berühren, wirst du bewußt oder unbewußt spüren, wie die vitale Kraft der Erde durch deinen Ätherleib zu fließen beginnt. Das Element Erde ist stark mit der ätherischen Welt verbunden. In dem Maße, wie du getreulich fortfährst, dich dem geistigen Dienst der Heilung zu widmen, wird sich dir das Geheimnis der ätherischen Welt mehr und mehr erschließen und damit auch das Wirken der Engel der Heilung im Königreich der Natur.

JUNGFRAU: Das zweite der Erdzeichen ist Jungfrau, ein, astrologisch betrachtet, veränderliches Zeichen. Ein Zeichen der Weisheit, des kritischen Unterscheidungsvermögens und der Reinheit, regiert vom Planeten Merkur. Jungfrau ist ebenfalls ein Zeichen der übersinnlichen Gaben, obgleich, wenn du unter diesem Zeichen lebst, du vermutlich widersprechen wirst: „Oh, ich bin nichts dergleichen. Ich bin nicht übersinnlich-sensitiv oder wie man im Englischen sagt: 'psychic'." Doch, wie zuvor schon festgestellt, ist es so, daß die Erde und die ätherische Welt in sehr enger Verbindung zu einander stehen. So bist du als Erdzeichen damit begabt, das Wirken der Engel im Königreich der Natur wahrzunehmen. Wenn du in deinem Garten arbeitest oder unter Bäumen spazieren gehst, dann erlaube dir doch einmal, völlig zu entspannen und über die Deva-Welt nachzusinnen, über die Engelwesen der Bäume, das Werken und Wirken all der vielen kleinen Naturgeister. Wenn du dich dem überläßt (und glaube bitte nicht, daß es sich bei dir dann nur um deine Imagination handelt!), wirst du allmählich mit diesen Naturwesen in Einklang kommen, und sie werden dir eine große Hilfe bei deiner Heilarbeit sein.

Du verfügst über ein naturgegebenes Interesse für pflanzliche Heilmittel und gesunde Ernährung. Mit deiner starken Merkur-Bestrahlung bist du dazu geboren, dich intensiv deinen Studien hinzugeben. Du kannst viel lernen über den Wert gesundheitsgerechter Ernährung, über die Anwendung von Heilkräutern, über die Regeln eines gesunden, bekömmlichen Lebens. So wirst du deinen Patienten neben der geistigen Heilung, die du ihnen vermittelst, auch viele wertvolle, anregende Vorschläge unterbreiten können, die der Verbesserung ihrer Lebensweise dienen. Wie alle Erdzeichen, wirst auch du deinen Patienten immer in praktischer Hinsicht helfen können. Merkur regiert die Hände, und so wird es dich zu Tätigkeiten hinziehen, bei denen du mit deinen Händen arbeiten kannst: Physiotherapie, kosmetische Behandlungen, Fußpflege, vor allem aber zu dem klassischen Beruf der Jungfrau, dem des Arztes oder der Pflege in Heimen und Krankenhäusern. In all diesen Berufen kannst du deine praktischen Fähigkeiten mit denen des Heilens verbinden.
In deinem sehr aufrichtig und ernsthaft durchgeführten Dienst des geistigen Heilens wirst du zu einem Lichtstrom für die Heilfarbe Frühlingsgrün, welche reinigt, klärt, Stauungen aller Art beseitigt und Entzündungen hemmen und beruhigen kann. Auch wirst du ein Quell des Lichtes sein für das reine Gelb der göttlichen Weisheit, eine Farbqualität, die bei allen Patienten, die an Körper und Seele krank sind, eine wunderbare Heilwirkung hervorruft.
Eine der Hauptschwierigkeiten, mit denen die Seele der Virgo, der Jungfrau, zu kämpfen hat, ist ihre Unsicherheit, ihr mangelndes Selbstvertrauen. Sie tut sich immer wieder schwer, ihrer Furcht vor Unzulänglichkeit und Unvollkommenheit zu begegnen.
Die unter diesem Zeichen Geborenen sind damit begabt, feine und feinste Schwingungen zu erspüren. Oftmals befinden sie sich in äußerster Nähe der ätherischen Welt, und können sich doch nicht entschließen, sich ihrem Empfinden, das sie diese Nähe spüren läßt, anzuvertrauen.
Sie sind solche Perfektionisten, daß sie ständig befürchten, es könne

ihnen ein Fehler unterlaufen. Das wird sie aber andererseits in die Lage versetzen, Patienten, die ebenfalls den Stand der Sonne im Zeichen der Jungfrau haben, mit Güte zu helfen und erklären zu können, daß hinter und in ihnen eine allmächtige Kraft der Stärke waltet, und ein strahlenderes Licht ihnen zuleuchtet als das, was sie selbst in ihrem Herzen tragen. Das wird ihnen Trost schenken und ihnen ermöglichen, sich von ihrem gedanklichen Stress, von Verwirrung und Gefühlen der Angst zurückzunehmen und die Ruhe und Zuversicht zu finden, die Kraft und göttliche Macht in ihrem eigenen Herzen anzurufen und sich ihr vertrauensvoll zu überlassen.
Ganz gleich, welche Probleme die Seele der Jungfrau in ihrem äußeren Leben zu bewältigen hat, ihre Aufgabe wird es sein, die Grundlektion ihres Erdenlebens zu lernen, ihre zahlreichen Unsicherheiten zu überwinden und ihr Herz dem Licht und der Macht des Kosmischen Christus zu öffnen.
Es wird ihr helfen, an Jesus, den Großen Heiler zu denken, seine Hand zu halten und dann schlicht und einfach und mit festem Vertrauen vorwärts zu gehen. Laß auch deine Patienten an diesen großen Lehrer und Meister denken und an seiner Seite neben ihm vorwärtsschreiten. Dann wird Weisheit in ihr Herz und Gemüt einströmen, und es wird ihnen helfen, ihre menschlichen Probleme und die Schwierigkeiten ihres Lebens zu meistern. Sie werden dann das Wissen aus Büchern in die Weisheit des Geistes wandeln können. Wenn auch du als Heiler diesen Rat befolgst, wirst du ein klares und sicheres Unterscheidungsvermögen erlangen und zu der Erkenntnis kommen, daß Weisheit und Reinheit des Herzens dir helfen werden, deine Patienten in die Harmonie vollkommener Gesundheit zu führen.

STEINBOCK: Das dritte Erdzeichen ist Steinbock, ein, wie es astrologisch genannt wird, kardinales Zeichen. Es wird regiert von Saturn, welcher irdischer Macht und Verantwortlichkeit Bedeutung verleiht. Im Horoskop besetzt der Steinbock das zehnte Haus des beruf-

lichen Erfolges. Es handelt sich um ein Zeichen von großer Bestimmtheit, Entschlossenheit, Unabhängigkeit und Standhaftigkeit. Der Strahl des Saturn, der durch den Sonnenleib des Steinbock scheint, läßt die Seelen in diesem Zeichen hervorragend diszipliniert sein, sich selbst und anderen gegenüber. Wenn sie sich einmal für etwas entschieden haben, dann bleiben sie fest dabei, bis sie das von ihnen selbst gesteckte Ziel erreicht haben. Sie wissen genau, wohin sie gehen und was sie wollen und arbeiten nach einem klaren, genau definierten Plan, von dem sie nicht abgelenkt werden möchten. Ihre Willensstärke und Zielstrebigkeit befähigt sie dazu, Mitarbeiter zu führen und zu motivieren, und oftmals bauen sie bedeutende Organisationen auf, sei es im politischen, geschäftlichen oder wissenschaftlichen Bereich.
Steinbock und sein gegenüberliegendes Zeichen Krebs verkörpern beide Macht und starkes Verantwortungsgefühl. Der Steinbock ist das natürliche Haupt seiner Familie, seines Unternehmens, einer nationalen oder internationalen Gruppe. Hohe Würdenträger und wahrhaft große Staatsmänner sind häufig unter diesem Zeichen anzutreffen. Es scheint so, daß ob diese wirklich großen Politiker und geschichtlichen Persönlichkeiten sowie alle übrigen Menschen, die nicht nach eigener Macht streben, sondern das Wohl des Ganzen im Auge behalten, eines miteinander gemeinsam haben: Sie wissen um die Geringfügigkeit und Unvollkommenheit des kleinen persönlichen Selbstes, und sie können, wörtlich oder im übertragenen Sinne, eines wirklich — niederknien in Ehrfurcht und Gebet.
Der Beginn des geistigen Weges im Dienen als Heiler ereignet sich für den Steinbock im allgemeinen dann, wenn er seinen weltlichen Ehrgeiz überwunden hat und sich nicht länger gedrängt fühlt, seine gesamten Energien für rein materielle Zwecke einzusetzen. Dann geschieht es, daß stattdessen der Wunsch in ihm erwacht, sich ganz in den geistigen Dienst der Menschheit zu stellen.
Bis zu einem solchen Neubeginn des Lebens ist die Gewohnheit der Eigendisziplin nun schon so fest verwurzelt, daß es keine Schwierig-

keiten mehr bereitet, diese auch auf das Gebiet der geistigen Disziplin auszudehnen, zumal dir als Steinbock der Wert kontrollierter, wohlgerichteter Gedanken ja bestens vertraut ist. Wenn du dann noch lernst, deinen Willen dem göttlichen Willen unterzuordnen, und danach strebst, ein Licht für die Menschen zu werden, wirst du einen bedeutsamen Dienst der Heilung und geistigen Stärkung leisten können. Du wirst deine Patienten lehren, durch richtiges, dem Guten gewidmetes Denken ihr Leben in Harmonie zu bringen und ihre inneren Kräfte für sich und andere wirksam werden zu lassen.

Saturn und Steinbock regieren die Knochen-Struktur des Körpers und vor allem die Knie. Es wird dir daher gegeben sein, Menschen zu helfen, die an Rheumatismus und Gelenkbeschwerden leiden.

White Eagle macht uns darauf aufmerksam, daß anfällige oder steife Gelenke mit gedanklichen Spannungen, unflexiblem Denken und einem stark ausgeprägten Ich-Willen in Zusammenhang stehen. Für eine solche Art geistiger Unbeweglichkeit wirst du sicher Verständnis aufbringen, denn du wirst sie vielleicht schon bei dir selbst erfahren haben. Wenn du aber solchen Patienten hilfst, ihr Geschick dem göttlichen Willen zu überlassen, wird eine wunderbare Heilung und ein inneres und äußeres Loslassen aller Steifheit und Starrheit in den Gelenken einsetzen, eine Reinigung rheumatischer Gegebenheiten wird erfolgen, und es wird zu deutlichen Erleichterungen kommen.

Wenn du selbst an Gelenkversteifungen oder rheumatischen Beschwerden leidest, wird dir eine sanfte Anwendung entsprechender Yoga-Übungen (allerdings nur unter Anleitung eines erfahrenen Lehrers) sicher helfen. Mehr noch wird jedoch durch die Kraft deiner Gedanken, durch die Macht des Geistes, Licht in deine erkrankten Gelenke strömen können. Lerne, durch gleichmäßiges, tiefes Atmen deinen Leib mit Heilungslicht anzufüllen und dieses Licht in all diejenigen Körperteile fließen zu lassen, die sich in einem unwohlen, disharmonischen Zustand befinden. Dieses Arbeiten mit der Kraft deiner Gedanken, mit der Macht des Geistes, ist zwar einfach, aber keineswegs leicht. Erfordert es doch stetige Übung und ein fortwährendes Bemühen, deinen ichbezogenen Eigenwillen in kindlich-schlichter Weise der göttlichen Liebe und Güte hinzugeben. Wenn du zu dieser richtigen Lebenseinstellung gefunden hast, und sie auch deinen Patienten nahebringen kannst, wirst du ihnen damit einen großen Dienst erweisen, indem du ihnen hilfst, sich selbst zu helfen. So wie die beiden anderen Erdzeichen, bist auch du ein vorzügliches Medium für den schönen frühlingsgrünen Strahl, und da Mars, der Planet des göttlichen Feuers, in deinem Sonnenzeichen erhöht ist, wirst du auch besonders stark die Gabe besitzen, mit dem silbernen Strahl und dem Flammenstrahl kraftvoll umzugehen, zu helfen und zu heilen.

3. DIE LUFTZEICHEN
Zwilling · Waage · Wassermann

Das Element Luft besitzt die zarteste Stofflichkeit der vier Elemente. Es ist in der Lage, die anderen drei zu durchdringen, und astrologisch ist es eng verquickt mit der Entfaltung des Denkvermögens und der mentalen Fähigkeiten. Durch sie kann der Mensch in seinem physischen Bewußtsein wie ein Gefangener eingesperrt sein, oder er kann sich mit Hilfe seiner höheren Gedankenkraft zu den Pforten des Himmels emporschwingen.

ZWILLING: Das Symbol Zwilling, das erste dieser Zeichen, ist vergleichbar einem Tor, das in einen Garten führt, oder einem Eintrittsportal zu einem Tempel. Zwilling ist ein veränderliches Zeichen, welches eine große Flexibilität und Anpassungsfähigkeit zeigt, nämlich das Element Luft in seiner freiesten und ungezwungensten Form. Zwilling ist selbstverständlich ein duales Zeichen, und die unter seinem Einfluß Lebenden haben dem zufolge zahlreiche Erfahrungen der Zwiespältigkeit zu bestehen. Oft müssen sie zwischen Alternativen ihre Entscheidung fällen. Sie mögen zwei verschiedene Berufe ausüben oder einem Hobby fröhnen, das für sie ebenso wichtig oder auch einträglich ist wie ihre berufliche Tätigkeit.

Auch ihre Natur, ihr Wesen, weisen oftmals zwei recht gegensätzliche Seiten auf: eine leichte, unbeschwerte, teilweise oberflächliche und eine tiefe, ernste, gedankenvolle, welche die Seele durch geistige Mühen und hartes Training der gedanklichen Disziplin die höchsten Höhen der Erleuchtung erreichen läßt. Der Regent ist Merkur, der Bote der Götter, und alle, die eine starke Betonung im Zeichen Zwilling haben, sind zumeist sehr aufgeschlossen für Impressionen und Ideen, die sie aus den höheren Welten empfangen.

Mit Beharrlichkeit und behutsamer Hinwendung von Geist und Gedanken zu den himmlischen Welten, können die Zwillinge sich auf die Ebene der Engel einschwingen. Sie werden Zugang finden zu den Engeln der Musik, der Kunst, der Wissenschaften. Es werden ihnen Inspirationen geschenkt werden, die sie in Worte, in Klänge oder harmonische Farben umzusetzen verstehen. Inspirationen, die sowohl niederdrückend als auch erhebend und emportragend sein können. Dem Zwilling ist es gegeben, seine lebhaften Gedanken mühelos in Worte zu kleiden, und er vermag die Imaginationskraft seiner Leser, Hörer oder Bewunderer zu beleben. Doch muß der Zwilling unbedingt erkennen lernen, wie stark seine präzis geäußerten Gedanken andere mitunter verletzen können. Heilern unter diesem Zeichen wird es nicht schwerfallen, ihre Patienten seelisch aufzurichten und ihnen Mut zuzusprechen, doch mögen sie dabei nicht außer acht lassen, wie schnell sie mit einem unüberlegt ausgesprochenen Wort auch verhängnisvoll das Gegenteil bewirken können. So wird es für den Zwilling eine der ersten zu bewältigenden Lektionen sein, Gedanken und Zunge sorgsam zu hüten, damit sie keinen Schaden anrichten können.

Das Zeichen Zwilling regiert die Zunge, ebenso die Lungen, die Schultern, Arme und Hände. Alle Luftzeichen sind besonders stark mit dem Nervensystem verbunden, und daher mögen auch viele

Zwillinge unter nervösen Spannungen sowie Nervenentzündungen in Armen und Händen leiden sowie unter verkrampften, steifen Schulterpartien. In Zeiten besonderer nervlicher Belastung können auch Lungenbeschwerden auftreten, und der gesamte Atembereich kann in Mitleidenschaft gezogen werden.
Zwillings-Heiler müssen daher lernen, ihr Nervensystem zu beruhigen und unter Kontrolle zu halten. Durch korrektes Atmen sollten sie dafür sorgen, daß die Licht- und Prana-Kräfte rund um ihren Körper und durch ihre Aura zirkulieren. Das mag dem rastlosen und aktiven Gemüt des Zwillings nicht leicht werden, doch wenn er White Eagle's Rat des 'keep on keeping on' (des stetigen Durchhaltens und Fortfahrens in allen positiven Bemühungen) beherzigt und zugleich nicht versäumt, tief und ruhig den Atem fließen zu lassen, wird es ihm gelingen, sich mit den lichten Kräften der geistigen Sphären zu verbinden. Dadurch werden seine Gedanken Ruhe und Frieden finden, und sein Herz wird sich öffnen, um die Inspiration der sanften Engel im Tempel der Heilung zu empfangen.
Wenn wir den Atem bewußt zu einem beruhigten Rhythmus verlangsamen und dabei unsere Gedanken dem Stern unseres höheren Selbstes, der über uns scheint, zuwenden, atmen wir tief sein Licht zusammen mit der Atemluft ein, die uns umgibt. Mit jedem Einatmen werden unsere Lungen mit Licht gefüllt. Das Licht durchdringt auch unser Blut, welches in unseren Lungen darauf wartet, gereinigt zu werden. Das so gereinigte Blut strömt zurück in unser Herz, und dieses wird durch unser Licht-Atmen ebenfalls mit Licht angefüllt, und die daraus entstehenden Lebenskräfte, diese wunderbare, wieder herstellende Heilungsmacht, zirkuliert nun durch unseren ganzen Körper. Doch kann dieser Umlauf von Licht und Leben in unserem Leib nur in vollem Maße stattfinden, wenn wir unsere Gedanken dem Licht zuwenden und ihnen eingeben, diese herrlichen Licht- und Lebenskräfte tief in uns einströmen zu lassen.
Heiler mit der Sonne im Zwilling können sich auf diese Weise dazu erziehen, ein schöner, reiner Lichtkanal für die Engel der Heilung zu

werden. Da das Zeichen Zwilling die Hände regiert, werden deine Hände ein wunderbar sensibeles Instrument für das Direkt- oder Kontakt-Heilen sein. Du verstehst es wie kein anderer, deinen Patienten in der sanftesten und mildesten Weise zu berühren. Gebiete deinem Verstand still zu sein. Lerne, deine Energien nicht durch unnötiges Sprechen oder durch Nervosität zu verschwenden.

Bevor du nicht ganz bewußt deine Zunge und deine Gedanken unter Kontrolle genommen hast, wird immer wieder die Gefahr bestehen, daß sie dir einfach davonlaufen. Der Schlüssel zu einer solchen sehr notwendigen Kontrolle wird aber immer wieder das richtige Atmen sein. Bedenke, daß Merkur, Regent des Zeichens Zwilling, der Gesandte und Bote Gottes ist, und wenn du deine Gedanken dazu bringst still zu werden, kannst du zu einem wunderbaren Spiegel himmlischer Weisheit und Inspiration werden. Wenn du dir ein sanftes, ruhiges, tiefes, fließendes Atmen zu eigen machen möchtest, dann achte darauf, deine Konzentration nicht so sehr auf dein Stirn-Chakra, als vielmehr auf dein Herzzentrum zu lenken, indem du dein Herz als ein funkelndes Juwel visualisiert, ein scheinendes Juwel mit unendlich vielen leuchtenden Facetten, in denen das himmlische Sonnenlicht reflektiert wird.

Wenn Heiler mit der Sonne im Zeichen Zwilling gelernt haben, sich in diese höhere Bewußtseinsebene zu erheben, wird sich das Licht der geistigen Sonne in ihrem Herzen widerspiegeln. Sie werden kraftvoll und klar die leuchtenden Farben der Heilung in den Körper des Patienten einstrahlen können und es somit der Seele des Patienten ermöglichen, sich emporzuschwingen in die Sphären des Lichtes, um dort zu genesen und die verlorengegangene Harmonie wiederzufinden. Zwilling ist ein Zeichen der Freude, und auch du kannst deine Freude über den Kontakt zu den geistigen Welten durch dich hindurchströmen lassen und auf deinen Patienten übertragen, damit alle seine erdgebundenen und oft trüben und dunklen Gedanken sich erhellen und erheben können.

Patienten mit Schwerpunkt im Zeichen Zwilling werden (wie du!)

häufig sehr gesprächig und redselig sein. Vorzüglich können sie ihre Gedanken in Worte fassen, und die Geschichte ihrer Nöte und Beschwerden wird flüssig über ihre Lippen gleiten. Wenn du ein aufmerksamer Zuhörer bist, wird dir nicht entgehen, daß ein Zwilling-Patient sich schon nach kurzer Weile zu wiederholen beginnt. Unter all seiner oft so geschwätzigen Mitteilsamkeit wirst du jedoch bald schon einen verängstigten, verschüchterten Wesenskern entdecken, der dir den Schlüssel zu des Patienten Sorgen und Beschwerden gibt. Tue zunächst nichts weiter, als ihm ruhig und gelassen zuzuhören. Bleibe dabei fest zentriert auf das wunderschöne, strahlende Juwel in deinem Herzen. Wenn es sich ergibt, bringe ein begütigendes Wort in den Redeschwall deines Patienten ein, das ihm ins Bewußtsein rufen kann, daß auch in seinem Herzen ein funkelndes Juwel leuchtet, das ihm Kraft und Heilung zu schenken vermag.

In deiner Imagination laß dann dein Herz eins werden mit dem Herzen des Patienten, damit auch er die Schönheit des Licht-Juwels in seinem Innersten erleben kann. Allmählich wird es dann geschehen, daß seine Unruhe langsam verebbt. Sein Gemüt wird Frieden finden. Er spürt die all-umfangende Liebe, die stark und ruhig von deinem Herzen zu ihm hinströmt. Versuche nicht, zu viel zu tun. Hinaufgehoben zur Licht-Ebene des geistigen Heilens, wirst du sonst der Versuchung unterliegen, dort länger zu verweilen, als es der Nervenkraft deines physischen Leibes zuträglich ist. Laß es zu, daß du nur ein Instrument des Heilens bist, und daß deine Seelenkräfte zu gegebener Zeit auch wieder aufgefüllt und erneuert werden müssen. Das braucht Zeit und Frieden. Versuche, das nicht zu vergessen. Lerne, dein Ein- und Ausatmen von Kräften in ein ausgewogenes, stabiles Gleichgewicht zu bringen.

Wenn du dich durch unweises Über-Nehmen und Über-Geben erschöpft fühlst, dann ziehe dich zurück und begib dich in die Schönheit der Natur. Atme die Heilkraft von Mutter Erde ein, und laß deinen Atem ruhig zu ihr hinabfließen. Du wirst ebenfalls Entspannung finden bei handwerklichen Arbeiten aller Art oder beim Spielen eines Musikinstrumentes. Es tut dem Zwilling wohl, seine Hände, die so begabt sind, schöpferisch wirken zu lassen.

WAAGE: Wir kommen nun zur Waage, dem zweiten Luftzeichen, einem Zeichen kardinaler Qualität, beherrscht vom Planeten Venus. Wenn du die Sonne in der Waage stehen hast, reagierst du sehr ausgeprägt auf Harmonie oder Disharmonie in deiner Umgebung. Das wiederum hat im Austausch einen starken Einfluß auf deine Gesundheit und deine geistig-seelische Verfassung. Deine besondere Aufgabe ist es, soweit wie möglich Schönheit, Harmonie und Frieden zu verbreiten. Tue dein Bestes, um in deiner Umgebung Schönheit zu erschaffen. Laß all deine Aktivitäten ausgleichend, friedlich und beschwichtigend sein. Die Waage ist ein Zeichen der Balance, und unter ihrem Einfluß wirst du für dich selbst lernen müssen, deine Gedanken und Gefühle miteinander in Einklang zu bringen. Nicht leicht ist es für dich, Entscheidungen zu treffen, siehst du doch immer beide Seiten einer Angelegenheit, eines Problems. So kann es geschehen, daß in einem Augenblick ganz dein Herz, dein Gefühl aus dir spricht, und im nächsten Moment schon werden rationale Begründungen und Erwägungen die Oberhand gewinnen. Du liebst es, dich gedanklichen Bereichen zu überlassen, zu überlegen, zu vergleichen. Ein Teil deiner Lebensaufgabe ist es daher, menschliche Beziehungen wieder in Ordnung und Harmonie zu bringen, kompliziert gewordene Verhältnisse zu entwirren und zu glätten und schwierige Situationen mit Takt und Diplomatie zum Wohle aller zu meistern. Du verfügst über eine starke Intuition und kannst oft erspüren oder auch vorwegnehmen, wie andere denken und reagieren. Ein sicherer Instinkt begleitet dich, und es ist dir gegeben, zur rechten Zeit das Richtige zu sagen oder zu tun, um aus dem Lot geratene Verhältnisse wieder ins rechte Gleichgewicht zu bringen.
Die venus-bestrahlte Waage, welche dich mit deiner Liebe zu Schönheit, Harmonie und Frieden begabt hat, wird dir auch einen sanften Charakter beschert haben, der vor Streit und jeder Art von Konflik-

ten zurückschreckt. Du ziehst es mitunter vor, dich lieber aus einer unguten Situation zurückzuziehen, anstatt dich auf unvermeidliche Kämpfe einzulassen. Oftmals geschieht dies schon deshalb, weil dein Gerechtigkeitssinn dich die Wahrheit auf beiden Seiten erkennen läßt und du Argumente für beide Parteien vorbringen könntest. So sieh zu, daß du nicht in die Lage gerätst, zugleich mit den Hasen zu fliehen und den Hunden zu jagen. Wie sehr ist dir bewußt, daß mit keinem noch so guten Argument irgend jemand auf dieser Welt vollkommen recht haben kann.

Um eine wahre Lösung zu finden, gibt es nur die eine Möglichkeit, dich über alle Probleme zu erheben und dich ganz der höheren Führung zu überlassen. Das zu tun erfordert Kraft und Weisheit sowie inneren Frieden, und um diese zu erlangen, kann der Waage nichts Besseres ans Herz gelegt werden, als der Regel, die für den Zwilling-Geborenen beschrieben wurde, zu folgen, was ebenfalls auch für den im Zeichen Wassermann Geborenen Gültigkeit hat.

Waage-Geborene, die sich von ihren selbstbezogenen Wünschen abgewendet und sich dem Dienst an der Menschheit, dem Helfen und Heilen, zugewandt haben, sind dazu fähig, mit innerer Kraft und Standhaftigkeit ihr Leben zu führen, sobald sie die Unruhe ihrer äußeren Gedanken gestillt haben, sobald sie alle Disharmonie in Körper und Seele überwunden haben, die sonst zur Ursache vielerlei Krankheiten für sie werden kann.

Die Waagen werden ihren Patienten helfen, positive Gedanken, Gottes-Gedanken, zu entwickeln und der Macht des Christus in ihrem Herzen zu vertrauen, von dem alle Kraft des Heilens ihren Ausgang nimmt.

Alle Seelen, die im Element Luft beheimatet sind, können sehr hilfreich für jede Gruppenarbeit sein, da dieses Element Bruderschaft in praktischer Anwendung lehrt. Sonnen-Waagen können eine wunderschöne Harmonie und Einheit in eine geistige Heilungsgruppe einschwingen lassen. Beides stellt eine wesentliche Voraussetzung für diese Art der geistigen Arbeit dar. Beides ist unumgänglich, um die Macht der Heilkraft in einer Gruppe erstehen zu lassen. Menschen mit der Sonne im Zeichen Waage, liebenswerte Menschen, verhalten sich ihrem Wesen nach sanft und kommunikativ zu anderen. Vielleicht ist ihre Sanftmut das Schönste, was sie in die Heilarbeit der Gruppe einfließen lassen können.

Wenn du deine äußeren Gedanken beruhigst und dich mit dem Licht des Sternes verbindest, werden Zartheit und Friede deine Aura erfüllen und dir den Beistand der Engel des Friedens nahebringen. Du wirst ein wunderbares Instrument für den grünen Strahl der Harmonie, des Klärens und Reinigens sein sowie für den blauen Strahl, welcher Schmerzen lindert und überanstrengten Nerven Beruhigung schenken kann. Deine besondere Fähigkeit wird darin liegen, Spannungen, Ängste und Schmerzen seelischer und körperlicher Art abklingen und heilen zu lassen. Deine Schönheitsliebe, die in deinem ganzen persönlichen Umfeld ihren Ausdruck findet und sich in Klang und Farbe mitzuteilen vermag, wird eine herrliche Heilschwingung in deinem Heim erstehen lassen und allen Menschen helfen, die dich besuchen oder in deiner ureigensten persönlichen Atmosphäre Hilfe von dir erwarten.

Die Gesundheitsprobleme der Waage-Geborenen werden wahrscheinlich immer ihre Ursache in familiären Konflikten oder im Bereich ihrer Arbeit haben. Oft befinden sie sich zwischen zwei starken Charakteren, von denen jeder seinen eigenen Weg zu gehen hat, und sie erschöpfen sich darin, zwischen diesen beiden den Frieden aufrechtzuerhalten. Die Aufgabe der Heiler ist es, den zu Schaden gekommenen Ätherleib zu besänftigen, zu kräftigen und seine Wiederherstellung zu ermöglichen, indem sie dem Patienten helfen, einen Lichtkreis des Friedens und des Schutzes um sich zu ziehen. Alle Waagen können diese Hilfe erfolgreich leisten.

Atme langsam, werde still unter dem Stern. Visualisiere die ruhig brennende Flamme. Wenn du in das Licht einer Kerze schaust, wirst du rund um ihre Flamme einen scheinenden Kreis des Lichtes wahrnehmen können. Werde nun, während du ruhig und gelöst deinen

Atem fließen läßt, eins mit der stillen Flamme und sieh, wie sich um dich ein sanftes Oval des Lichtes breitet. Mit jedem Atemzug laß dieses Licht um deinen Körper strömen, wie du es nach jeder White Eagle Meditation zu tun gewohnt bist. Fühle dich eingehüllt in einen dichten Licht-Kokon, der dich beschützt vor allen Konflikten und Rauheiten deines Lebens. Nichts wird dich mehr berühren können. Du bist geborgen in einem starken Kreis des Lichtes, und von dort her wird nun von dir aus Frieden und Heilung in das Herz deines Patienten strahlen.
Als interessanter Aspekt des sanften Waage-Zeichens ist festzuhalten, daß es die Nieren regiert sowie die Nebennieren, von denen das Adrenalin ausströmt, welches uns mit Mut und Kraft versorgt, wenn es gilt, mit schwierigsten Situationen fertig zu werden. Waage ist zudem das dem Widder, dem Krieger, entgegengesetzte Zeichen, und da zwischen den Komplementär-Zeichen stets ein Austausch besteht, neigt der Widder-Geborene zu Beschwerden in der Nierengegend, während die Waage von neuralgischen Problemen und Kopfschmerzen heimgesucht werden kann.

WASSERMANN: Wir nähern uns nun dem, astrologisch gesehen, fixierten Luftzeichen Wassermann, unter dem die menschliche Seele zu geistiger Reife gelangen kann. Wassermann, Aquarius, beherrscht die Fußknöchel, die Gelenke, sowie die Zirkulation des Blutes. Durch sein im Tierkreis gegenüberliegendes Zeichen Löwe, besitzt er eine gewisse Anfälligkeit für Erkrankungen des Herzens und des Rückens. Die Fußknöchel spielen eine wesentliche Rolle für die perfekte Haltung des menschlichen Körpers. Sie müssen gerade, fest und kraftvoll, von der ganz aufgesetzten Fußsohle her aufbauend, den Körper im vollkommenen Gleichgewicht halten. Wenn du einmal in der White Eagle Loge Yoga-Übungen mitgemacht hast, werden dir die Worte bekannt vorkommen: „Steh fest auf deinen Fußgelenken, belaste beidseitig den Spann und spüre die Kräfte der Erde in dich einströmen und in deinem Körper emporsteigen." Der vollkommene Mensch steht mit beiden Füßen fest zur Erde hin verwurzelt und mit zum Himmel erhobenem Haupt, das vom Licht der Sterne umstrahlt wird. Wenn du so aufrecht dastehst, gib dich den Erdkräften, die in dir aufsteigen, bewußt hin und öffne dich zugleich dem Licht des Himmels, welches sich durch den Scheitelpunkt deines Kopfes in dein Herz ergießt, deinen Blutkreislauf vitalisiert und Leben und Stärkung in jede Zelle deines Körpers hineinträgt. Werde so der stetigen Wechselwirkung zwischen den Lebenskräften von Mutter Erde und dem Licht der Sonne gewahr, symbolisiert durch den sechseckigen Stern, der den in einem vollkommenen physischen Leib lebenden Menschen repräsentiert, durch den das Christuslicht (die Sonne) strahlend scheinen kann.

Die besonders schöne Gabe, die dem Wassermann vor allen anderen Luftzeichen zugedacht wurde, ist die Fähigkeit zur Gruppenarbeit. Es werden häufig Wassermänner sein, die eine Gruppe gründen oder sich zu einer bereits bestehenden Gruppe hingezogen fühlen, ganz gleich, ob diese selbstlosen, wissenschaftlichen oder künstlerischen Zwecken dienen mag. Meistens wird es jedoch eine in selbstloser Weise wirkende Gruppe sein, die die Aufmerksamkeit des Wassermanns erweckt, und der er sich zugesellen möchte; ist doch sein Sinn hauptsächlich auf das Wohl anderer gerichtet. Wenn wir bei größeren Zusammenkünften in der White Eagle Gemeinschaft einmal abstimmten, welche Sonnenzeichen sich im einzelnen eingefunden hatten, dann stellten wir gewöhnlich fest, daß die Zahl der im Zeichen Wassermann Geborenen alle anderen überwog, denn sie fühlten sich wohl von dem Ideal der Loge — Bruderschaft und Dienen — besonders angesprochen.

Da der Wassermann dem Element Luft zugeordnet ist, neigen die im Sonnenzeichen Aquarius Geborenen dazu, sehr stark vom Gedanklichen und Geistigen her zu leben. Sie finden sich gern in der Welt der Gedanken und Ideale ein. Vielleicht ist das auch der Grund, warum die so stark gruppenbezogenen Wassermänner auf der anderen Seite sehr ausgeprägt dazu neigen, ihre Unabhängigkeit zu wahren

und bei ihren persönlichen oder beruflichen Aufgaben ihren eigenen, individuellen Weg zu wählen. Sie sind zudem überzeugt, daß niemand außer ihnen in ihrem Wirkungsbereich so gut und sorgfältig wie sie selbst vorgehen könne. Sicher werden sie damit recht haben. Immerhin kann ihr Streben nach Unabhängigkeit und Selbständigkeit leicht zur Folge haben, daß sie sich überarbeiten, übernehmen und dadurch in einen Zustand nervlicher Erschöpfung geraten. Ihre Freunde mögen dann noch so bestrebt sein, ihnen zu helfen, es wird nur wenig nützen. Wenn der Wassermann sich einmal etwas fest vorgenommen hat, wird ihn kaum jemand hindern können, sein Vorhaben in die Tat umzusetzen und auf dem selbst gewählten Weg entschlossen weiter fortzuschreiten.
Diese unabdingbare Bezogenheit auf ihr Ziel und die Fähigkeit, daran festzuhalten, kann sich hervorragend auswirken, wenn der Sinn fest auf ein Ideal gerichtet ist, so wie das Aussenden des Lichtes, um der Menschheit zu helfen, dem Zeitalter wahrer Bruderschaft entgegenzugehen. Das ist wohl auch der Grund, warum du als Wassermann in einer Heilungsgruppe so wunderbar zu dienen verstehst. Einmal erkannt, was das Richtige ist, wirst du auf die Gruppe einen ausgezeichneten und beständigen Einfluß ausüben; und das wird dir mit noch mehr Kraft und Klarheit gelingen, als es den beiden anderen Luftzeichen Waage und Zwilling ohnehin schon möglich ist.
Versuche nun, dein ganzes Sein auf den Sonnen-Stern zu konzentrieren, solange bis du selbst das Licht des Sternes geworden bist. Laß dieses Licht von deinem Herzen zu deinem Patienten hin ausstrahlen. Es wird seine Lebenskräfte erneuern und ihm helfen, sich über das rein Irdische emporzuschwingen. Möglicherweise wirst du erkennen, daß dir die Arbeit in einer Fernheilgruppe mehr entspricht als das Direkt-Heilen, besonders dann, wenn du dich in einer Phase nervlicher Erschöpfung befindest. Doch gleich, ob in der Fernheil-Meditation oder im geistigen Dienst des Direkt-Heilens, immer wirst du deinem Patienten das Gefühl innerer Stärkung und des Zurückgewinnens seines eigenen Durchhaltevermögens vermitteln

können. Gut gelingen wird es dir stets, Leuten zu helfen, die von Sorgen und Problemen belastet zu dir kommen, die dich aufsuchen, weil sie unter familiären Schwierigkeiten leiden, allgemein mit ihrem Leben nicht zurechtkommen oder von Depressionen geplagt werden. Sie werden bei dir Trost und Heilung finden. Höre ihnen aufmerksam zu, wenn sie dir ihr Herz ausschütten, doch versuche, dich währenddessen fest mit dem Sonnen-Stern, dem Christus-Stern, zu verbinden. Bewahre dich davor, deinem Patienten deine vielleicht vorhandene geistige Überlegenheit kundzutun. Benutze die Kraft deines Geistes und die Scharfsinnigkeit deiner Gedanken dazu, anderen zu helfen, positiver als bisher zu denken.

Da Saturn der traditionelle Herrscher des Aquarius ist, wird der Wassermann mitunter selbst einige Kämpfe gegen Depressionen auszufechten haben. Indem er glaubt, sich durchaus praktisch und realistisch zu verhalten, kann er dabei doch in die Negativität seines niederen Selbstes verstrickt werden. Du selbst, als Wassermann-Geborener, der sich auf dem geistigen Pfad befindet, weißt es besser und wirst es nicht zulassen, dich durch niederziehende Kräfte besiegen zu lassen. Bleibe aber wachsam und beobachte deine Gedanken, damit du dich rechtzeitig mit dem Licht des leuchtenden Christus-Sternes verbinden kannst, dem sechsstrahligen Stern, der so machtvoll von der mentalen Ebene, der Ebene des Geistes, zu dir herniederscheint.

Du birgst die Kraft in dir, dich zu einer leuchtend emporwachsenden Lichtpyramide zu entfalten. Die Basis dieser Pyramide gründet sich auf der Kraft deines klar gefügten Denkens, deinem Wissen um Wahrheit. Nun mußt du dich von dieser Basis zur Spitze der Pyramide erheben, in das Licht des Sternes, der hoch über ihr leuchtet und in dein irdisches Selbst hinabstrahlt. In diesem erleuchteten Bewußtseinszustand kannst du als Heiler ein wunderbarer Lichtkanal für den goldenen Strahl sein und deinen Patienten bei Rheumatismus und Arthritis Linderung und Heilung bringen. Du wirst mit dem goldenen Strahl gedankliche Blockierungen lösen und Menschen mit überzogener Gewissenhaftigkeit sowie solchen mit einem zu ausgeprägten Eigenwillen helfen können. Auch für den grünen Strahl wirst du besonders geöffnet sein. Erhebe deine Gedanken zu den grünen Hügeln und laß ihre lebensvolle Farbe auf dich einwirken. Erhebe dich vor allem aber immer wieder in den Glanz deiner schönen Licht-Pyramide, über welcher der Stern leuchtet, der deinen Leib und deinen Geist durchstrahlt und erhellt.

4. DIE WASSERZEICHEN

Krebs · Skorpion · Fische

Von geistiger Warte gesehen, ist das Element Wasser dem großen Mutterprinzip, der göttlichen Mutter, zugeordnet. Es ist eng verbunden mit den Gefühlen und dem Seelenleben der Menschheit. So besitzen alle Wasserzeichen eine hohe Sensibilität und Empfindsamkeit, die sie die feinsten Schwingungen ihrer Umgebung in subtilster Weise wahrnehmen läßt.

In der Heilarbeit müssen alle mit der Sonne in einem Wasserzeichen Geborenen lernen, immer wieder einen Ring des Schutzes und des Lichtes um ihre Aura zu legen, damit sie nicht in irgendeine der vielen Konflikt-Situationen ihrer Patienten hineingezogen werden können. Ganz besonders ist auch darauf zu achten, daß sie ihren Solar Plexus, ihr Sonnengeflecht, stets wohl kontrolliert verschlossen und versiegelt halten.

Menschen, in deren Horoskop das Element Wasser vorherrschend ist oder der Planet Neptun eine prominente Stellung einnimmt, sind zumeist den ätherischen und astralen Welten näher als sie es sich selbst klar machen können. Wenn sie zu undiszipliniert mit ihren übersinnlichen Gaben umgehen oder sich zu ausgiebig verschiedenen magischen Praktiken hingeben, können sie sehr leicht in unan-

genehmer Weise von Kräften umgeben werden, die nicht ungefährlich sind und sich außerhalb ihrer Eigenkontrolle befinden.
White Eagle hat seine Schüler oft vor diesen unweisen Praktiken gewarnt, zugleich aber versichert, daß kein Grund zur Furcht für sie gegeben sei, solange sie die Lehren weiser geistiger Entfaltung beherzigen. White Eagle sagt:
„Es gibt außer den Devas und Naturgeistern der vier Elemente Erde, Luft, Feuer und Wasser noch eine andere Art von Elementarwesen, welche als 'astral' bezeichnet werden können. Sie haben ihren Ursprung in den dunklen Gedanken der Menschen und können entstehen, wenn zum Beispiel ein physisches Leben in unreiner Weise vertan und vergeudet wird, wenn ein Individuum sich depressiven Gedanken gegenüber nicht zur Wehr setzen kann oder wenn schwere Drogen genommen oder alkoholische Exzesse begangen werden. Wenn so etwas geschieht, dann werden von der Seele astrale Wesenheiten erschaffen, die innerhalb und außerhalb der Aura der betreffenden Person bestehen können. Solche Wesenheiten sind in der Lage, sehr lange Zeiten zu überdauern. Sie werden auch heute noch durch die Praktiken der schwarzen Magie erschaffen, so wie sie in großer Zahl in längst vergangenen Zeiten ins Leben gerufen wurden. Sie müssen schließlich wieder zu demjenigen zurückkehren, der sie erschaffen hat. Im alten Ägypten wurden durch verschiedene Rituale und Zeremonien solche Elementarwesen hervorgerufen, die über Jahrtausende hinweg existent bleiben konnten. Auch durch die Magie der Druiden in alten keltischen Zeiten hat sich ähnliches ereignet. Die zu dieser Zeit gebildeten astralen Wesen konnten nicht anders als solange am Leben zu bleiben, bis sie durch das Licht der weißen Magie erlöst wurden.
Eines möchten wir euch aber mit großem Ernst an euer Herz legen: Alle Elementarwesen, ob sie Erde, Luft, Feuer oder Wasser zugehörig sind, oder ob es sich um astrale Elementargeister, die durch üble Gedanken der Menschen erzeugt wurden, handelt, unterliegen der Herrschaft des großen Meisters Christus. Kein Mann, keine Frau

werden in irgendeiner Weise von diesen dunklen Elementarwesenheiten behelligt, solange sie im machtvollen Licht der Christus-Liebe stehen. Alle Furcht vor Geistwesen oder unwillkommenen Manifestationen der astralen Elementarwelt ist daher völlig unangebracht, solange ihr euer Leben beherrscht haltet von der Reinheit der Motive, des Lebens und der Liebe zu allen Wesen. Alle Elementarwesen werden euch Menschen getreulich helfen und dienen, wenn ihr bereit seid, im Einklang mit den Gesetzen des großen Meisters, des Christus, zu leben und zu wirken."

KREBS: Das erste Wasserzeichen ist das vom Mond regierte Zeichen Krebs — von alters her die feminine Seite des Lebens, den Aspekt der Mutter und des Hauses, des Heimes, symbolisierend. Diesem Zeichen sind die Bereiche des menschlichen Körpers zugeordnet, die nahe dem Herzen gelegen sind, wie Brust und Magen.
Wenn wir daran denken, daß die Sonne das Herz regiert, das Lichtzentrum des Leibes und der Mond der Schützer und Erhalter dieses Lichtes ist, können wir zu der Erkenntnis gelangen, daß in jeder menschlichen Form, das heißt in jedem Menschen, die göttliche Mutter ihr Sinnbild findet, wie sie dem Kind, nämlich dem im Herzen eines jeden von uns allen lebenden Christus-Licht und Christus-Geist, Schutz und Nahrung spendet.
Wenn dir die Sonne im Zeichen Krebs scheint, will das bedeuten, daß in dieser Inkarnation dein Emotional-Leib von der Sonne her vitalisiert und erleuchtet wird. Viele deiner Lebenserfahrungen werden daher von der Gefühlsseite deines Wesens auf dich zukommen. Obgleich du eine deutlich praktische Veranlagung besitzt, ruht der Schwerpunkt deines wahren Wirkens jedoch mehr in dem inneren Sanktuarium deines Seins, in dem Tempel deines Geistes. Hier quillt die lichtvolle Fontäne des Wassers des Lebens, die nicht nur dich selbst stärkt und erhält, sondern dich auch mit der Kraft begabt, anderen Menschen mit deiner mitfühlenden und jederzeit auch auf das Praktische bezogenen Hilfe beizustehen. Heim und Familie sind ein

Schwerpunkt für dich. Du wirst auch von dem tiefen Bedürfnis durchdrungen sein, in deinem Heim oder deiner unmittelbaren Umgebung ein Sanktuarium, eine Meditationsstätte zu errichten, und sei es nur, daß du dir einen schön gestalteten Winkel in deinem eigenen Zimmer erschaffst, wo du dich zurückziehen und Geborgenheit vor der übrigen Welt finden kannst. Du brauchst Zeit und Gelegenheit zur Meditation, um die innere Stille zu finden, die unterhalb von Lärm und Unruhe des täglichen Lebens sowie aller gefühlsmäßigen Erregungen zu finden ist. Wenn du das Zentrum dieses tiefen Friedens, welches All-Liebe ist, berühren kannst, wird Heilung durch dich zu anderen fließen können.
Als Sonnen-Krebs brauchst du jemanden, nach dem du schauen kannst, um den du dich kümmern magst, Menschen, Tiere, Pflanzen in Haus oder Garten. Du fühlst dich bei allen Arbeiten glücklich, die dich mit anderen in Verbindung bringen. Tätigkeiten wie Lehren, Pflegen, Sorgen für alte und gebrechliche Menschen werden dir besonders liegen. Der Mond, die Mutter, kann in seinem Bereich so wie die Sonne führen. Du wirkst daher gerne in der Öffentlichkeit, erfreust dich an geschäftlichen Unternehmen, stehst vielleicht einem großen Hause vor, gründest einen Laden oder wirst Mitglied eines Managements. Oftmals führt dich dein Weg in die Politik, denn das eigene Land ist für den Krebs nichts weiter als die Erweiterung seines eigenen Heimes, eben sein Heimatland. Eine ausgeprägte Liebe, ein starkes Verantwortungsbewußtsein für das eigene Land ist den Krebsen vielfach zu eigen. Diese Liebe zur Heimat stammt aus einer zutiefst unterbewußten Erinnerung an den Frieden und die Sicherheit der himmlischen Heimat, von der sie kamen, um sich wieder zu inkarnieren.
Eine der Schwierigkeiten, die Krebs-Geborene immer wieder neu zu überwinden haben, ist die Furcht: Furcht vor der Zukunft, Sorge um die Sicherheit eines geliebten Menschen, alle möglichen beunruhigenden Gedanken und Befürchtungen, die sie in einen Zustand der Angst und Depression bringen und ihre Gesundheit gefährden kön-

nen. Da du als Sonnen-Krebs von Natur aus äußerst empfänglich bist, kann es ebenfalls geschehen, daß du Furcht, Ängste und Depressionen deiner Umgebung mit in dich hinein nimmst und dir damit Schaden zufügst.

Eine der schönsten bildlichen Darstellungen auf dem Sarkophag von Tutanchamon stellt Isis dar, wie sie ihre schönen, anmutigen Schwingen des Schutzes und der Liebe sacht über der Seele ausbreitet. Während deiner Meditation kannst auch du die Liebe der göttlichen Mutter und den Schutz sanfter, heiliger Schwingen wahrnehmen, die alle Furcht in dir schwinden lassen. Du wirst erkennen, daß die göttliche Liebe den Nöten und Bedürfnissen der Menschen immer helfend begegnet ist, und das wird auch weiterhin so geschehen.

Ein anderes Symbol der göttlichen Mutter und des Tierkreiszeichens Krebs ist das des Lebensbaumes, dessen Wurzelwerk sich, weit ausgebreitet, tief in die Erde versenkt. Ein mächtiger, starker Stamm mit ausladendem Geäst trägt eine Blätterkrone, die vielerlei verschiedener Kreatur ein Heim und ein schützendes Dach bietet. Dieses Bild möge dir in deiner Meditation erkennen helfen, wie sehr du deine Kraft von innen her sammeln solltest, um denen, die dir anvertraut sind, Schutz und Liebe zu schenken.

In deiner Heilarbeit wirst du es leicht finden, mit dem grünen Strahl umzugehen. Auch mit dem Amethyst- und violetten Strahl wirst du erfolgreich heilen können. Dem Mond ist die Farbe Silber als Attribut zugeordnet, und wenn du dich sicher in dir selbst gesammelt hast, wirst du den silbernen Strahl kraftvoll einsetzen können, den Strahl, der psychisch-geistige Abhängigkeiten und Störungen klären und bekämpfen kann. Für Patienten unter deinem Zeichen, die dich zur Heilung aufsuchen, mag die Behandlung mit dem silbernen Strahl oft angebracht sein. Denn oftmals werden sie unter starken familiären Konflikten zu leiden haben, unter deren Auswirkungen sie sich zumeist völlig verausgabt haben. Auch werden viele dieser Patienten von Angst und Sorge um kranke Verwandte oder Freunde bewegt sein. Auch kann es sein, daß sie einen emotionalen Schock erlitten haben, so daß eine besonders sorgfältige Behandlung ihres Solarplexus erforderlich wird.

SKORPION: Das zweite der Wasserzeichen ist das von Mars regierte fixierte Zeichen Skorpion, eines der markantesten Zeichen des Zodiak, mit tiefen, intensiven Emotionen und ungewöhnlichem Durchstehvermögen. Sein beachtlicher Mut ist nicht ganz so verwegen und abenteuerlich wie der des Widders, des anderen von Mars regierten Tierkreiszeichens, denn sein ihm zugeordnetes Element Wasser ist ein verhalteneres Element als das des Feuers. Doch ist der Skorpion ebenfalls ein kühner Kämpfer, entweder für sich selbst oder für seine Familie. Wenn er bereits den geistigen Weg beschreitet, wird er als Ritter des Lichtes kämpfen.
Skorpion regiert die exkretorischen Organe sowie die Genitalien und damit auch den mächtigen sexuell-emotionalen Trieb. Sonnen-Skorpione müssen es daher lernen, mit der Abgründigkeit ihrer tiefen und intensiven Gefühle ebenso fertig zu werden wie mit ihrem naturbedingten, ausgeprägten Besitzanspruch (gleich ihrem ihnen astrologisch gegenüber liegenden Zeichen Stier). Sie finden es schwierig, sich nicht mißgünstig und besitzergreifend zu verhalten und müssen ständig daran arbeiten, Gefühle der Eifersucht in wahre Liebe und Fürsorglichkeit umzuwandeln.
Als ein Skorpion-Geborener wirst du, wie alle Wasserzeichen, außerordentlich aufnahmefähig und empfänglich sein. Du registrierst blitzartig die Verfassung und Gegebenheiten der Leute, die sich um dich herum befinden. Du weißt, ohne zu wissen, warum du es weißt; denn es ist nicht so sehr dein Verstand, der dir dieses Wissen vermittelt, als vielmehr dein Solarplexus, der dich die Gedanken deiner Umgebung erahnen und sogleich durchschauen läßt. Sofort empfindest du die Spannung der Gegensätzlichkeit oder die Wärme der Freundschaft.
Als ein Heiler mußt du dich über alle die persönlichen Gefühle erheben und dir darüber klar werden, daß du mit deinem dir innewoh-

nenden Geist und deinem inneren Licht deine Arbeit zu versehen hast. Lerne, dich nicht von Gefühlen und Emotionen beherrschen zu lassen. Versuche, deine Seele so unbewegt und still wie den Wasserspiegel eines Sees zu halten, in dem das Licht der Sonne reflektiert.

Unglücklicherweise ist das einfacher gesagt als getan. Denn der Skorpion ist von Mars, dem Krieger, regiert, und das ist für ihn mit erheblichem emotionalen Energieaufwand verbunden, so daß es ihm nicht gerade sehr liegt, die Dinge seines Lebens allzu sanft und friedlich zu bewerkstelligen. In dir, Skorpion-Geborener, liegt eine Lust verborgen, der es Freude bereitet, kühn mit den Stürmen des Meeres zu ringen, ja diese sogar herauszufordern. Deshalb solltest du eine Form der Arbeit und des Dienens finden, die dir Aufgaben stellt und eine Herausforderung für dich bedeutet. Geistig erwachte Sonnen-Skorpione brauchen unbedingt eine Möglichkeit, die volle Kraft ihrer selbstlosen Hingabe in eine ihnen gemäße Aufgabe einströmen zu lassen. Wenn deine intensive emotionale Energie in einen selbstlosen Dienst einmünden kann, wird es für dich weit weniger schwierig und anstrengend sein, dein Temperament zu zügeln und eventuelle Gefühle der Eifersucht und des Argwohns unter Kontrolle zu halten. Aber selbst dann noch ist dir eine ständige Überwachung deiner selbst anzuraten, denn die Zunge des Skorpions kann scharf und verletzend sein. Ihre emotionale Kraft und Hingabefähigkeit läßt die Skorpion-Leute geradezu hervorragende Heiler sein. Viele Ärzte, unter ihnen berühmte Chirurgen, leben unter diesem Zeichen. In deinem Wirkungsfeld des geistigen Heilens wird es dir nicht schwerfallen, die Amethyst- und violetten Strahlen anzuwenden und gleichfalls ein warmes Rosen-Rosa auf das Herz deines Patienten zu lenken.

Deine Ausdauer und Beständigkeit sowie deine große Zielgerichtetheit sind Qualitäten, die erschöpften Menschen sehr hilfreich sein können, Menschen, die ihre Energien verschwendet haben oder das Opfer dramatischer emotionaler Konflikte geworden sind. Auch

alle, die schwere Nervenzusammenbrüche hinter sich haben, werden bei dir Hilfe finden, vorausgesetzt, daß du dich geduldig und verständnisvoll zeigst, ohne dir zu erlauben, dich in den emotionalen Strudel deiner psychisch überanstrengten Patienten hinabziehen zu lassen. Auch wirst du Erfolg mit dem silbernen Strahl haben und Menschen helfen, die in seelische Schwierigkeiten verwickelt sind. Mit dem silbernen Heillicht wirst du auch die Aura deiner Patienten klären und reinigen können.
In dieser Art zu helfen und zu heilen, wird dir aber nur dann gelingen, wenn du deinen Emotional-Körper beständig unter die Kontrolle deines lichterfüllten Geistes zu bringen vermagst.
White Eagle sagt uns: „So wie das stille Wasser das Blau des Himmels widerspiegelt, so reflektiert die von Frieden erfüllte Seele das Christus-Bild." Auf eine solche Weise wirst du deinen Patienten helfen können. Wenn deine Gefühle so ruhig und friedlich geworden sind, daß deine Seele wie ein stilles Wasser die Sonne widerspiegelt, wirst du ein strahlend schöner Kanal des Heilungslichtes werden, welches dich durchfließt, um deinen Patienten Kraft und Stärkung, Wärme, Vertrauen und neuen Mut zu bringen.
Durch deine eigene innere Ruhe und Gelassenheit wirst du allen Heilbedürftigen, die dich aufsuchen, ebensolchen Frieden der Seele schenken. Die innere Kraft des Geistes, die eine still gewordene Seele erleuchten kann, ist ein äußerst kostbares Geschenk, nicht nur für kranke Menschen, sondern auch für deine Familie, deine Freunde und für die ganze Welt.

FISCHE: Es ist ein veränderliches Zeichen, welches die Füße regiert, das lymphatische System und den Fluß der lebensspendenden Kräfte, die rund um den physischen Leib die Aura durchkreisen und durchströmen. Die Füße sind für uns alle höchst wichtige Zentren des Kontaktes mit den magnetischen Kräften der Erde, doch in weit stärkerem Maße noch für die Sonnen-Fische. Wenn du mit bloßen Füßen fest auf dem Erdboden stehst, deine Zehen weit auseinander

spreizt, so daß jede einzelne von ihnen ihren eigenen, besonderen Kontakt zur Erde aufnehmen kann, und du all deine Gedanken sanft in deine Füße hinabgleiten läßt, wirst du einen kraftvollen Direktbezug zur Erde aufnehmen können, ihren Magnetismus empfinden und spürbar erfahren, welche Kraft und welches Gleichgewicht dir Mutter Erde zu schenken vermag.
Empfinde nun, wie das Gewicht deines Körpers gleichmäßig auf beiden Fußsohlen ruht und atme dabei bewußt alle Lebenskraft und Stärkung, die von der Erde kommend in dich einströmen, bis hinauf zum Scheitelpunkt deines Kopfes in dich ein. Halte einen Augenblick inne und sieh, wie der leuchtende Stern deines wahren Selbst über deinem Haupt erstrahlt. Während du ausatmest, spüre die Reinheit und Macht des Lichtes, welches von dem Stern durch deinen Kopf hindurch die Wirbelsäule und Beine hinab durch deine Füße in die Erde zurückfließt. Wenn du so das Strömen der Lebenskräfte, welche Gesundheit und Kraft in jede deiner Körperzellen tragen, erfährst, werden Müdigkeit und Erschöpfung von dir weichen, und du wirst erkennen, wie ein Kreis des Lichtes sich schützend um deine Aura breitet.
Fische ist ein duales Zeichen und vielleicht das psychisch empfindsamste des gesamten Tierkreises. Es stellt einen wichtigen Teil der besonderen Aufgaben für die Sonnen-Fische dar, sowohl mit den himmlischen als auch den irdischen Ebenen verbunden zu sein, und es ist nicht immer einfach für sie, zwischen beiden Bereichen zu unterscheiden. Obgleich sie äußerst praktisch begabt sein können, entspricht es ihnen durchaus, ihre Augen und Ohren vor den Unbillen des Lebens zu verschließen und sich stattdessen in ihre ureigenste innere Welt zurückzuziehen.
Jupiter, Planet des höheren Bewußtseins, ist Herrscher im Zeichen Fische, und wie die Sonnen-Schützen, welche ebenfalls von Jupiter regiert werden, besitzen die Fische ein ausgezeichnetes Denkvermögen und fühlen sich zu Philosophie, Religionswissenschaften, der bildenden Kunst, Musik und Literatur hingezogen. Mystik und Ok-

kultismus sind Gebiete, die eine starke Anziehungskraft auf sie ausüben. Du verfügst über ein äußerst breites Interessen-Spektrum, doch, wie alle astrologisch als veränderlich bezeichneten Tierkreiszeichen, neigst auch du dazu, durch Konzentration auf zu viele Wissensgebiete deine Energien zu überfordern und zu verschwenden. Ebenso solltest du auch darauf achten, deine psychischen Kräfte zu schonen und sie nicht durch Mangel an Unterscheidungsvermögen zu verschwenden.

Du besitzt eine wunderschöne Gabe des Heilens, wenn du gelernt hast, deine Energien zu sammeln und sie dann mit Weisheit zu deinen Patienten strömen zu lassen. Viele Ärzte und Krankenschwestern leben im Zeichen der Fische, das seine Schützlinge mit besonders zarter Fürsorglichkeit und Bedachtheit für andere begabt hat. Dennoch ziehen es Sonnen-Fische vielfach vor, sich mehr im Hintergrund zu halten und von dort her zu wirken, anstatt vom Rampenlicht her ein Geschehen zu lenken oder große Veranstaltungen zu organisieren.

Menschen im Zeichen Fische lieben es, so zu arbeiten, daß sie sich ganz der von oben kommenden Führung überlassen und ihr Leben dem Dienen weihen. Ein Kloster oder ein Hospital können ihnen eine gute Heimstätte sein, denn ein Hang zu stiller Hingabe ist ihnen zu eigen. Hingegen möchten sie nicht zu sehr mit den Konflikten und Unruhen der äußeren Welt in Berührung kommen. Das Zeichen Fische regiert auch Menschen, die sich in Gefangenschaft befinden, und da es in Polarität steht zum, astrologisch gesehen, sechsten Haus, das Einfluß auf Gesundheit und Krankheit nimmt, kann es geschehen, daß Sonnen-Fische sich durch ungutes Befinden oder schlechte Gesundheit oder einfach nur durch widrige äußere Umstände in eine Art von Gefangenschaft eingeschlossen fühlen. Solche Prüfungen können aber für dich zu einer wunderbaren Gelegenheit werden zu lernen, wie dein Geist sich hinaufschwingen kann in eine strahlende Freiheit, selbst wenn entmutigende Schwierigkeiten dich umklammert halten.

Jesus, der Große Heiler, ist der Meister des Fische-Zeitalters, und deiner Seele sollte es daher nicht schwerfallen, eine herrliche, schöne, machtvolle Verbindung zu ihm herzustellen. Wende dein Bewußtsein zu dem für dich so hilfreichen Bild der Gestalt Jesu, wie er auf den stürmischen Wogen (der Emotionen) wandelt. Wenn die äußeren Umstände deines Lebens dich manchmal zu hart bedrängen, dann versuche, an den großen Meister und Heiler zu denken, wie er, umstrahlt vom Licht der Sonne, eine Hand ergreift, um dich aus den aufgewühlten Wogen zum Licht emporzuheben, so daß du mit ihm über die Wellen des Meeres wandelst, deine Hand fest in seiner Hand. Gemeinsam schreitet ihr auf dem leuchtenden Pfad des Lichtes, der sich über die nun beruhigten Wasser breitet, hinein in den Glanz der Sonne.

Wenn du so zu innerem Frieden gekommen bist, wird deine Seele das Licht der Sonne wie in einem herrlichen Spiegel widergeben, und die Strahlen des Sonnenlichtes wirst du zu allen, die in Not sind, hinlenken können, um ihnen eine schöne, sanfte, liebevolle Heilung zu schenken.

In einer meditativen Fernheilgruppe wird es dir vielleicht nicht immer gleich gelingen, dich auf die einzelnen Heilfarben klar zu konzentrieren, da du mehr zu umfassender Wahrnehmung und kaleidoskopartiger Visualisierung von Farben neigst. Laß dann ganz einfach deine Gedanken ruhig werden und versuche, die entsprechenden Farben sanft vor dir erstehen zu lassen, ohne dich beunruhigt zu fühlen, wenn dir das nicht sogleich gelingen sollte. Sieh vor deinem geistigen Auge den großen Heiler im Mittelpunkt der Sonne und versuche, dich selbst wie in einer sanft gerundeten, perlmutt-schimmernden Muschelschale zu empfinden, von der alle Farben des Spektrums in den zartesten Farbtönungen widerscheinen. Wie dir überhaupt die Begabung zu eigen ist, den Perl-Strahl, den perlmuttfarbenen Heilstrahl, auszusenden, wie auch ein weiches, umhüllendes Madonnablau, das einem überreizten Nervensystem Linderung bringt. Auch Schmerzen werden im Licht des Madonnablaus ab-

klingen und einem tiefen Frieden im Herzen des Patienten Raum geben.
Sehr gut wirst du es auch beherrschen, mit dem Amethyst-Strahl göttlicher Weisheit umzugehen. Wenn sich Patienten, die in äußerste Hoffnungslosigkeit und Depressionen geraten sind, in deine Obhut begeben, dann kann es dich mitunter sehr viel seelische Kraft kosten, selbst dabei positiv und zuversichtlich zu bleiben. Achte dann sorgsam darauf, deine Aura nach der Heilbehandlung gründlich zu reinigen, denn allzu leicht kannst du Gedanken und Gefühle anderer so sehr absorbieren, daß deine eigene Seele dadurch in ein bedenkliches Untergleichgewicht gerät.
Wenn du mit solchen Patienten in Berührung gekommen bist, die deine psychischen Kräfte übermäßig beansprucht haben, dann halte anschließend deine beiden Hände unter einen Strahl fließenden kalten Wassers und reinige deine Aura, indem du deine benetzten Hände, leicht über deinem Kopf kreuzend, über Nacken und Schultern seitlich herabführst und somit einen leichten Tropfenschleier um dich legst. Spüre dabei, wie die feinen Wassertropfen wie Lichtstrahlen von deinen Fingerspitzen versprühen, und gib sie mit einem leichten, nach außen gewendeten Abschütteln der Hände in die Erde hinab. Wenn du deine Aura auf diese Art gereinigt hast, versäume nicht, deinen Solarplexus danach mit dem Siegel des gleichseitigen silbernen Kreuzes im silbernen Lichtkreis sorgfältig zu verschließen.
Laß es dir auch zu einer Gewohnheit werden, das Licht des Christus-Sternes, wie zuvor schon beschrieben, tief und ruhig in dich einzuatmen. Jeden Morgen und Abend umgib deine Aura siebenfach mit einem Oval des Lichtes, das dich in einen hellen Kokon einhüllt, der dir Schutz und Geborgenheit verleiht. Durch diesen dich umgebenden Lichtmantel hindurch lenke deinen Patienten dann die Kräfte des Heilens zu. So wirst du die Herzen, die Seelen, die Körper und die Gedanken deiner Brüder und Schwestern erreichen und ihnen Licht, Stärkung und Heilung spenden.

******

Die Entwicklung der Eigenschaften und Möglichkeiten der Seelen, welche durch Farben der Heilung beeinflußt und durch die Zeichen des Tierkreises charakterisiert werden, wird durch die Erfahrungen des Lebens und durch schlichtes Dienen geprägt und dient der Vervollkommnung des Sonnenleibes.

Wir beschließen unsere Ausführungen mit Worten, die White Eagle zu uns gesprochen hat:

„Viele Male haben wir euch auf die bedeutsame Entwicklung hingewiesen, die sich auf Erden ereignen wird, wenn das Leben auf eurer Welt schön und harmonisch geworden ist, und wenn die Menschen miteinander in Bruderschaft leben werden. Wir wissen, wie oft ihr entmutigt seid, wenn ihr mit ansehen müßt, was sich auf Erden alles an Not, Irrtum und scheinbaren Ungerechtigkeiten ereignet. Wenn die Leiden der Menschheit eure Herzen belasten, können wir gut verstehen, daß ihr dem Gefühl unterliegt, Zeuge einer weiteren Kreuzigung des Christus zu werden. Seid nicht traurig und niedergeschlagen, liebe Menschenbrüder, schaut auf und erblickt die große Gemeinschaft scheinender, geistiger Wesen, deren Licht und Liebe immer wieder die Nebel des Irdischen durchdringen. All die unglückseligen Verhältnisse, die bei euch herrschen und die euch so sehr bedrücken, werden vergehen. Bedenkt, daß auch sie einen weisen Zweck, dem sie dienend unterstellt sind, im Bereich der Materie zu erfüllen haben, und daß der Tag kommen wird, wo ihr Menschenkinder, von Freude und Dankbarkeit durchdrungen, die segensreichen Auswirkungen des großen göttlichen Planes erkennen werdet.

Ihr selbst habt die Wahl, den allmächtigen und allwissenden Großen Weißen Geist und Seine allumfangende göttliche Intelligenz, welche das Leben der Menschen führt, anzunehmen oder Seine Gegenwart zu leugnen und Ihn abzulehnen.

Die Grundlage aller zukünftigen Religionen wird Bruderschaft des Geistes heißen. Da in späteren Zeiten auch die Entwicklung eines sensibleren Nervensystems aufgrund einer Belebung des Nervenzentrums des Körpers stattfinden wird, werden die Menschen auch für die feineren Lebensschwingungen aufnahmefähig werden. Zunächst wird, gemäß der Lehre des Meisters Jesus, der Mensch in sich ein Bewußtsein seines inneren Lichtes entfalten. Wenn dieses innere Licht erkannt und behutsam weiterentwickelt wird, was für einen Schritt vorwärts, meine Freunde, wird das bedeuten! Wenn anstelle von Verurteilung, Kritik, Besserwisserei, übereilten Feststellungen und hitzigen Äußerungen, die alle nur Unruhe stiftende, störende Elemente darstellen, Sanftheit, Güte, Liebe und eine Ausstrahlung der Ruhe und des Friedens von jedem Mann, jeder Frau ausgehen werden — welch ein Unterschied wird dann zutage treten! Das wird dann in der Tat das sein, das mit den Worten gemeint ist: „Im Namen des Christus beuge jeder sein Knie." Es bedeutet, daß jeder einzelne von euch danach trachtet, das Christus-Licht durch sich hindurchscheinen zu lassen, ganz gleich, welchen Tätigkeiten oder Geschäften er gerade nachzugehen hat, so daß etwas so Schönes wie der Duft einer Rose von ihm ausströmt oder, um einen anderen Vergleich zu finden, so etwas wie ein elektrischer Strom, eine Energie des Feuers und der Wärme von ihm zu allen anderen Menschen auszugehen vermag.

Die Ausstrahlung eines Menschen, durch den das Christuslicht scheint, ist in hohem Maße dem gleichzusetzen, was von uns als Elektrizität bezeichnet wird. Euer Ätherleib ist so eng mit eurem Nervensystem verknüpft, daß er die Chakren beeinflussen und anregen kann. Die Zentren werden aufnahmebereit für die Strahlen der geistigen, der ewigen Sonne, nicht der physischen, die sich am Himmel zeigt, sondern für das Licht und die Kräfte, die sich hinter ihr verbergen. Das Nervensystem des menschlichen Körpers kann so empfindsam werden und so eingestimmt auf die höheren Schwingungen, daß es sogar die elektrische Kraft, welche von der inneren Sonne, dem wahren Quell des Lebens ausströmt, empfangen kann.

Wir möchten euch nahebringen, daß Geistigkeit nicht etwas bewegungslos im Ruhezustand Befindliches ist, sondern etwas Dynamisches, Starkes, Machtvolles, dabei reiner als die irdische Materie und feiner und zarter als die Vibration der Erde. Das Geistige ist die Substanz des Lebens der Erde. So ist es wahr, daß ein Mann, eine Frau sich der Liebe Gottes in dem Maße öffnen können, wie sie danach streben, Christus-ähnlich zu werden und in das irdische Sein die Kräfte des Lichtes hineinwirken zu lassen. Wenn Menschen, die ihr Leben so ausgerichtet haben, ihren täglichen Pflichten nachgehen, spüren die anderen bewußt oder unbewußt sehr wohl die Kraft, die von ihnen ausströmt, und es ist einfach so, als ob durch sie ein Licht angezündet würde. Alle diejenigen, welche das innere Licht aus ihren Herzen scheinen lassen, tragen es mit sich, wohin sie auch gehen. Der geistigen Schwingung des Christus oder der Seines Namens, welche ebenfalls Seine Schwingung ist, kommt auch die Schwingung des Lichtes oder dieser äußerst feinstofflichen Elektrizität gleich, und diese Schwingung kann von der menschlichen Seele wahrgenommen und empfunden werden.

Die Menschen mögen im allgemeinen die Natur dieser schönen Vibration vielleicht gar nicht verstehen, aber sie werden doch empfinden, daß es bestimmte Leute gibt, die Licht und Heilung mit sich bringen, sobald sie einen Raum betreten. Diejenigen, welche dieses Licht wahrnehmen können, werden es unmittelbar in seiner Wahrheit und Bedeutung erfassen. Sie werden diesem Licht in ihrem Geist, in ihrer Seele mit Demut und Verehrung begegnen, denn sie erschauen etwas, um das sie zutiefst wissen. Sie verneigen sich vor der himmlischen Schwingung des Christus, des Gottessohnes in ihrem Herzen.

Ihr erwartet die Wiederkunft des Christus, denn es ist so klar gesagt worden, daß er wiederkehren wird. Ihr habt uns viele Male sagen hören: Er wird ein zweites Mal kommen — in den Herzen jedes Mannes und jeder Frau; und das wird das Erwachen des Lichtes sein. Wenn das Licht hell in der Seele der Menschen erstrahlt, dann wird sich auch eine Verfeinerung des Nervensystems ereignen. Der erste Schritt dazu ist der der Reinigung der Materie, des physischen Leibes

der Erde. Dann erfolgt die Kontrolle des nächsten Körpers, welcher der emotionale, der Wunschleib ist. Danach gilt es, die noch größere Aufgabe zu bewältigen, den gedanklichen Körper, den mentalen Leib, zu beherrschen. Was dann geschieht, ist die Geburt des 'Gott-Menschens', die Geburt des 'Christus-Menschens'. Der Mond versinnbildlicht den gedanklichen Leib, den Verstandesleib, und die Sonne den geistigen Leib. Bevor der Mensch die Meisterschaft über die Erde antreten wird, muß die Hochzeit, die vollkommene Vereinigung, zwischen dem Leib des Denkvermögens und dem Leib des Geistes stattfinden.
Es gibt noch so vieles zu lernen, meine Brüder. Eine Welt sich entfaltender Schönheit wird erstehen, wenn ihr die Mühen auf euch nehmt, den Pfad des Lichtes zu gehen, den Weg der Meditation, des Gebetes, der Hingabe. Nicht dadurch, daß ihr das alltägliche Leben der Menschen verachtet und verschmäht, sondern indem ihr in der Welt lebt als ein Sohn, eine Tochter Gottes. Die Meditation wird euch durch alle geistigen Ebenen hindurch direkt in das Licht des Himmels führen, in die leuchtende Welt der vollkommenen Söhne und Töchter Gottes.

„Kein Auge hat je gesehen,
kein Ohr hat je gehört,
was Gott bereitet hat für alle,
die Ihn lieben."

Das, meine Brüder, ist der Weg, den das Zeitalter des Wassermanns für euch geöffnet hält: Schönheit, Harmonie und Bruderschaft auf Erden, hinauf bis zu den himmlischen Höhen. Dann wird Jakobs Leiter auf Erden errichtet werden. Jeder Suchende, dessen Wahrnehmungskraft erhellt ist, wird die Engel zwischen Himmel und Erde empor- und herniederschweben sehen.
Ihr werdet lernen, ihr werdet erfahren, daß wir die Wahrheit sprechen. Wir können euch keine Beweise geben, doch sind die Beweise

schon bereit, durch euch selbst gefunden zu werden, durch eure eigene geistige Entfaltung und Weiterentwicklung. Gebt euch nicht damit zufrieden, nur unseren Worten zu lauschen oder die Schriften Eingeweihter, Mystiker oder Heiliger zu lesen. S u c h t s e l b s t d i e W a h r h e i t ! Ihr werdet das strahlende Juwel finden, einen Schatz von unermeßlichem Wert.

Gott segnet euch. — Empfanget Seinen Segen. — Jetzt.

******

LEITGEDANKEN VON WHITE EAGLE

Ein glücklicher Mensch stirbt nicht an einer Krankheit.
Wer gesund, das heißt 'heil' sein möchte, der muß es aus sich selbst heraus schaffen, glücklich zu sein.

Die Seele muß erfahren, daß es der Sinn jeder Krankheit ist, aus ihr etwas zu lernen.

Lieben heißt geben. Liebe ist eine Strahlung, die vom Herzen ausgeht — ein Balsam, eine wunderkräftige Essenz, die heilt.

Die hohe Schwingung der Liebe ist es, die Heilung ermöglicht.

Wenn es dem Menschen gelingen würde, sich ständig der ewigen Gegenwart Gottes bewußt zu sein, könnte er den Zustand völliger Genesung, völligen Geheiltseins erreichen.

Wir geben euch eine einfache Formel für eure Gesundheit.
Sie lautet: dankbar leben!

Alle Meister sind Heilige, sind demütig, wahr und rein. Dies ist auch der richtige Bewußtseinszustand für alle, die heilen möchten, denn in dem Maße, wie man nach ihm strebt, erschafft man in sich eine Macht, welche Menschen als Wunderkraft bezeichnen.

Nicht das, was um dich herum vor sich geht, ist wichtig, sondern allein die Art, wie du selbst damit umgehst. — Du kannst dich aufarbeiten und krank werden. Du kannst aber auch still und ruhig bleiben und bewußt den Ort der Ruhe und Kraft in dir aufsuchen.

Was deinem Körper widerfährt, ist letztlich nicht wichtig. — Entscheidend ist, was deiner Seele und deinem Geist geschieht. Das zählt.

WHITE EAGLE BÜCHER

WER IST WHITE EAGLE (von Walter Ohr)
48 Seiten, DM 10.-, 4. Auflage

IN DER STILLE LIEGT DIE KRAFT (The quiet mind)
Auslese der markantesten Worte von White Eagle
55 Seiten, DM 12.-, 11. Auflage

WUNDER DES LICHTES (Morninglight)
Über das Woher, Wohin und Warum des Menschen
64 Seiten, DM 12.-, 6. Auflage

DAS LEBEN JENSEITS DER TODESPFORTE (Sunrise)
Ein Buch, das Trost spendet und wahres Wissen vermittelt
64 Seiten, DM 12.-, 8. Auflage

GEBETE IM NEUEN ZEITALTER (Prayer in the new age)
Gebete und Invokationen
96 Seiten, DM 14.-, 4. Auflage

WEISHEIT VON WHITE EAGLE (Wisdom from White Eagle)
Vermittelt das Weltbild des neuen Zeitalters und erklärt das geistige Gesetz und seine Auswirkungen
96 Seiten, DM 14.-, 6. Auflage

UNSER GEISTIGER BRUDER SPRICHT (The gentle Brother)
Geistige Ratschläge für den Alltag
80 Seiten, DM 14.-, 2. Auflage

NATURGEISTER UND ENGEL (Spirtual Unfoldment II)
Das verborgene Leben der Naturgeister und Engelwesen
84 Seiten, DM 14.-, 6. Auflage

DIE GOLDENE ERNTE DER LIEBE (Golden Harvest)
Der Weg der geistigen Erfüllung
64 Seiten, DM 14.-, 3. Auflage

DIE VIER GROSSEN EINWEIHUNGEN (The Path of the Soul)
Wege zu einer inneren Wirklichkeit
88 Seiten, DM 14.-, 3. Auflage

DER WEG ZUM HÖHEREN SELBST (Spiritual Unfoldment III)
Ein Wegweiser zu den inneren Mysterien
96 Seiten, DM 16.-, 1. Auflage

MEDITATION (Meditation)
Theorie und Praxis der White Eagle-Meditation
120 Seiten, DM 18.-, 6. Auflage

DER GEISTIGE PFAD (Spiritual Unfoldment I)
Geistige Entwicklung und Entfaltung der Seelenkräfte des Menschen
128 Seiten, DM 18.-, 5. Auflage

Des Weiteren ist Ihre Verwunderung auf die allgemeine Meinung über Manipulationen zurückzuführen, nicht wahr?

Woran denken Sie, wenn Sie das Wort „Manipulation" hören? Wahrscheinlich, dass Betrüger manipulative Tricks anwenden, um an unser Geld zu kommen, dass Arbeitgeber ihre Angestellten manipulieren, um mehr Leistung zu erhalten, ohne Überstunden oder einen höheren Lohn bezahlen zu müssen. Verkäufer aller möglichen Branchen lernen als Erstes, was sie sagen sollen, um den Kunden zum Kauf zu bewegen und wie... Sogar wir selbst lernen von Kindheit an intuitiv die eine oder andere Strategie, um das Gewünschte zu erreichen.

Auch im Wörterbuch wird das Wort „Manipulation" eher negativ beschrieben – als Beeinflussung zum eigenen Vorteil. Also ist es etwas Schlechtes, wovor es sich zu schützen gilt. Ich werde in diesem Buch aufzeigen, wie man Manipulation erkennt, sich davor schützt und auch selbst anwendet.

Hier erfahren Sie aber auch, dass es viele Arten von Manipulation gibt – mehr als den Meisten bewusst ist, dass man sich nicht vor allen Vorgehen dieser Art schützen muss und so manche Beeinflussung für uns nützlich oder sogar lebensnotwendig ist.

Wir treffen mehrmals täglich darauf

Als Erstes möchte ich Werbung als ein Beispiel für Manipulation abhaken. Mehr muss ich dazu eigentlich nicht sagen. Sie wissen selbst, dass sie uns bei jedem Schritt begleitet und voll mit psychologischen Tricks gespickt ist. Selbst ohne die viele Werbung ...

Manipulation ist ein Teil unseres Lebens.

Jeder will etwas vom anderen und ausnahmslos jeder manipuliert andere. Andersherum ist es genauso: Jeder Mensch ist manipulierbar, denn als soziales Wesen möchte er anerkannt bzw. geliebt werden. Doch keine Angst, denn viele Manipulationen laufen unbewusst ab.

Zum Beispiel unser Lächeln: Das ist auch eine Art psychischer Manipulation. Wir lächeln bekannte wie fremde Menschen an, weil wir gelernt haben, dass uns so ein positiver „Vorbote" die Kommunikation mit diesen Menschen erleichtert. Hier erfüllt das Lächeln nicht seine natürliche Funktion – natürlich wäre es für uns zu lächeln, wenn wir glücklich sind oder uns etwas lustig vorkommt, wenn wir also eine entsprechende Emotion empfinden.

Die Meisten haben GELERNT, im Umgang mit Menschen zu lächeln, und setzen es erst recht ein, wenn sie jemanden um etwas bitten müssen. Glauben Sie das noch nicht? Wenn Sie osteuropäische Länder bereisen oder etwa das ländliche Afrika, würden Sie merken, dass sich die Bevölkerung dort von Europäern deutlich unterscheidet: Sie lächeln nicht automatisch, wenn sie mit Ihnen oder untereinander reden. Für sie ist ein Lächeln nicht selbstverständlich - es ist ein Zeichen persönlicher Zuneigung und eine Äußerung des eigenen Gemütszustandes. Meine Beobachtungen diesbezüglich sind: Je entwickelter die jeweilige Gesellschaft ist und je gebildeter die einzelnen Individuen sind, desto besser können sie ihre Mimik in Schach halten. Das obligatorische Lächeln ist nichts anderes als angelerntes Verhalten zu Zwecken der Manipulation.

Das Ganze geht aber noch sehr viel tiefer! Der geschickteste Manipulator ist die Natur um uns herum.

Ein Beispiel: Das Tagpfauenauge – ein wunderschöner Schmetterling, dessen Flügel aussehen wie Pfauenfedern. Diese Schönheit dient in erster Linie der Verteidigung gegen seine Fressfeinde – mit aufgeklappten Flügeln vermittelt der Schmetterling den Eindruck, als sei er ein viel größeres Tier, das einen direkt anschaut.

Schwebfliegen tragen die Farben von Wespen und Bienen, um zu signalisieren, dass sie einem Angreifer Probleme bereiten könnten. Viele Raupen tarnen sich als Stöckchen, um nicht entdeckt zu werden, Gottesanbeterinnen – als Blätter oder Blüten, um erfolgreich zu jagen ...

Auch den Menschen hat die Natur nicht vergessen: Um das Überleben eines Babys zu sichern, hat sie es mit großen Augen, süßem runden Gesicht und hilflosem Aussehen, dank dieser kurzen Ärmchen und Beinchen, ausgestattet. Durch den instinktiven Such- und Greifreflex erweckt ein Baby bei einem Erwachsenen den Eindruck, als ob es zu ihm möchte und sichert sich die Aufmerksamkeit.

Eine weitere Geheimwaffe ist das süße Lächeln, das jeder Säugling schon nach wenigen Wochen unbewusst einsetzt.

Selbstverständlich wollen wir hier nicht über diese Art von psychischen Tricks reden.

Uns interessiert vielmehr, wie wir unsere Mitmenschen beeinflussen und dem Einfluss anderer standhalten können. Denn wer dieses Spiel beherrscht, wird im Leben und vor allem in der heutigen Gesellschaft sehr erfolgreich sein.

Wie funktioniert Manipulation

Manipulation kann offen oder verdeckt auftreten. Je nachdem, wie viel Macht und Einfluss ein Mensch hat, kann er zwischen zwei Möglichkeiten wählen, wie er andere dazu bringt, seinen Willen zu erfüllen:

1. Versuchen, seinen Willen aufzuzwingen - manche hätten die Macht dazu (z. B. Vorgesetzte, Regierung, Eltern) oder ...
2. seine Mitmenschen indirekt, im Verborgenen beeinflussen.

Wie Sie sich schon denken können, birgt der erste Weg die Gefahr, Unzufriedenheit in den Betroffenen zu wecken bis hin zum aktiven Widerstand, was dazu führen könnte, dass man sein Vorhaben womöglich gar nicht in die Tat umsetzen kann. Deshalb wählt die Mehrheit den zweiten, subtilen Weg.

Ob und wie stark verwerflich die jeweilige manipulative Einwirkung auf moralischer Ebene ist, hängt von der Situation ab. In einer Eltern-Kind-Beziehung ist sie jedenfalls erwünscht. So erreichen Eltern, dass ihr Kind das Richtige macht, völlig schmerzfrei, ohne seinen Willen zu brechen.

Ein cleverer Vorgesetzter geht genauso mit seinen Angestellten um, denn auch wenn Manipulation darauf abzielt, den Willen des einen auf Kosten anderer durchzusetzen, bewahrt sie den Opfern dieser Einwirkung meistens deren Stolz und das Gefühl, die Entscheidung frei getroffen zu haben.

Wir liefern Manipulatoren verschiedene Ansatzpunkte für eine erfolgreiche Einwirkung:

1. aufgrund unserer Bedürfnisse wie Essen, Trinken, Erholung, Gesundheit, Wunsch nach Zugehörigkeit zu einer sozialen Gruppe, Selbstverwirklichung etc.,
2. durch unsere Schwächen wie z. B. Faulheit, Verlangen nach Süßem, Schüchternheit...,
3. wegen unseres Verlangens nach gewohnten Abläufen, Regeln und Beständigkeit.

Der wichtigste Punkt bei einer Manipulation ist, dem Betroffenen weiszumachen, dass die einzige Absicht dieses Angebots ist, seine Bedürfnisse zu befriedigen beziehungsweise seinen Schwächen zu schmeicheln oder Abhilfe zu schaffen.

Warum wir vor Manipulationen keine Angst haben müssen

Weil Manipulationen nur VERSUCHTE Beeinflussungen bleiben, wenn wir nicht mitmachen. Und genau das ist die Eigenschaft, an der wir arbeiten müssen: Die Stärke und das Selbstbewusstsein, „Nein" zu sagen. Behalten Sie im Hinterkopf, dass Manipulationen angewendet werden, wenn man den direkten Konflikt vermeiden möchte. Meistens ist es dann der Fall, wenn die Person, die man zu manipulieren versucht, nicht hilflos ist. Diese Tatsache allein sollte Ihnen schon Ihren Vorteil vor Augen führen. SIE bestimmen die Situation.

Wir ahmen gern nach

Den Drang zur Nachahmung haben wir von Natur aus. Denn wie sonst würden wir lernen, im Alltag für uns selbst zu sorgen? Nur durchs Nachahmen lernen wir zu sprechen, uns anzuziehen und anderes. Dafür sind die Spiegelneuronen im Gehirn verantwortlich. Sehr deutlich kann man das in der Tierwelt sehen:

Eine Glucke pickt das Futter und ruft ihre Küken, wenn sie möchte, dass diese etwas essen ... Eine Katze fängt eine Maus und frisst sie vor ihren Kitten ... Auch Sie haben bestimmt schon mal erlebt, dass Sie Hunger oder Durst verspürt haben, wenn Sie jemanden essen oder trinken gesehen haben, dass Sie gähnen mussten, wenn jemand in Ihrer Gegenwart gegähnt hat oder Sie mindestens schmunzeln mussten, wenn jemand gelacht hat.

Ob im Kaufverhalten, bei Investitionen oder im Alltag wählen wir stets das Produkt beziehungsweise Vorgehen, für das sich andere entschieden haben. Diese unsere Eigenschaft wird oft zu Zwecken der Beeinflussung genutzt, nicht nur in der direkten Werbung, sondern auch unterschwellig, in Kinofilmen versteckt, nutzen Unternehmen die Beschaffenheit des menschlichen Gehirns zu ihrem Vorteil aus.

Ich nutze es auch. Ein Beispiel: Meine Kinder und erst recht mein Mann essen nicht gern frisches Obst und Gemüse. Vor allem abends wird gern Ungesundes gesnackt. Um das zu verhindern, schneide ich mir einen Teller voll mit unterschiedlichem frischem Gemüse, sodass für jeden etwas dabei ist, setze mich auf die Couch und fange an, genüsslich zu knabbern.

Sofort nehmen sich meine Kinder und mein Mann auch was davon. Für gewöhnlich muss ich sogar noch mal in die Küche und Nachschub holen.

Manipulatoren nutzen das Bedürfnis zum Nachahmen in der sogenannten Spiegelungstechnik, um ein Zugehörigkeitsgefühl in ihren Opfern auszulösen. Dadurch fühlen sich die Betroffenen mit dem Manipulator verbunden und verspüren den Wunsch, seinen Empfehlungen zu folgen.

Probieren Sie es aus: Wenn Sie eine Frage positiv beantwortet haben wollen, stellen Sie sie und nicken dabei leicht. Ihr Gegenüber wird das Nicken unbewusst übernehmen wollen, womit ihn eine negative Antwort deutlich mehr Anstrengung kosten würde. Je nachdem, wie beeinflussbar die Person und wie wichtig die Folge seiner Antwort für sie ist, wird sie entsprechend leichter oder schwerer zu manipulieren sein. Auch wenn Sie nicht das gewünschte Ziel erreicht haben, zum Trost bleibt manchmal ein lustiger Nebeneffekt beim Anwenden dieses Tricks: Selbstbewusste Menschen, die ihre eigene Meinung schätzen und eigentlich „Nein“ sagen wollen, werden durch ihr Verlangen auch zu nicken, so irritiert, dass sie kurz mit offenem Mund stehen bleiben oder eine Zeit lang verwundert gucken, bis sie die Kraft gefunden haben zu antworten!

Bitte achten Sie darauf, dass Ihr Nicken nicht gekünstelt wirkt, sonst ernten Sie nur Belustigung und schlimmstenfalls Spott.

Wie Sie sich gegen solche Manipulationen wehren können, ist aus meiner Beschreibung ersichtlich: Informieren Sie sich und bilden sich Ihre eigene Meinung. Arbeiten Sie zudem an Ihrem Selbstbewusstsein. Darüber hinaus wird Sie die Kenntnis dieser Methode schützen. Denn wenn die Tricks bekannt sind, erkennt man sie schneller und kann umso besser widerstehen, weil im Bewusstsein bereits das Alarmlämpchen angegangen ist und zur Vorsicht auffordert.

„Der Aufbau von Feindbildern ist
die wirksamste Methode zur
Manipulation der Massen."

Thomas Pfitzer

Ich gebe, damit du gibst

Jemandem einen Gefallen zu tun und eine Gegenleistung zu erwarten, ist das natürlichste Verhalten für ein denkendes soziales Wesen. Diese Gewohnheit wird ebenfalls gern ausgenutzt, und zwar auf zweierlei Weise.

Im ersten Fall wollen die Trickser etwas verkaufen. Haben Sie schon mal kostenlose Proben nach Hause geschickt oder beim Einkauf geschenkt bekommen? Wie oft haben Sie danach den Drang verspürt, mindestens eine Kleinigkeit bei diesem Anbieter oder an diesem Stand zu kaufen? Kaum jemand kann von sich behaupten, dass er noch nie nach einem solchen „Geschenk" diesen Wunsch verspürt hat. Weil das ein Grundverhalten von Menschen ist, nach dem man handelt, um in einer sozialen Gruppe aufgenommen zu werden.

Ich bin selbst schon mal auf einen ähnlichen Trick hereingefallen: An einem schönen Samstag wurden in unserem Lebensmittelladen von zwei Menschen Lose verteilt.

Um die zu bekommen, musste man nur seine Adresse und die Telefonnummer aufschreiben, was ich selbstverständlich gemacht habe – wer würde sich schon gern gratis einen Gewinn entgehen lassen ... Ein paar Tage später wurde ich angerufen und man hat mir feierlich mitgeteilt, dass ich eine kostenlose Finanzberatung gewonnen habe. Viele würden jetzt wahrscheinlich denken: „Spätestens jetzt erkennt man ja, dass das ein Trick war." Zu meiner Verteidigung muss ich sagen, dass ich damals etwa fünfundzwanzig Jahre alt war, gerade eine Familie gegründet hatte und das Geld knapp war. Was ich von diesem Treffen erwartet habe, ist daher klar. Doch diese Menschen waren da, um Versicherungen und Sparverträge zu verkaufen. Sie müssen wissen, dass professionelle Verkäufer sowie Trickbetrüger selten nur eine Masche anwenden. Pro Verkaufsgespräch wird eine Vielzahl von Tricks kombiniert und das Opfer hat es richtig schwer zu widerstehen. Ich muss zugeben, an diesem Tag habe auch ich eine Lebensversicherung abgeschlossen ...

Im zweiten Fall agieren gewissenlose Personen, die in ihrem Umfeld Menschen mit geringem Selbstwertgefühl ausfindig machen und sie ausnutzen, sie im schlimmsten Fall sogar dazu bringen, den Tätern ihr ganzes Vermögen zu überlassen.

Opfer sind meistens alte Menschen, die einsam sind und sich nach Liebe und Zuwendung sehnen. Die Täter kümmern sich um die Senioren, also geben ... und nutzen die gemeinsame Zeit, um die Menschen zu beeinflussen (hier wieder eine Kombination zweier Manipulationen). Sie reden dem/der Senior*in ein, dass ihn/sie niemand außer ihnen liebt, dass seine/ihre Kinder (wenn er/sie welche hat) egoistisch sind oder Ähnliches. Von der Täterseite kommt es auch zu verschleierten oder direkten Vorwürfen, dass er dem älteren Menschen so viel Zeit, Liebe und (womöglich, aber selten) Geld geopfert hat. Auf das Gewissen des armen Menschen wird permanent so viel Druck ausgeübt, dass er irgendwann doch nachgibt. Viele religiöse Sekten wenden diese Methode an.

Aber auch junge Menschen sind nicht davor gefeit. Meine Mutter war immer der Meinung, dass man nur Freunde gewinnen kann, wenn man es jedem recht macht, jedem hilft und das letzte Hemd abgibt – sie also gibt, um etwas zurückzubekommen - nämlich Freundschaft. Tja, aus heutiger Sicht kann ich sagen, meine Mutter ist ein Mensch voller Minderwertigkeitskomplexe. Erstaunlicherweise hat sie bis heute noch immer wieder Menschen in ihrem Bekanntenkreis, für die sie Gärten auf Vordermann bringt oder denen sie beim Streichen des Hauses hilft. Sie lädt sie zum Grillen ein und bietet sonstige Hilfe an.

Wenn ich meine Mutter aber frage, ob diese „Freunde“ sie jemals zu sich eingeladen haben, ohne dass sie etwas tun sollte, ob diese sie mal zu einem Ausflug oder zu einer Geburtstagsfeier eingeladen haben, höre ich immer nur Ausreden, warum dies oder das nicht möglich war. Leider sind jene Menschen, wie meine Mutter, nicht fähig, schlecht von anderen zu denken, denn in ihrer Vorstellung sind es eher sie selbst, die nicht gut genug sind. Personen mit Helfersyndrom verdrängen den Gedanken, dass sie nur ausgenutzt werden. Denn ihm folgt der nächste, viel schlimmere Gedanke: Dass sie nicht liebenswürdig sind. Diese Menschen brauchen psychologische Hilfe und Unterstützung ihrer Verwandten beziehungsweise ihrer ECHTEN Freunde.

Du bist der/die Schlechteste

Diese Einwirkung wird gewählt, wenn der Manipulator mehr Macht oder soziales Ansehen besitzt als das Opfer.

Vorgesetzte nutzen diese Taktik, um mehr Einsatz von ihren Angestellten zu erpressen. Ja, ich finde das Wort „erpressen" hier genau passend, denn die Vorgesetzten spielen mit der Angst der Angestellten, ihren Arbeitsplatz zu verlieren, wenn sie weiterhin „die Schlechtesten" sind. Wie Sie wahrscheinlich bemerkt haben, habe ich nicht die beste Meinung von dieser Methode, denn sie ruiniert das Selbstwertgefühl der Betroffenen. Abgesehen von dem seelischen Schaden hat sie Folgen für den Betrieb, denn ein unsicherer Mitarbeiter wird nicht mit Eigeninitiative zum dauerhaften Erfolg des Unternehmens beitragen. Er wird sich nicht trauen, Entwicklungschancen zu ergreifen oder höhere Positionen anzustreben. Ihm wird auch die Motivation fehlen, selbst auf dieser Position eine überdurchschnittliche Leistung zu erbringen - wozu, wenn man sowieso nie gelobt wird?!

Oder: Eltern wissen um das Bedürfnis ihrer Kinder, die Liebe ihrer Eltern zu verdienen.

Sie führen ihren Kindern Erfolge von Altersgenossen vor. Sie kritisieren ihre Sprösslinge im berechtigten Wunsch, ihre Kinder zu einem besseren Verhalten zu animieren. Leider gibt es keine Fahrschule für werdende Eltern, wo ihnen erklärt wird, dass diese Methode, wie im Fall von Angestellten, mehr schadet als nützt. Schlimmer noch: Angestellte sind erwachsen - gestandene Persönlichkeiten - und können negative Bemerkungen mehr oder weniger gut wegstecken.

Ein Kind ist vor solchen Kanonenkugeln überhaupt nicht geschützt und trägt psychische Schäden davon. Ich meine damit nicht, dass wir unseren Kindern nie etwas Schlechtes sagen dürfen. Konstruktive Kritik und wenn nötig auch Tadel schaden nicht, wenn der Nachwuchs für gutes Benehmen und gute Leistungen gelobt und belohnt wird. Wichtig ist, unseren Kindern zu zeigen, dass sie geliebt werden und an sie geglaubt wird. Dann wollen sie mehr erreichen!

Einen Rat, wie man sich vor solchen Einflüssen schützt, kann ich hier nicht generell geben. Kleine Kinder haben in solchen Fällen nicht die Möglichkeit, sich zu wehren. Erwachsene dagegen sollten eine solche Rüge nüchtern betrachten, ob tatsächlich was dran ist.

Wenn ja, ist es keine Manipulation, sondern ein Feedback und Sie sollten an Ihren fachlichen Fähigkeiten arbeiten oder Fortbildungsangebote in Anspruch nehmen, um Ihre Kompetenzen zu erweitern. War es tatsächlich eine versuchte Manipulation, tun Sie diese als nichtig ab. Eine Diskussion mit dem Vorgesetzten anzufangen, wäre nicht ratsam. Wenn das ein einmaliger Vorfall war, hat es womöglich nichts mit Ihnen zu tun, wenn der Chef selbst gerade unter Druck steht. Kommt es öfter vor, könnten Sie in Betracht ziehen, den Arbeitsplatz zu wechseln.

„Wir sind alle Darsteller in einem Spiel der Täuschung und Manipulation"

Cihan Yilmaz

Du bist der/die Beste

Dies ist eine bessere Version des vorherigen Tricks. Sie erweckt in unserem Gegenüber ein gutes Gefühl und den Wunsch, dieser Erwartung gerecht zu werden. Gleichzeitig baut sie das Selbstwertgefühl des Menschen auf. Im Gegenteil zu der oben beschriebenen manipulativen Einwirkung kann man dieses psychologische Mittel in beide Richtungen der Hierarchieleiter einsetzen. Ich wende diese Taktik an, wenn ich meinen Arzt wechsele, wenn ich meinen impulsiven Mann dazu bringen möchte, etwas ruhiger zu reagieren oder bei der Kindererziehung.

Als ich vor drei Jahren zu meiner aktuellen Orthopädin gewechselt habe, sagte ich ihr, dass ich von meinen Nachbarn (die tatsächlich ihre Patienten sind) gehört habe, sie nehme sich viel Zeit für Patienten, sei sehr herzlich und versuche mit allen Mitteln zu helfen. Von meinen Nachbarn stammte diese großzügige Bewertung nicht, obendrein habe ich von den Arzthelferinnen dieser Gemeinschaftspraxis gehört, dass der andere Orthopäde besser sei. Doch möchte ich nicht zu diesem Arzt. Die ganze Zeit über gibt sich meine Ärztin so viel Mühe und zieht auch diesen anderen Arzt zu Rate, wenn sie nicht weiterweiß.

Manchmal in der Zweisamkeit gebe ich meinem Mann gegenüber zu, dass ich gemerkt habe, wie er sich zum Guten verändert hat und sich nicht mehr so lautstark äußert, wenn ihn etwas ärgert. Das schmeichelt ihm und beeinflusst gleichzeitig – mir fällt nämlich auf, dass er sich die Tage darauf besonders gut beherrscht.

Noch einfacher und effektiver ist es, Kinder auf diese Weise zu beeinflussen. Wenn ich erreichen will, dass meine Tochter das Lesen übt, sage ich ihr so etwas wie: „Du bist schon so schlau geworden, weißt so viele Sachen. Bestimmt ist es, weil du so gut lesen kannst und schon viele Bücher gelesen hast!" Und siehe da, ... sie bleibt nicht bis zuletzt vor dem Fernseher, sondern hüpft in ihr Bett und liest lieber vor dem Schlafengehen.

Meine Tochter schafft es im Handumdrehen, alle Spielzeuge aus den Schränken zu befördern, deswegen ist es in ihrem Zimmer meistens sehr unordentlich. Um sie zum Aufräumen zu bewegen, wende ich eine Kombination aus „du bist die Beste" und „wir ahmen gern nach" an: Ich schalte meine Lieblingsmusik ein und fange an zu putzen. In der Regel kommt sie irgendwann und schaut nach oder fragt, was ich mache.

Ich erzähle ihr dann, dass es mir Spaß macht, zu Musik zu putzen und es schön ist, wenn danach alles sauber ist. So schön wie letzte Woche als sie in ihrem Zimmer aufgeräumt hat. Es wirkt!

Ich weiß, was du getan hast

Wer kennt nicht die gelben Springfielder aus der Serie „Die Simpsons“! In einer Folge muss Rektor Skinner die Klasse von Bart für kurze Zeit verlassen. Um zu vermeiden, dass die Kinder wie so oft das Klassenzimmer verwüsten, sagt er: „Ich werde erfahren, wenn jemand nicht brav war - ich habe einen Spion unter euch.“ Daraufhin springt der arme Milhouse auf: „Aber Sie wollten mich doch nicht verraten!“... Viele denken an dieser Stelle: „Ach, so dumm!“

In der Serie „The Big Bang Theory“ wird dieser Effekt in der Szene gezeigt, in der in einer Bar Rajesh Koothrappali seinen Freunden seine neue Eroberung Claire vorstellt. Als er kurz abwesend ist und zurückkommt, fragt er, über was die Clique denn gerade gesprochen hat. Claire meint kurzerhand: „Sie erzählen mir gerade von all den Frauen, die du gerade triffst.“ Darauf Raj: „Warum tut ihr das?! Ich habe euch doch extra gebeten, darüber zu schweigen!“

Klingt schon eher nach dem, was jedem von uns passieren könnte? Tatsächlich wird dieser Trick gern angewendet. Bei polizeilicher Vernehmung spielt man zwei Komplizen gegeneinander aus, indem man vorgibt, von einem etwas erfahren zu haben.

Über laufende Ermittlungen wird oft in der Presse veröffentlicht, dass bereits einige Zeugenaussagen oder sogar die Täterbeschreibung vorliegen, in der Hoffnung, der Täter würde sich unsicher fühlen und einen Fehler begehen, sich mit viel Glück vielleicht sogar selbst stellen.

Dazu fällt mir die Geschichte vom weisen Hodscha Nasreddin ein:

Ein Geldbeutel wurde gestohlen und niemand wusste, wer der Dieb war. Die Bestohlenen und die Verdächtigen sollten vor Hodscha erscheinen und bekamen jeder einen Stock. Hodscha klärte auf: „Diese Stöcke sind alle gleich lang. Doch bis morgen früh wird der Stock des Diebes um ein Viertel länger." Der Dieb glaubt an Nasreddins Zauberkräfte und kürzt in der Nacht seinen Stock um genau ein Viertel. Und natürlich die rhetorische Frage: „Was meinen Sie, woran am Morgen alle sehen werden, wer der Dieb ist?!"

Eine Geschichte aus dem Leben:

Lenas Ehemann hat sie schon einige Male mit anderen Frauen betrogen und hat sie um eine letzte Chance gebeten. Zwei Jahre später beschleicht Lena ein Gefühl der Unsicherheit, sie weiß aber, wenn sie Dirk direkt fragt, wird er lügen. Sie beschließt, eine List anzuwenden. Eines Tages, als er unter der Dusche ist, ruft Lena mit verborgener Nummer sein Telefon an. Als Dirk dann vom Duschen kommt, sieht er Lena sein Mobiltelefon in der Hand halten. Sie blickt ihn wütend an, knallt das Handy auf den Tisch und geht aus dem Zimmer.

Die nächsten Tage schweigt sie Dirk an, schaut böse und antwortet auf seine Fragen, was denn los sei, mit: „Das weißt du ganz genau!!!" Er kann sich den anonymen Anruf natürlich nicht anders erklären, außer dass jemand seiner Frau über seinen Ausrutscher berichtet hat. Die daran beteiligte Frau beteuert zwar, dass sie nicht die Anruferin war, sie könnte aber jemandem davon erzählt haben oder jemand hat sie zusammen gesehen. Drei Tage später kommt der Mann mit einem Blumenstrauß heim und bettelt voller Reue: „Verlass mich nicht! Es war doch nur dieses eine Mal. Du weißt doch, wie besoffen ich an dem Tag war." Na, wenn der Anfang gemacht ist ... Im weiteren Gespräch hat sich herausgestellt, dass der heutige Ex-Mann die Gelegenheit bei der letzten Betriebsfeier genutzt und eine einsame, betrunkene Kollegin getröstet hat.

Wie Sie verhindern können, dass Sie auf so einen Trick reinfallen? Außer dass man einfach versucht, nichts allzu Schlechtes anzustellen?! ... Gewöhnen Sie sich ab, vorschnell zu reagieren. Trainieren Sie vor dem Spiegel, auf Befehl ein verwundertes, fragendes Gesicht aufzusetzen. Bleiben Sie bis zum Schluss dabei, dass Sie keine Ahnung haben, was Sie getan haben sollen – Ihr Gegenüber ist dann gezwungen, seine Karten auf den Tisch zu legen. In diesem Fall stellt sich das Ganze entweder als Nichts heraus oder Sie wurden tatsächlich erwischt und müssen entsprechend der Situation handeln.

Die Macht der Masse, Manipulierbarkeit der Masse

„Bei unseren Betriebsversammlungen ist jeder einzeln „dagegen" und gemeinsam sind wir „dafür!"

Angestellter

Psychologen haben festgestellt, dass ein einzelnes Individuum seine Kritikfähigkeit verliert, sobald es dem Einfluss der Masse ausgesetzt wird. Ab welcher Teilnehmerzahl der Einfluss der Menschenmenge entscheidend ist, ist unterschiedlich von Mensch zu Mensch und von Fall zu Fall. Eins ist jedoch gewiss: Je größer die Gruppe, desto mehr sind einzelne Mitglieder geneigt, die Meinung der Menge als eigene anzunehmen.

Wenn Sie Ihren Geschäftspartner dazu bringen möchten, Ihre Geschäftsidee in die Tat umzusetzen, veranstalten Sie ein Geschäftsessen und laden Sie zwei bis drei Unternehmer ein, die Ihre Idee schon vorab gut gefunden haben.

Dann brauchen Sie nur das Gespräch auf dieses Thema zu lenken. Die Teilnehmer müssen nicht unbedingt Unternehmer sein - das müssen aber selbstsichere Persönlichkeiten sein, die sich einigermaßen mit dem Thema auskennen und ihre Meinung mindestens halbwegs logisch begründen können. In Machtkreisen werden solche Geschäftsessen fingiert. Am Tisch sitzen gekaufte „Fachleute", die dem Ganzen einen Schub in die richtige Richtung geben sollen.

Fast das gleiche Prinzip liegt der Praktik zugrunde, öffentliche Reden vor großem Publikum zu halten: Es ist leichter, Massen zu überzeugen als eine einzige Person.

Wenn eine einzelne Person ihre eigene Meinung vertritt, übernimmt sie damit auch die Verantwortung für diese Meinung. Nehmen wir die Meinung der breiten Masse an, schieben wir die Verantwortung auf andere, was uns natürlich die Entscheidung leichter macht! Deshalb ist ein Mensch als Teil einer Gruppe leichtgläubig und beeinflussbar. Dieser Tatsache entstammt die Aussage: „Eine Menschenmenge hat viele Köpfe, aber wenig Gehirn."

Große Redner gestalten ihre Reden nach dem Grundsatz: Eine Menschenmenge reagiert dynamisch auf Emotionen und will starke Slogans hören. Um den Erfolg zu sichern, werden einige Souffleure in der Menge platziert.

Deren Aufgabe ist es, zum richtigen Zeitpunkt unterstützend dazwischenzurufen plus bekräftigende Argumente hörbar für Nebenstehende zu murmeln.

Sich vor Manipulationen in einer Menschenmenge zu schützen, ist relativ einfach: Sobald Sie erkannt haben, dass man versucht, Ihre Einstellung gegen Ihren Willen umzukrempeln, verliert auch die Manipulation an sich ihre Kraft. Achten Sie in großen Mengen darauf, nicht Ihre Meinung zu äußern, wenn sie verschieden ist. Denn es gibt Fanatiker, die vor Gewalt nicht zurückschrecken. Verlassen Sie den Ort, wenn möglich. Findet die Ansprache an Ihrem Arbeitsplatz statt - kein Problem: Sie brauchen nur das Ende der Versammlung abzuwarten. Solange Sie mit keinem eine Diskussion anfangen, ist weder Ihre Anstellung noch Ihre eigene Meinung in Gefahr.

Komplizierter wird es, wenn man aktiv versucht, auf Sie persönlich Druck auszuüben. Diskutieren hilft nur wenig, wenn es heißt „einer gegen alle". Entziehen Sie sich der Situation und nehmen Sie sich Ihren Geschäftspartner tête-à-tête vor.

Zwischen zwei Übeln ...

wählt man bekanntlich das kleinere. Die Wirkungsweise dieser Methode möchte ich anhand eines Witzes zeigen:

Ein armer alter Mann ist auf einer Landstraße auf seinem klapprigen Gaul unterwegs, wird von einem SUV-Fahrer übersehen und über den Haufen gefahren. Der Alte sieht ganz schlimm aus, das Pferd atmet kaum noch. Da denkt er sich: „Das ist ja ein aufgemotztes Monstrum von einem Auto – Geld genug ist also vorhanden! Dich und deine Versicherung zocke ich ab!" Der Fahrer steigt aus - in der Hand eine Pistole - und erschießt das Pferd. Dann dreht er sich zum alten Mann und fragt: „Und jetzt zu dir. Wie fühlst DU dich ...?" Das Ende der Geschichte können Sie sich denken. Um nicht wie sein Pferd zu enden, hat der Pechvogel sofort versichert, dass alles in Ordnung ist und er keinen Kratzer abbekommen hat.

Dass Menschen angesichts des drohenden Todes eine andere, eine unschöne, aber nicht die tödliche Alternative wählen, war auch dem biblischen König Salomon bekannt. Um zu erfahren, wer die echte Mutter des Säuglings ist, gab er vor, das Kind zweiteilen zu wollen.

Die Mutter des Kindes war daraufhin bereit, ihr Kleines der anderen abzugeben, um sein Leben zu verschonen. Der Streit wurde zu ihren Gunsten entschieden.

Da wir hier von Manipulationen im Alltag reden, geht es uns natürlich nicht um die Extrema. Es geht lediglich darum, zwei Alternativen anzubieten, wenn Sie jemanden dazu bringen wollen, etwas für Sie zu machen oder eine für Sie günstige Entscheidung zu treffen. Welche Alternative die schlechtere sein soll, versteht sich von selbst.

Wie man sich vor solchen Manipulationen schützt? Die Antwort ist so überraschend wie einfach: Zwischen zwei Übeln – wählen Sie keins von beiden!

Hierzu möchte ich etwas verdeutlichen: Erinnern Sie sich an meine Definition einer Manipulation. Sie wird angewendet, wenn eine direkte Konfrontation vermieden werden soll. Wenn Sie beide angebotenen Alternativen ausschlagen, muss sich Ihr Gegenüber entscheiden, ob er es sein lässt oder Sie zu einer Entscheidung zwingt. Dann nimmt die Sache einen anderen Charakter an und kostet jeden Menschen Überwindung.

Werden Sie danach trotzdem gezwungen zu wählen, sind Sie am Zug – je nachdem wie schlimm die Folgen Ihrer Entscheidung sind, können Sie das kleinere Übel wählen oder kündigen, wenn der Manipulator Ihr Vorgesetzter ist, beziehungsweise den Kontakt abbrechen, wenn die Person aus dem privaten Umfeld kommt.

Manipulation über unsere Bedürfnisse

Das Streben nach Wohlstand, unser Bedürfnis nach positiven Emotionen, Anerkennung oder Selbstverwirklichung werden als Ansatz für manipulative Beeinflussung benutzt:

In Büros werden kostenlos Obst, Getränke oder Gebäck angeboten - dafür akzeptieren die Angestellten einen niedrigeren Lohn ...

Ein Vorgesetzter eröffnet einem unscheinbaren Angestellten, dass er im ganzen Büro hohes Ansehen genießen wird, wenn er das aktuelle Projekt in der vorgegebenen Zeit allein schafft - dem Chef ist sehr wohl bewusst, dass für diese Arbeit mehr Personal benötigt wird, er will aber die Kosten sparen. Eventuell nimmt er sich zu diesem Zweck den Neuling und erklärt ihm, dass dieser erst mal dieses neue Projekt auf die Beine stellen soll, wenn er als Teil des Teams anerkannt werden möchte ...

Angestellten werden Prämien in Aussicht gestellt, die kaum erreichbar sind, beziehungsweise Karrierechancen versprochen - dafür nehmen die Beschäftigten unbezahlte Überstunden in Kauf oder erledigen die Arbeit in ihrer privaten Freizeit und werden dann übergangen ...

Oder es werden erst gezielt Bedürfnisse geweckt ... uns suggeriert, dass wir ohne diese Sache nicht vollkommen sind, nicht erfolgreich sein können oder warum auch immer sonst nicht ohne das Zeug leben können, um sie uns dann zu verkaufen - typische Vorgehensweise der Werbeindustrie.

Es gibt unzählige Beispiele solcher Winkelzüge. Davor können Sie sich retten, wenn Sie emotionslos alle Vor- und Nachteile abwägen: Vielleicht nimmt ein Auftrag so viel von Ihrer Freizeit in Anspruch, dass Sie auf Arbeitsstunden umgerechnet effektiv viel weniger Geld bekommen, als die Prämie wert ist. Ebenso verhält es sich mit beworbenen Artikeln - gewöhnen Sie sich an, keine spontanen Käufe zu tätigen, die über einen bestimmten Geldbetrag hinausgehen.

Versorgung mit Informationen

Jedes Kind lernt schon im frühen Alter, dass ihm Ärger erspart bleibt, wenn es sein Vergehen verschweigt oder die Schuld jemand anderem in die Schuhe schiebt, somit also lügt. Grundsätzlich jeder von uns manipuliert andere mithilfe von Informationen und das jeden Tag mehrmals. Im Alltag nennt sich das „soziale Kompetenz".

Doch an dieser Schraube kann man auch drehen, um Situationen und Menschen aktiv zu seinem Vorteil zu beeinflussen:

Man kann zum Beispiel gezielt falsche Gerüchte streuen, um die Menschen von der Wahrheit abzulenken. Diese Methode verwendet man, wenn man verhindern möchte, dass Interessenten ihre Suche nach Informationen aufgeben und sich mit fingierten Fakten zufriedengeben. Oder spezielles Wissen ist bereits an die Öffentlichkeit durchgesickert und es gilt, dieses in einer Flut von falschen Informationen zu verstecken.

Für die Umsetzung dieser Taktik sind zudem der Zeitpunkt sowie der Ort von Bedeutung. Will man mit einer Teilwahrheit Ruhe einkehren lassen, veröffentlicht man die Information.

Möchte man ablenken, verbreitet man Gerüchte über mehrere Personen. Dabei ist es besser, der jeweiligen Person zu verdeutlichen, dass diese Information „vertraulich" ist - damit wirkt sie glaubwürdig. Keine Sorge, kaum jemand behält vertrauliche Informationen für sich, die er auf inoffiziellem Weg erworben hat, denn Klatsch ist bekanntlich die Lieblingsbeschäftigung der meisten Menschen.

Wenn Sie Informationen preisgeben müssen, könnten Sie erstens diese mit einer Vielzahl von anderen Informationen weitergeben und zweitens die Mitteilungen mit Worten wie „wichtig", „Achtung" und so weiter hervorheben, damit die eigentlich interessante Neuigkeit abgewertet wird. Den gleichen Effekt können Sie erreichen, wenn Sie die Reihenfolge der Mitteilungen abändern, gegebenenfalls Ihre eigene Bewertung einfließen lassen oder die anderer Fachleute.

Recherchieren Sie und informieren Sie sich selbst, lesen Sie Fachliteratur oder vertrauen Sie Ihrer eigenen Logik, wenn im Moment keine verlässlichen Informationsquellen zur Verfügung stehen, um sich vor falschen Informationen zu schützen.

Vertrauen Sie nur dem, was Sie SELBST gelesen, gesehen, erprobt oder untersucht haben und überprüfen Sie Informationen, die an Sie von anderen herangetragen werden. Bilden Sie sich Ihre eigene Meinung und lassen Sie sich nicht so leicht davon abbringen.

„Der Mensch ist nicht schlecht, er ist nur beeinflußbar."

Daniel Mühlemann

Bekannte Betrugsmaschen

Erinnern Sie sich noch an die Erklärung, dass ein Lächeln in gebildeteren Bevölkerungsschichten häufiger zu sehen ist, weil es manipulativ eingesetzt wird? Genauso wie mit dem Lächeln verhält sich die Kriminalität ... Je fortgeschrittener die Gesellschaft, desto ausgefallener die Tricks der Betrüger.

Wurden Sie schon mal angerufen, weil Sie etwas gewonnen haben und Ihre Bankdaten mitteilen sollten, damit Ihnen Ihr Gewinn überwiesen werden kann? Oder sollten Sie per Vorkasse bezahlen, weil für diese „stattliche" Gewinnsumme hohe Transferkosten anfallen? Vielleicht hieß es, dass eine Ihnen unbekannte Tante im Ausland verstorben ist und um ein millionenschweres Erbe zu bekommen, Sie einige tausend Euro „für Notarkosten" zahlen sollten?

Von dem sogenannten Enkeltrick haben Sie bestimmt auch gehört. Laut Polizeiberichten schaffen es Täter auf diese Weise immer noch, einen von 100 Menschen zu überzeugen, ihnen größere Summen Geld zu überreichen. An dieser Stelle möchte ich Ihnen raten, Ihre Telefonnummer aus öffentlichen Telefonbüchern entfernen zu lassen.

Die Anrufer gehen mittlerweile mit solcher Raffinesse vor und üben oft sofort enormen Druck auf ihr Opfer aus, dass so ein Anruf traumatisieren kann, sogar, wenn Sie standhaft geblieben sind und die Betrüger abwimmeln konnten.

Wenn Sie einsam und schon älter sind, womöglich Pflege benötigen, seien Sie vorsichtig, sobald Ihnen angeboten wird, eine Vorsorgevollmacht zu unterschreiben. Auch hier laufen Sie Gefahr, alles zu verlieren. In Ihrem Namen kann der von Ihnen Bevollmächtigte Ihr Bankkonto leerräumen und kommt höchstwahrscheinlich davon.

In sozialen Medien oder Dating-Portalen agieren ebenfalls viele Kriminelle. Sie kontaktieren Singles, geben an, irgendwo im Ausland zu leben, erklären, dass deswegen ein Treffen nicht so einfach ist, gaukeln teilweise monatelang Gefühle vor und wenn sie ihr Opfer an der Angel haben, fragen sie nach Geld, um die Reise bezahlen zu können, oder erzählen, dass ihnen beziehungsweise ihren nahen Verwandten etwas Schlimmes passiert ist und sie dringend Geld brauchen. Ihr Opfer ist zu diesem Zeitpunkt schwer verliebt und natürlich bereit, alles für sie zu tun.

Alle Betrugsmaschen kann ich hier gar nicht aufzählen. Sie vereint allerdings eine Sache: Das Ziel, Ihnen Geld aus der Tasche zu ziehen.

Seien Sie deshalb skeptisch, sobald von Ihnen Geld verlangt wird. Und wenn Sie einem Beziehungsschwindler zum Opfer gefallen sind, brechen Sie auf der Stelle jeden Kontakt zu dieser Person ab. Wenn Sie sich einfach nur weigern, Geld zu überweisen, wird der Schurke nicht aufhören, Sie anzubetteln, Sie mit der Liebe zu erpressen, schlimmstenfalls werden Opfer bedroht, wenn den Tätern klar wird, dass sie nicht nachgeben. Blockieren Sie den Nutzer und versuchen Sie ihn/ sie zu vergessen. Ja, das tut weh! Denken Sie immer daran, dass das nichts mit Ihnen persönlich zu tun hat. Sie sind ein liebenswerter Mensch und müssen nur weitersuchen. Diese Beziehung war nicht echt, geben Sie getrost die ganze Schuld der anderen Seite und schließen Sie damit ab.

Wie Sie sich vor Manipulationen schützen können

Der allererste Schritt, um nicht das Opfer einer Manipulation zu werden, ist, Ruhe zu bewahren. Vor allem, wenn Sie merken, dass Ihr Gegenüber durch Hektik und Drängen versucht, Ihnen keine Zeit zum Nachdenken zu lassen.

Zweitens: Entziehen Sie sich der Situation, sobald Ihnen bewusst geworden ist, dass man versucht, Sie zu etwas zu zwingen, was Sie nicht wollen, zumindest für eine kurze Zeit. Sie könnten zum Beispiel ganz dringend „mal müssen". Auf der Toilette könnten Sie sich dann sammeln und sich eine Antwort überlegen. Doch das endgültige Verlassen ... sollte Ihr Ziel sein. Denn ein professioneller Betrüger hat eine Vielzahl Tricks auf Lager und Sie laufen Gefahr, darauf dennoch reinzufallen. Je mehr Zeit er hat, desto wahrscheinlicher ist es, dass er den für Sie passenden Trick findet.

Auch wenn es in diesem Kontext überraschend klingt: Manchmal ist es besser, einer Manipulation nachzugeben, als mit scharfen Worten oder einer Gegenaktion zu antworten.

Natürlich rede ich diesmal nicht von Verbrechern, sondern von Menschen in Ihrer privaten und beruflichen Umgebung. Einer Manipulation nachzugeben hat manchmal weniger unangenehme Folgen als eine offene Auseinandersetzung. Geschweige denn der Manipulator tut das zu unserem Besten. Wenn Sie am Zug sind, liegt die Verantwortung für den weiteren Verlauf des Geschehens bei Ihnen. Wenn Sie Kontra geben möchten, überlegen Sie sich, welche Reaktion Sie beim Gegenspieler mit Ihrer Antwort erzeugen könnten. Ob Sie damit nicht einen unnötigen Konflikt auslösen könnten.

Bedenken Sie außerdem, dass eine Person mehr Aufwand auf sich nimmt, Sie im Verborgenen zu beeinflussen, als wenn sie von Ihnen etwas direkt verlangen würde. Diesen Weg geht man in der Regel, wenn man den guten Kontakt, die Beziehung oder das Arbeitsverhältnis nicht gefährden möchte.

„Man kann einen Menschen schneller und leichter verderben als verbessern."

Berthold Auerbach

Wie Sie selbst beeinflussen und überzeugen können

Die Kunst der Überzeugung

In vielen Lebenssituationen hilft die Kunst, Menschen zu überzeugen, ungemein weiter. Es ist aber alles andere als einfach, einen Menschen zu etwas zu bringen, was er nicht wirklich möchte. Es benötigt viel Feingefühl und Menschenkenntnis. Ob unser Angebot angenommen wird, hängt von vielen Faktoren ab: Wichtig ist, was wir sagen, wie wir es rüberbringen – unsere Stimme, der angeschlagene Ton ... und wem wir es sagen. Denn um Reaktionen vorherzusehen und ein Gespräch weitestgehend so zu gestalten, dass keine für uns überraschenden Handlungen entstehen, muss man den Charakter des Menschen kennen oder zumindest einschätzen können.

Viele lassen sich einfacher überzeugen, wenn man sie vorher in ein Gespräch verwickelt. Das kann ein Smalltalk bei einer weniger bekannten Zielperson sein oder auch Fragen nach der Familie, Haustieren usw., wenn wir die Person näher kennen.

Auf diese Weise wird unser Gesprächspartner lockerer und ihm fällt es schwerer, eine darauffolgende Bitte auszuschlagen.

Überdies könnten Sie die Umgebung modellieren. Kein grelles Licht, angenehmer Duft, schöne Musik oder besonders leckeres Essen lässt jeden „sein Schild" herunterfahren.

Beobachten und zuhören ist dabei sehr hilfreich. Sie müssen Ihr Gegenüber in kürzester Zeit kennenlernen. Aktive Gesprächsführung muss auch gekonnt sein – stellen Sie Fragen, zeigen Sie Interesse an Ihrem Gesprächspartner. Währenddessen legen Sie sich Ihre Strategie zurecht. Die meisten Menschen haben bereits zu Anfang einer Unterhaltung bestimmte Vorstellungen darüber, wie, mit welchen Argumenten, mit welcher Mimik oder mit welchem Verhalten sie überzeugen können. Intuitiv entscheiden wir uns für die Strategie, die uns selbst überzeugt hätte. Um überzeugen zu können, müssen Sie Ihren Gesprächspartner möglichst gut kennen, aber nicht weniger wichtig ist es zu wissen, welcher Verhandlungstyp Sie sind. Können Sie über sich selbst sagen, dass Sie nichts vom Ziel ablenkt und Sie dranbleiben oder geben Sie schnell nach?

Sie müssen sich dennoch im Klaren sein, dass Ihr Spiel durchschaut werden könnte.

Manipulationen, wenn sie entdeckt werden, können Beziehungen und berufliche Partnerschaften gefährden oder sie schlimmstenfalls beenden. Manchmal ist es doch besser, sich davor gute Argumente zu überlegen und fair zu verhandeln.

Männer und Frauen

Sie unterscheiden sich in sehr vielen Punkten und haben viele geschlechtsspezifische Besonderheiten. Jede dieser Besonderheiten kann zu Manipulationszwecken benutzt werden. Da für die meisten Manipulationen Kommunikation notwendig ist, möchte ich hier hauptsächlich die Unterschiede erläutern, worauf man also im Gespräch mit Männern oder Frauen achten sollte.

Männer interessieren sich eher für das Ergebnis einer Unterhaltung, wie die Geschichte ausgegangen ist oder versuchen zur Lösung des Problems beizutragen. Sie sind schlechte Zuhörer, es sei denn, sie finden das Thema interessant. Einer Frau als Gesprächspartner schenken sie weniger Aufmerksamkeit als einem Mann. Dieses Desinteresse hat in den meisten Fällen zwei Ursachen: erstens ein sogar in der heutigen Gesellschaft immer noch niedriger Status von Frauen, zweitens – die für Frauen typische Weitschweifigkeit.

Warum ist das so?

Bei einer Konversation ist einer Frau weniger das Ergebnis als der Prozess an sich von Bedeutung. Sie interessiert sich für Details wie die Umgebung, die Gefühle der Menschen und deren Verhältnis zueinander. Während sie zuhört, entnimmt sie der Erzählung mehr Informationen, als ein Mann darin erahnt hätte, und analysiert für sich die dargestellte Situation. Außerdem befriedigt eine gute Unterhaltung ihr Bedürfnis nach positiven Emotionen und gibt ihr das Gefühl der sozialen Zugehörigkeit. Möchten Sie eine Frau im Gespräch beeinflussen, lenken Sie ihre Aufmerksamkeit auf emotionale Aspekte, menschliche Gefühle und Beziehungen, erzählen Sie von Ereignissen über Familien und Kinder, über Erlebnisse und Kummer, über Männer ...

Männer interessieren dagegen Fakten, Logik, präzise Formulierungen und Bündigkeit. Versuchen Sie deshalb, Gespräche mit Männern so zu gestalten, dass schon in den ersten Worten etwas für den Mann Interessantes auftaucht, was im weiteren Verlauf der Unterhaltung erklärt wird. Denken Sie dabei an Ihr Auftreten, denn Männer hören lieber zu, wenn sie die Person für kompetent halten. Versuchen Sie es mal mit einer Brille: Eine Brille lässt einen Menschen intelligent erscheinen.

(Wiederum achten Frauen in diesem Fall zusätzlich darauf, ob die Brille zu der Person passt und ob sie die Augen des Gegenübers betont, desto lieber sprechen sie mit dieser Person.) Allerdings sollte es keine getönte Sonnenbrille sein – Ihre Augen sollten immer gut sichtbar sein – intuitiv werten alle Menschen Versuche, Augenkontakt zu vermeiden, als Nachweis für Lügen beziehungsweise als Bemühungen etwas zu verheimlichen.

Welche Themen sollten Sie in Gesprächen mit Männern anschneiden? Männer zeigen sich gern versiert – ob Technik, Politik oder beruflicher Erfolg – sie wollen Argumente bringen und hören. Die volle Aufmerksamkeit eines Mannes haben Sie, wenn Sie am Anfang des Gesprächs etwas Interessantes und für ihn Neues zum Thema erzählen. Das Thema „Frauen“ taucht selbst bei betagten Männern immer wieder auf, erst recht kann man einen jungen, alleinstehenden Mann für eine anregende Gesprächsrunde gewinnen.

Manipulation über menschliche Schwächen

Ich kann mir nicht vorstellen, dass irgendeine unserer Schwächen nicht für versteckte Beeinflussung missbraucht werden kann. Nehmen wir **Neugierde**: Alle, wirklich alle – der eine mehr, der andere weniger – sind neugierig. Die Filmindustrie sowie Buchautoren machen es sich zu Nutze mit gut platzierten Cliffhangern. Werbeindustrie und Telefonverkäufer verfolgen das Ziel, Interesse bei Kunden zu wecken, dafür entwickeln sie unzählige Strategien. Ganze Schulungen werden auf die Beine gestellt, weil menschliche Neugier viel Potential birgt und sehr leicht zu wecken ist. Sie können diese Eigenschaft für sich nutzen. Wie?

Möchten Sie während einer Präsentation/eines Vortrags die Aufmerksamkeit der Zuschauer sichern, packen Sie in Ihre Einleitung ein paar wichtige Informationen, die den Nutzen des Vortrags verdeutlichen. Stellen Sie schon am Anfang Fragen auf und versprechen Sie, diese in Ihrer Präsentation zu beantworten. Auch im späteren Verlauf sollten immer wieder Fragen gepaart mit Vorteilen auftauchen, die diese Informationen beinhalten.

Eine leicht überspitzte Einleitung hilft dabei ebenso wie ein gut überlegter Witz, abgestimmt auf die jeweilige Zuschauergruppe, deren Alter, Fachrichtung etc. Und natürlich sollte der Schwierigkeitsgrad an das Auditorium angepasst werden – sind die Erklärungen zu simpel, werden sich die Zuhörer langweilen. Fast das Gleiche kann passieren, wenn Sie zu kompliziert erklären – die Zuhörer könnten verzweifeln, weil sie etwas nicht verstehen, sie geben dann auf und wünschen sich nur noch, dass Sie bald fertig sind.

Ob Sie nun ein Thema vortragen oder etwas verkaufen möchten, gestalten Sie Ihre Ansprache so, dass schon in Ihren ersten Sätzen der persönliche Vorteil für den Kunden erkennbar ist. Lassen Sie Ihre Rede nicht zu lang werden, denn auch der interessanteste Vortrag wird irgendwann zu viel. Benutzen Sie dabei bildhafte Ausdrücke. Zum Beispiel bleibt uns im Gedächtnis eher ein „alter gebrechlicher Mann" oder ein „pummeliges Baby" als ein „Mensch". Wenn Sie eine gut schmeckende Frucht verkaufen wollen, sagen Sie nicht: „Sie ist lecker." Beschreiben Sie sie mit Adjektiven wie „honigsüß", „erfrischend", „knackig" oder umgekehrt „butterweich". So haben Sie die Neugierde des Kunden geweckt und er möchte die Frucht probieren.

Dummheit wäre die nächste große Schwäche. Albert Einstein wird zugeschrieben, die menschliche Dummheit als unbegrenzt bezeichnet zu haben. Leider kann ich das bestätigen - ich gehöre mit zu den Menschen, die schon mal aus Dummheit falsch gehandelt haben. Höchstwahrscheinlich kann keiner von sich behaupten, immer alles gut abgewogen und das Richtige getan zu haben, denn Fehler gehören zum Leben und helfen bei unserer Entwicklung - wenn wir natürlich aus unseren Fehlern lernen wollen. Ich glaube aber, diese Art von Dummheit hat der berühmte Physiker nicht gemeint: Menschen sind von Natur aus träge, was körperliche Betätigung betrifft, und besonders faul, wenn etwas mit geistiger Anstrengung verbunden ist.

Ein Beispiel: Da Sie gerade diese Zeilen lesen, gehören Sie wahrscheinlich zu der Art von Menschen, die sich gern weiterbilden oder zumindest gern interessante Bücher lesen. Kann sein, dass Sie sich darüber hinaus für Kreuzworträtsel, Sudoku oder ähnlich logische Spiele interessieren. Hören Sie aber bei der nächsten Aufgabe in sich hinein, welcher Gedanke blitzt als Erster auf: Suchen Sie im Internet Abiturprüfungsaufgaben des letzten Jahres im Fach Mathematik und beantworten Sie die erste Frage.

Wenn Sie nicht ohnehin schon ein Mathematiklehrer sind oder beruflich mit Mathematik zu tun haben, würden Sie sich zuerst in dieses Thema hineinlesen und dann auch noch das Wissen anwenden müssen, um die Aufgabe zu lösen. Mit Sicherheit war der Gedanke, den ich gemeint habe, schon da, als Sie die Worte „Abiturprüfungsaufgaben" und „Mathematik" gelesen haben - unsere Faulheit, sich anzustrengen, hat sich gemeldet! Dieses Beispiel war eindeutig ein Extremum, doch Sie verstehen wahrscheinlich auch selbst, dass es im Leben nicht anders ist. Statt Informationen zu überprüfen, die ihnen aufgetischt werden, neigen die Meisten dazu, Ihnen Glauben zu schenken. Es finden sich immer irgendwelche schlauen Köpfe, die diese Unsportlichkeit ausnutzen.

Nach meiner Auffassung glauben gebildete Menschen eher nicht an Übersinnliches wie Gott, Geister oder Hellseher. Bestimmt bin ich nicht die Einzige, die diese Meinung vertritt. Der Anteil der Akademiker betrug in Deutschland laut Statistik 21 % (Stand 2016). Angenommen, es nutzen genauso viele Menschen die reich vorhandenen Weiterbildungsangebote und sind dann im Bildungsniveau diesen 21 % ebenbürtig. Das bedeutet dennoch, dass mehr als die Hälfte unserer Bevölkerung leichte Beute für Betrüger ist.

Wie viele Wahrsager, Hellseher und Esoteriker treiben immer noch ihr Unwesen ... tja, sie finden trotz der breiten Aufklärung genug Opfer. Dieser Trend nimmt erfreulicherweise mit jeder weiteren Generation ab. Zum Teil sind die nach wie vor hohen Opferzahlen der Gutgläubigkeit älterer Generationen zuzuschreiben – die heutigen Senioren hatten damals das Glück, in einer relativ friedlichen Welt gelebt zu haben, wo Geld und Erfolg lieber mit Fleiß erreicht wurden als mit Betrug. Sie hatten es nicht nötig, Skepsis aufzubauen.

Die Welt von heute ist informationsbasiert, sie hat sich innerhalb von wenigen Jahren entwickelt – viele Menschen sind auf der Strecke geblieben, größtenteils wiederum wegen der Abneigung Neuem gegenüber, denn dafür müsste man sich ja anstrengen und etwas lernen!

Wie Sie sich die Begrenztheit von Menschen zu Nutze machen können, wird im Unterkapitel „Alles eine Sache der Interpretation" beschrieben.

Der eigene Name

Einmal habe ich aus eigener Erfahrung lernen müssen, was uns der Datenschutz in extremen Fällen wegnimmt: Ich wartete in einer Arztpraxis. Nachdem ich mich an der Rezeption angemeldet hatte, bekam ich einen Zettel mit einer Nummer – ich glaube es war die 42. Als ich an der Reihe war und der Arzt die Nummer aufrief, freute ich mich zwar über das Ende der Wartezeit, ein gewisser Nachgeschmack ist aber geblieben … Ich kam mir so unbedeutend vor! Vor diesem Tag hätte ich nie gedacht, dass mir so etwas viel ausmachen würde.

Mir fiel ein, wie Andrew Carnegie darauf kam, dass er von Menschen bekommt, was er möchte, wenn er ihren Namen Bedeutung verleiht beziehungsweise ihnen zeigt, dass er ihre Namen schön findet.

Diese Idee ist ihm noch in der Kindheit eingefallen: Er hatte ein Kaninchenweibchen gekauft, das kurze Zeit später Nachwuchs bekam.

Da es mühsam war, nun so viele Kaninchen mit Futter zu versorgen, hatte er Nachbarkindern versprochen, die Jungtiere nach ihnen zu benennen, wenn sie für genug Futter sorgen - daraufhin hatte er ausreichend Gras und eine Erkenntnis, die er in seinem Leben noch oft gebraucht hat. Noch eine bemerkenswerte Geschichte - wie Andrew Carnegie mit ähnlicher Strategie zu seinem Reichtum kam:

Im Alter von dreißig Jahren gründete er sein eigenes Unternehmen. Er war kein gebildeter Mann, was ihm zum Erfolg verhalf, war die Fähigkeit zu beobachten und zu analysieren. Er erkannte, dass die Stahlindustrie eine zunehmende Rolle in der Zukunft spielen würde und hat sich entschieden, in ein Stahlwerk zu investieren. Ein großer Abnehmer der Stahlprodukte war zu dieser Zeit die Pennsylvania Railroad Company von John Edgar Thomson.

Carnegie wusste, dass er viel Gewinn erwirtschaften würde, wenn er Thomson einen Dauerauftrag für Gleise abringen könnte. Wenn Sie diese Geschichte nicht kennen, machen Sie bitte an dieser Stelle eine Pause und überlegen sich, wie hätten Sie Ihr Wissen über die Vorliebe der Menschen für eigene Namen eingesetzt, um den Gründer des damals größten Unternehmens der Welt dazu zu bringen, den Vertrag mit Ihnen abzuschließen? Was Andrew Carnegie eingefallen ist, war genial und einfach zugleich:

Er hat in Pittsburgh ein riesiges Stahlwerk gebaut und ... es Edgar Thomson Steel Works genannt! Thomson fühlte sich geschmeichelt und ging die Partnerschaft ein.

Der eigene Name klingt für jeden Menschen am schönsten. Vermeiden Sie deshalb, Namen falsch auszusprechen oder Spitznamen zu benutzen, wenn Ihnen das nicht angeboten wurde. Wenn Sie die Zuneigung einer Person gewinnen möchten, sprechen Sie sie immer wieder ungezwungen mit dem Nachnamen an oder mit dem Vornamen, wenn die Beziehung zu ihm/ihr das erlaubt. Scheuen Sie nicht nachzufragen, wenn Sie sich den Namen Ihres Gesprächspartners nicht sofort gemerkt haben oder Sie sich nicht sicher sind, ob Sie ihn richtig aussprechen. Schreiben Sie ihn bei nächster Gelegenheit auf. Ich habe ein sehr schlechtes Gedächtnis, wenn es um Namen geht, daher denke ich mir oft Eselsbrücken aus, um mir die Namen zu merken.

Ein Beispiel: Vor etwa zwei Jahren habe ich ein junges Mädchen namens Paula kennengelernt, die zu der Zeit die achte Klasse besucht hat. Damals lief im Fernsehen immer wieder der Werbespot für Paula-Pudding, in dem zwei Jungen und ein Mädchen zu den Reimen über den Pudding-Namen auf den Pudding-Bechern trommelten.

Ich fand die Ähnlichkeit des Mädchens im Werbespot hilfreich, um mir zu merken, wie die Achtklässlerin heißt, und die Flecken im Pudding könnten mit ein wenig Fantasie wie eine Acht aussehen. Die Eselsbrücke war perfekt. So perfekt, dass ich selbst heute noch lachen muss, wenn ich den Pudding sehe, weil ich an dieses Mädchen denken muss - es funktioniert offensichtlich andersherum genauso!

Trick: Sag Ja, das nächste Ja fällt dir leichter

Robert Cialdini veröffentlichte in seinem Buch „Influence" Ratschläge für Verkäufer. Er hat beobachtet, dass Menschen das Bedürfnis haben, bei ihren Gefühlen, Launen und Meinungen konstant zu bleiben. Um eine Meinung zu bilden, betreibt eine Person in der Regel einigen Aufwand - sie sammelt Informationen, analysiert diese und zieht für sich Schlüsse daraus. Immer wieder seine Meinung zu ändern, würde uns viel Kraft kosten.

Genau so läuft es ab, wenn wir Zuneigung oder Abneigung empfinden. Verkäufer nutzen diese Eigenschaft, um uns regelrecht zu programmieren. Sie fangen ein Gespräch mit positiven Aussagen an, stellen gezielt einfache, angenehme Fragen, auf die wir erwartungsgemäß mit „Ja" antworten und sobald wir in dieser Spur sind, stellen sie die eigentlich wichtige Frage.

Nach mehrfacher Bejahung fällt es uns schwer, „Nein" zu sagen. Das wird Salamitaktik genannt - Verkäufer bieten potentiellen Kunden immer wieder kleinere kostenlose Proben an oder günstige Teilprodukte, um Sie dann an das Hauptprodukt heranzuführen.

In der Regel kommt dem Kunden der Gedanke, dass er ja schon alles dafür hat und am logischsten wäre der Schritt, das eigentliche Produkt zu kaufen.

Die Rolle von Ritualen in unserem Leben

Wir alle sind Gewohnheitstiere. Wir brauchen feste Abläufe in unserem Leben, damit wir uns sicher fühlen. Meist unbewusst führen wir in unserem Alltag Rituale ein, weil in der Gesellschaft bestimmte Regeln und Erwartungen vorherrschen, geben wir angelernte Verhaltensstereotypen an unsere Kinder weiter. Der chinesische Philosoph Konfuzius war der Meinung, dass Riten sowohl zur Optimierung eines jeden Individuums als auch der Gesellschaft beitragen. Sie bieten Stabilität und Ordnung und bewahren die wesentlichen Ideale. Rituale erleichtern unser Leben, für einen Menschenkenner sind sie eine weitere Möglichkeit, auf Menschen einzuwirken – sie erleichtern ihm die Verhaltensprognose in Standardsituationen. Außerdem benötigt eine Änderung einer bereits geplanten Handlung viel Energie, emotional wie physisch, was wir nicht gern tun. Eine Änderung des gewohnten Verhaltens bei anderen wird uns aus diesem Grund auffallen und beunruhigen.

Zum Beispiel ist es unsere Gewohnheit, Bekannte und Kollegen zu begrüßen. Uns wird es anerzogen und wir wissen, dass es unhöflich ist, jemanden nicht zu grüßen.

Auf diese Weise können wir anderen gegenüber, unsere Missachtung zum Ausdruck bringen. So kann ein Vorgesetzter eine Menge unangenehmer Gefühle bei seinem Angestellten hervorrufen. Wenn er ihn zum Nachdenken bringen möchte oder dazu, seine Arbeitseinstellung zu ändern, muss er nur einmal „vergessen", ihn zu grüßen. Jeder von uns achtet auf die Einhaltung von solchen sozialen Verhaltensregeln - vor allem achten wir auf diese Zeichen seitens Personen, die ranghöher als wir selbst sind oder uns viel bedeuten. Dieser Angestellte wird sich garantiert fragen, ob es etwas zu bedeuten hatte und womöglich die gewünschte Verhaltenskorrektur vornehmen, ohne dass der Chef ihn damit direkt konfrontieren muss. Das Gute an diesem Trick ist: Kommt es dennoch zu einer Aussprache, kann der Chef erklären, dass er lediglich in Gedanken war und nicht beabsichtigte, den Angestellten auf irgendeine Weise zu kränken.

Eine Variante dieser Methode ist, während der Begrüßung dem Menschen nicht in die Augen zu sehen - dies stiftet dieselbe Verwirrung.

„Die Manipulationsmöglichkeiten haben sich natürlich im Zeitalter der Massenmedien erheblich erhöht."

Arthur Miller

Alles eine Sache der Interpretation

Passend zum Thema möchte ich Sie mit einem Witz aufheitern:

Die Hochzeit steht an, die Braut und ihre Eltern sind aus dem Haus, um die letzten Besorgungen zu machen, der Bräutigam ist allein mit der Brautjungfer. Sie macht ihm immer wieder Avancen und schlägt letztendlich vor, kurz ins Schlafzimmer zu verschwinden – immerhin ist er bald verheiratet. Der Bräutigam ist sichtlich gestresst, ringt kurz mit sich und rennt aus dem Haus. Da fällt er seiner Zukünftigen samt ihren Eltern direkt in die Arme, diese gratulieren ihm voller Freude, die letzte Feuerprobe bestanden zu haben. Die Braut und ihre Eltern strahlen vor Glück, einen anständigen Mann in die Familie aufnehmen zu können, der Bräutigam denkt sich in diesem Moment aber: „Uff ... Was für ein Glück, dass ich die Kondome im Auto vergessen habe!!!"

Auch wenn es nur ein Witz ist, verdeutlicht er eine unbestrittene Tatsache: Nicht alles ist so, wie es für uns aussieht – ein fruchtbares Feld für Manipulationen!

Die berühmtesten Beispiele sind die vielen Interpretationen der Bibel, die es (zugegeben) klugen Menschen ermöglicht haben, ganze religiöse Organisationen zu gründen. Wussten Sie, dass der islamische Prophet Mohammed ursprünglich nur vorhatte, die Bibel für sein Volk zu übersetzen? Er wollte seinen Mitmenschen die Religion nahebringen. Die ersten Bücher des Alten Testaments haben es noch relativ unverändert in den Koran geschafft, danach schrieb Mohammed eigene Gedanken und Interpretationen hinein.

Ohne es zu beabsichtigen, hat er ein religiöses Werk geschaffen und wurde zum Propheten erklärt. Im Gegensatz zu Mohammed gründen viele Sektenführer neue Glaubensgemeinschaften aus eigennützigen Gründen – um verehrt zu werden oder zu eigener Bereicherung. Noch heute entstehen sogar in unserer fortgeschrittenen Gesellschaft Sekten, die erstaunlich viele Mitglieder für sich gewinnen können. Ich behaupte, dass so etwas nicht ohne einen beträchtlichen Einsatz von Manipulationen möglich ist. Der Grundstein derer sind verschiedene Auslegungen der biblischen Inhalte.

Warum ich das schreibe? Ich schlage Ihnen nicht vor, eine neue Religion zu gründen. Ich möchte nur aufzeigen, wie sehr Menschen beeinflusst werden können, wenn man sich Zeit nimmt, um eine glaubhafte Erklärung zu formulieren.

Selbstverständlich kommen in solchen Erklärungen auch falsche Tatsachen vor. Ach, was solls … nennen wir es, wie es ist – diese Erklärungen sind nichts anderes als Lügen! Denn wenn es die Wahrheit wäre, wäre das keine Manipulation. Aus diesem Grund muss jeder für sich entscheiden, ob er auf diese Mittel zurückgreifen will. Überlegen Sie sich dabei, ob Sie die Person, die Sie auf diese Weise beeinflussen möchten, nur einmal treffen oder mit ihr eine längere Partnerschaft anstreben und riskieren möchten, dass Ihre Lüge sofort oder im Laufe der Partnerschaft auffliegt. Jetzt zu der Technik an sich:

1. Lernen Sie aus dem Stegreif zu argumentieren. Menschen, die in Diskussionen spontan jede Partei ergreifen können und fähig sind, schnell und logisch Gegenargumente zu bringen - sie werden auch Advocatus Diaboli genannt - verfügen über ein schnelles Denkvermögen, sind in der Regel sehr intelligent und gebildet. Überspitzt gesagt, sind diese Menschen im Stande, einen Menschen davon zu überzeugen, dass Weiß in Wirklichkeit Schwarz ist. Manche lernen es im Laufe ihrer beruflichen Ausbildung, wie zum Beispiel Anwälte, manche machen es aus Spaß. Um das zu können, müssen Sie immer wieder üben.

Wenn Sie zum Beispiel abends Nachrichten verfolgen, versuchen Sie zu jeder Aussage des Nachrichtensprechers Gegenargumente zu finden oder üben Sie das mit ihren Freunden beziehungsweise dem Lebenspartner. Das ist sogar sehr interessant, wenn beiden bewusst ist, dass ihr jeweiliger Standpunkt nicht ernsthaft angegriffen wird. Es ist gleichzeitig eine Herausforderung für den Intellekt.

Meinem Mann machen solche Gespräche sehr viel Spaß – er ist ein Meister der Faktenverdrehung. Zugegebenermaßen beneide ich ihn um diese Fähigkeit und bin für die Lektion, die er mir am Anfang unserer Beziehung erteilt hat, sehr dankbar. Damals war ich ein Menschenfreund mit Herz und Seele – natürlich war mir bewusst, dass jeder lügt, um eine unangenehme Situation oder eine Strafe zu vermeiden, doch ich habe nicht einmal den Gedanken daran zulassen wollen, dass Menschen aus Spaß die Unwahrheit sagen oder einfach nur, um Recht zu behalten Tatsachen so verdrehen und alles logisch begründen, dass es wirklich sehr glaubhaft klingt. Wir sind beide Akademiker – mein Mann hat mehr Länder bereist und verfügt als Ingenieur dementsprechend über mehr technisches Wissen als ich.

Wenn er in unseren Gesprächen etwas erläutert hat, habe ich ihm aufs Wort geglaubt. Bis es um eine Frage ging, wo ich mir hundertprozentig sicher war, dass das so nicht stimmt. Ab diesem Zeitpunkt habe ich selbst nach Informationen zu dem jeweiligen Diskussionsgegenstand gesucht, wenn mir das Ergebnis unserer Entscheidung wichtig war. Auch wenn diese Erfahrung anfangs negativ behaftet war, denn es hatte auch etwas mit Vertrauen zu tun, die in einer Beziehung selbstverständlich ist, hat mein Mann mir tatsächlich einen großen Gefallen getan. Er hat mich gelehrt zu recherchieren, mir meine eigene Meinung zu bilden und nicht allen sofort zu glauben. An dieser Eigenschaft sollte jeder von uns arbeiten, um Manipulationen nicht zum Opfer zu fallen. Außerdem war das bei meinem Mann nur ein Versuch, mich mit seinem Wissen zu beeindrucken. Anders Kriminelle – um Sie zu überzeugen, legen sie sich im Vorfeld unzählige Begründungen und Gegenargumente zurecht und scheren sich nicht um psychische und erst recht nicht um finanzielle Schäden, die Sie verursachen.

2. Lernen Sie zu lügen. Ja, Lügen ist verpönt. Diesen Ratschlag gebe ich deshalb sehr ungern! Wenn Sie aber erfolgreich mithilfe falscher Informationen manipulieren wollen, müssen Sie gekonnt lügen - die meisten Menschen können das erfreulicherweise nicht, sonst könnten wir niemandem mehr vertrauen. Lügen kann man auf zwei Wegen lernen: Sie denken sich eine Geschichte zu Ihrer Lüge aus und wiederholen sie für sich immer wieder, bis Sie fast daran glauben oder Sie trainieren sich durch permanentes Lügen Ihr Gewissen ab.

Die erste Lösung wird meistens dann genommen, wenn eine Person einmal lügen muss, meistens steht für sie sehr viel auf dem Spiel und sie kann sich nicht anders helfen. Sie ist im sozialen Aspekt eine weniger problematische und gesündere Variante, weil das bedeutet, dass die Person aufrechtes Verhalten nicht gänzlich ablegen möchte und somit für die Mitmenschen vertrauenswürdig bleibt. Einzig möchte ich das Extremum ausschließen, wenn sich ein Individuum mit solchen Geschichten eine eigene Welt schafft und nur noch darin lebt - solche Entwicklungen müssen psychotherapeutisch behandelt werden. Wenn Sie sich für den ersten Weg entschieden haben - gebe ich Ihnen einen Tipp:

Die Geschichte, die Sie sich ausdenken, muss schlüssig sein. Jedes Detail, der Ablauf, die genaue Zeit, die Ortsbeschreibung und so weiter, müssen durchdacht und ohne zu zögern wiedergegeben werden. Hilfreich sind unbedeutende Kleinigkeiten wie ein Saft, den Sie zwischendurch am Kiosk an der Ecke gekauft haben. Wenn Sie eine Behauptung als Fakt darstellen möchten, könnten Angabe des Zeitpunktes, Benennung der angeblichen Quelle der Information (wie Buch „Soundso", Fernseher, eine Vorlesung an der Uni etc.) und ähnliche Details diese glaubhaft machen.

Ist ein Mensch dagegen ein notorischer Lügner - hat sich also das Gewissen abtrainiert - ist er für seine Umgebung nicht tragbar, da er oft einfach nur aus Gewohnheit lügt. Er hat mit dem Lügen beruflich und finanziell womöglich viel erreicht, wird aber häufig gemieden und bleibt schlimmstenfalls den Rest seines Lebens allein.

3. Arbeiten Sie an Ihrem Auftreten. Ihr Selbstwertgefühl meine ich jetzt nicht. Es versteht sich von selbst, dass Sie von sich überzeugt sein sollten, allein schon, um den oben beschriebenen Beeinflussungsversuchen standzuhalten.

Hier geht es eher um das Produkt, das Thema oder ein bestimmtes Handeln, für das Sie werben oder wozu Sie andere bringen wollen. Menschen werden misstrauisch, wenn ihr Gegenüber unsicher ist. Sie durchschauen andere mühelos – für gewöhnlich schämen wir uns vor uns selbst, wenn wir tricksen müssen – derartige innere Konflikte sind einem anzusehen. Ein Verkäufer, der von seinem Produkt überzeugt ist, erzählt darüber selbstbewusst, energisch und mit sichtbarer Begeisterung. Sie könnten zum Beispiel Präsentationen erstellen und vor einem Spiegel das Vortragen üben. Um sich „im Einsatz" sicher zu fühlen, könnten Sie mit einem Freund oder mit Ihrem Partner ein Verkaufsgespräch durchspielen, das vielleicht nicht ganz reibungslos verläuft, und sich zusammen Argumente einfallen lassen, falls „der Kunde" widerspricht.

Eine tiefe, ruhige Stimme zeugt gleichermaßen von Selbstsicherheit. Wie und wo Sie stehen, ist nicht weniger wichtig: Stellen Sie sich am besten mit beiden Beinen gerade hin, Füße schulterbreit mit gestrecktem Rücken und leicht erhobenem Kopf. Stellen Sie sich nicht eng an eine Wand oder in eine Ecke, sondern beanspruchen Sie durchaus Raum für sich. Das Gleiche gilt, wenn Sie im Sitzen verhandeln.

4. Menschen glauben gern Experten. Sie sollten daher eine gewisse Autorität ausstrahlen. Am einfachsten erreicht man das mit der richtigen Kleidung und Accessoires, beispielsweise einem Anzug und einem Aktenkoffer oder ölverschmierter Arbeitskleidung eines Automechanikers (diesen könnte man auch nur andeuten mit einer Jeans, ein paar Schraubenschlüsseln in den Hosentaschen und einem Scheckheft in der Brusttasche Ihrer Jacke) - je nachdem also, was Sie präsentieren wollen. Hilfreich wäre außerdem, sich echtes Fachwissen anzueignen, um beim Argumentieren nicht in ein Fettnäpfchen zu treten.

Was andere wollen, muss gut sein

Wenn Sie in einer fremden Gegend sind und zwischen zwei Restaurants wählen müssen, für welches entscheiden Sie sich, für das fast voll besetzte oder für das ohne Besucher? Wahrscheinlich werden Sie das erste wählen, in der Annahme, dass das Essen dort sehr gut schmeckt. Restaurantbesitzer begleiten in der Regel die ersten Besucher an Fensterplätze, um Passanten den Eindruck zu vermitteln, dass das Lokal beliebt ist. Manchmal werden Freunde oder Angestellte vor die Theke einer Eisdiele platziert und so eine Warteschlange simuliert, um mehr Kunden anzulocken.

Werbesendungen haben bestimmte Tricks, um ihre Produkte zu verkaufen. Um hohe Nachfrage vorzutäuschen, werden ins Studio Anrufe von „interessierten Kunden" durchgestellt, die Fragen stellen und ihre Begeisterung ausdrücken. Auf dem Bildschirm laufen nebenbei die angeblichen Verkaufszahlen ... Die Ware ist also angesagt. Kam es schon mal vor, dass die Verkaufszahlen die ganze Sendung lang auf null blieben(?) - das würden die Veranstalter nicht zulassen, sonst würde der Zuschauer erkennen, dass das Produkt unnötig, schlecht, zu teuer ist oder sonst auf welche Art auch immer eine falsche Kaufentscheidung wäre - niemand will es ja!

Haben Sie schon mal eine Oscarverleihung mit leeren Zuschauerplätzen gesehen? Mit Sicherheit nicht. Wo die Gäste fehlen, werden Statisten eingesetzt - dieser Aufwand ist nötig, um die Veranstaltung als heißbegehrt und äußert wichtig erscheinen zu lassen.

Möchten Sie etwas verkaufen, sagen Sie am Telefon, dass Sie das Geschäft gern mit diesem Anrufer abschließen würden, Sie müssten aber fairerweise auf das Angebot des ersten Interessenten warten und fragen Sie, was dieser bereit wäre, zu zahlen. Davor in Gedanken bei einem niedrigeren Preis, würde der Kunde jetzt mehr Geld bieten. Noch besser wäre eine Auktion mit einem oder zwei Lockvögeln, die das erste Interesse zeigen beziehungsweise im richtigen Moment das Gebot hochtreiben sollten.

Das Prinzip der Knappheit

Nach der gleichen Logik funktioniert auch die Methode, seine Ware mit der Überschrift „fast ausverkauft“ oder „limitiert“ zu versehen. Dieselbe Zeile auf dem Bildschirm ist auch da, nur laufen die Zahlen abwärts - noch wenige Minuten und der ganze Vorrat ist weg. Der potentielle Kunde soll Torschlusspanik bekommen. Das heißt, wenn er die Sache nicht schnell kauft, geht er leer aus. Dieser Gedanke ist für einen Menschen höchst unangenehm, denn alle Menschen sind Sammler, sie wollen immer mehr haben und haben Angst, diese Sache nicht besitzen zu können.

Wenn man im Bekanntenkreis verkaufen möchte, empfiehlt es sich, den Trick mit der Knappheit leicht abzuwandeln. Erzählen Sie Ihrem Gastgeber, dass Sie gleich danach zu seinem Nachbar gehen, denn er zeigte ein großes Interesse, als er Sie mit dem Vorführgerät/den Proben/Kleidungsstücken in der Einfahrt gesehen hat - was würde Sie schlimmer treffen, wenn Sie sich gegen den Kauf dieses Produkts entschieden hätten? Dass Sie diesen Gegenstand nicht nutzen können ... oder dass Ihr Nachbar sich gerade an so einem erfreut?! Tja, der allgegenwärtige Neid tut mehr weh! Ihr Gastgeber denkt in diesem Moment höchstwahrscheinlich das Gleiche.

Ein weiteres Beispiel, wie diese Manipulationsmethode in unserem Alltag eingesetzt wird: Ich habe mich vor zehn Jahren mit der Zahnarzthelferin meiner Zahnärztin angefreundet. Einmal hat sie mir über ihre Pläne für die nächste Woche erzählt, weil „es in der Praxis nicht viel zu tun geben wird“. Also habe ich sie gefragt, warum ich nie einen Termin noch in derselben Woche bekomme, wenn sie so wenig Patienten haben. Sie erklärte mir, dass ihre Chefin damit den Eindruck einer sehr gefragten Ärztin erzeugen möchte, mit immer gut gefülltem Warteraum, damit sie weiterempfohlen wird und Patienten nicht einfach mal einen anderen Zahnarzt „ausprobieren“ wollen.

Ablenkung

Dieses Manöver wird oft bei kleinen Kindern eingesetzt, wenn sie etwas in die Hände bekommen haben, was sie nicht dürfen. Einem Kind den Gegenstand gewaltsam zu entreißen, wäre möglich, würde es aber unerwünschterweise zum Weinen bringen. Um das zu vermeiden, bietet man ihm etwas gleichermaßen Interessantes an - man lenkt das Kleine ab.

Allen Lebewesen fällt es schwer, mehrere Aufgaben gleichzeitig zu erledigen oder sich auf zwei unterschiedliche Dinge zu konzentrieren. Diese natürliche Schwäche können Sie für sich fast überall nutzen:

Wenn Sie zum Beispiel möchten, dass ein potentieller Kunde „das Kleingedruckte" im Vertrag übersieht, tun Sie so, als ob Sie ihn währenddessen nett unterhalten möchten, und sprechen ihn immer wieder an, stellen ihm Fragen über seine Familie und Hobbys - darüber redet jeder gern. Achten Sie dabei darauf, es nicht zu auffällig zu tun. Sie könnten die Störfaktoren variieren.

Zuerst könnten Sie ihm einen Tee oder ein anderes Getränk anbieten, dann finden Sie eine Melodie im Radio schön und drehen es ein wenig lauter, darauf ist es Ihnen zu warm/zu kalt und Sie teilen es Ihrem Gegenüber gern mit, was natürlich zur Folge hat, dass Sie die nötigen Handgriffe durchführen, wie das Fenster aufzumachen oder die Heizung aufzudrehen. Wenn sich eine dritte Person im Raum befindet, lässt sich das Ganze noch einfacher gestalten – Sie müssen nur eine interessante Unterhaltung führen. Das wirkt sogar doppelt: Einerseits stört das Gespräch den Leser akustisch, andererseits könnte er sich für das Thema interessieren und überfliegt dabei leichtfertig das Dokument. Der Vorteil der dritten Person ist: Der Versuch, den Kunden beim Lesen zu stören, fällt dabei nicht als Manipulation auf.

Die Strategie der Ablenkung haben viele Regierungen einsetzen müssen, wenn „die Laune" der Bevölkerung zu kippen drohte. Um die Aufmerksamkeit der Wähler von ihren Fehlern abzulenken, suchten die Machthaber nach Feinden oder negativen Beispielen außerhalb des Landes. Präsidenten, Parteien oder einzelne Regierungsmitglieder wurden öffentlich kritisiert, ihnen wurden tatsächliche oder vermeintliche Vergehen im eigenen Land angelastet, ja sogar Kriege wurden geführt.

„Gedanken sind mächtiger als Waffen. Wir erlauben es unseren Bürgern nicht, Waffen zu führen - warum sollten wir es ihnen erlauben, selbständig zu denken?"

Josef Stalin

Warum Stalin in Besprechungen gern stehen blieb

Die herausragende Begabung des russischen Diktators, Menschen und Situationen so zu beeinflussen, dass für ihn nahezu aus dem Nichts Vorteile gegenüber seinen Gesprächspartnern entstanden, ist legendär. Ob in Gesprächen mit einfachen Menschen oder denjenigen, die große Positionen bekleiteten, er schaffte es immer, sich als die bedeutendere Person im Raum zu präsentieren. Während der Sitzungen bevorzugte er es, zu stehen oder im Zimmer umherzuschlendern. Somit behielt er nicht nur alles im Blick, sondern nutzte psychologische Mechanismen, um den Menschen im Raum zu verdeutlichen, dass er ein ranghöheres Tier ist.

Dasselbe vermittelte er auch, wenn er sitzen oder in einer Gruppe stehen musste - er nahm für sich mehr Raum in Anspruch.

Um die Wirkung der angenommenen Position eines Sprechers im Raum zu untersuchen, haben Psychologen einer Gruppe von Studenten verschiedene Redner vorgestellt. Jeder von ihnen sollte seinen Teil zum Thema vortragen.

Allerdings stellten sich die angeblichen Dozenten immer woandershin als ihre Vorgänger. Am Ende der Vorlesung wurden die Studenten zu ihren Einschätzungen der fachlichen Kompetenz der Dozenten befragt. Bei Personen, die in einer Ecke oder an einer Wand gestanden haben, wurde der Sachverstand des jeweiligen Redners geringer eingeschätzt als der von Dozenten, die vorne oder in der Mitte des Raumes standen. Wiederum war der Raum, den sie während ihres Vortrags selbst ausgefüllt haben, von großer Bedeutung. Wer die Füße breit gestellt und ausladend gestikuliert hat, wurde als kompetenter wahrgenommen, im Vergleich zu Personen, die ihre Füße enger gestellt und ihre Hände nah am Körper gehalten haben.

Sie können dieses Wissen nutzen, um ihren beruflichen Erfolg voranzutreiben:

Teilen Sie Ihr Büro mit einer oder zwei Kolleginnen, verschieben Sie ihren Tisch aus der Ecke leicht zur Mitte des Raumes oder quer zur Ecke, wenn sich sonst kein Raum bietet. Ist es dafür nötig, die Tische der Kolleginnen leicht zu verschieben, tun Sie das, wenn diese nicht in der Nähe sind. Arbeiten Sie in einem Großraumbüro, gilt in etwa das Gleiche.

Die Tische zu verschieben, würde allerdings kaum unbemerkt bleiben - bei den vielen Kollegen ... Hier ist ein Arbeitsplatz vorn anzustreben - wenn andere Kollegen ihren Rücken vor sich sehen, wirken Sie erfahrener, vertrauenswürdiger, denn wessen Rücken sieht man in der Regel - den von Menschen, die eine Gruppe anführen und sagen, wo es langgeht. Sie könnten versuchen, mit jemandem die Plätze zu tauschen, mit der Begründung, dass Sie sich zum Beispiel von dem schönen Blick aus dem Fenster zu sehr ablenken lassen - wer würde da nicht gern mit Ihnen tauschen!

Wollen Sie in Teambesprechungen Ihrem Vorgesetzten auffallen oder Ihren Standpunkt deutlich machen, müssen Sie nur früher da sein und den richtigen Platz am Tisch nehmen.

Der Stammplatz des Chefs ist immer am Kopfende. Wer sich dorthin setzt, riskiert, das Opfer seiner Rache und fortwährenden Schikanen zu werden. Die nächsten Plätze links und rechts von ihm könnten von Menschen eingenommen werden, die entweder ihm fast ebenbürtig oder aber Schleimer sind. Erstere zeigen damit dem Team ihre Überlegenheit und letztere - dass ihnen der Rest des Teams egal ist.

In der Mitte und an den Seiten sitzen Teamplayer, die sich gern zeigen, es lieben, Initiative zu übernehmen oder als Ansprechpartner für beide Seiten zur Verfügung stehen.

Plätze an den Tischecken oder weiter vom Kopfende entfernt sind für Menschen, die nicht auffallen wollen und nicht an leitenden Positionen interessiert sind.

Das andere Ende vom Tisch ist nicht ohne! Wer immer diesen Platz besetzt, signalisiert dem Vorgesetzten seine kritische Haltung ihm gegenüber.

Verwirren durch die Körpersprache

Der Untersuchung und Deutung von Körpersprache widmen sich viele Wissenschaftler. Ihre Wirkung ist unumstritten. Wir wollen Menschen lesen können, erkennen können, wenn sie lügen und so weiter. Nur wenige kommen aber zu der Erkenntnis, dass man Menschen mithilfe der Körpersprache manipulieren kann.

Zum Beispiel kann man seinen Worten mehr Gewicht und Glaubwürdigkeit verleihen, wenn man beim Sprechen leicht nickt und/oder sein Gegenüber mit weit geöffneten Augen anschaut (nicht, als ob man überrascht ist, sondern wie ein Kind, das noch nicht gelernt hat zu lügen).

Man kann Menschen verwirren, wenn man Gestik und Mimik einsetzt, die etwas völlig anderes aussagen, als man verbal von sich gibt. Dafür muss man nur die Bedeutung der wesentlichen Gebärden kennen. Wollen Sie Ihr Gegenüber verunsichern, wenn die Person nach Ihrer Meinung zu ihrem Projekt fragt, könnten Sie sie in höchsten Tönen loben und dabei Ihren Blick im Raum umherschweifen lassen.

Der Betroffene wird das eher als schlechte Bewertung seiner Leistung aufnehmen, kann Ihnen aber deswegen keine direkten Vorwürfe machen – in Worten haben Sie ihn ja gelobt, worauf Sie, wenn nötig, hinweisen können. Der Konflikt ist somit vom Tisch.

Noch einige interessante Beispiele

Zum Schluss möchte ich noch eine Handvoll Geschichten erzählen, wie der eine oder andere mithilfe cleveren Ideen einen Willen durchsetzen konnte. Manche davon kommen in Form von Witzen daher, die dem echten Leben entsprungen sein könnten. Zugleich schadet ein wenig Humor nicht!

Was früher nicht erlaubt war, ist jetzt möglich

Eine Frau wünschte sich sehnlichst ein Baby, ihr Ehemann wollte aber keins und hat immer verhütet. Eines Tages fragt die Frau ihre Freundin um Rat. Diese hat eine Idee: Die Frau soll ihrem Mann sagen, dass die Verhütung doch versagt hat und sie schwanger wurde. Da war nichts mehr zu machen, Abtreibung kam nicht in Frage, also hat sich der Mann entspannt und aufgehört zu verhüten. Kurze Zeit darauf wurde die Frau tatsächlich schwanger und bekam ihr Baby.

Wie überwindet „Frau" die Faulheit ihres Mannes

Der Rasen wuchert, die Hecke sieht nicht weniger schrecklich aus und ... - der Mann liegt auf der Couch. Die smarte Frau ruft zu ihrer kurvenreichen Nachbarin über den Zaun, ob sie nicht ihren schönen Bikini anziehen möchte - er sieht an ihr nämlich richtig toll aus. Diese erfüllt ihre Bitte nur zu gern. Die schlaue Gattin geht zu ihrem Mann und beschwert sich: „Ach diese unverschämte Dame nebenan - hat schon wieder, einen Hauch von Nichts an und präsentiert sich auf der Sonnenliege der ganzen Welt." Der Faulpelz springt von der Couch auf und verschwindet mit Worten, er müsse die Hecke schneiden. „Mäh dann auch bitte den Rasen, wenn Du schon draußen bist!" - ruft ihm die Frau hinterher ... Kein Kommentar.

Provokation

Peter ist von seiner Englischlehrerin genervt und überlegt sich, wie er ohne Ärger ihren Unterricht schwänzen kann. Da sie sehr streng ist und mit aufsässigen Kindern wenig Geduld hat, weiß er, was zu tun ist. Er gibt sich alle erdenkliche Mühe, um aufzufallen. Er stört seine Mitschüler und die Lehrerin selbst, er legt die Füße auf seinen Tisch und ignoriert sämtliche Bemerkungen ihrerseits. Nach einer Weile hält es die arme Lehrerin nicht mehr aus und schreit den renitenten Schüler an.

Dieser meint dann, er müsse sich so etwas nicht bieten lassen und verlässt den Raum. Hätte sich die Lehrerin eher über ihn beschwert, hätte er Schwierigkeiten bekommen. Wenn sie jetzt zum Schulleiter gehen würde, müsste sie zugeben, dass Sie eine Grenze überschritten hat. Peters Rechnung ging auf - sein Verhalten und das Schwänzen blieben ohne Folgen. Für den Rest des Schuljahres hat ihn die Lehrerin weitgehend ignoriert, was aus seiner Sicht der doppelte Gewinn war.

Bumerang

- Wenn du mein Mann wärest, hätte ich dir Gift ins Getränk gemischt!
- Wenn du meine Frau wärest, hätte ich es getrunken!

Dieser Witz entstammt in Wirklichkeit einem Wortgefecht von Winston Churchill und Lady Astor. Er hat die Attacke mit nur wenigen Worten auf sie zurückgelenkt. Menschen, die schnell schlagfertige Antworten geben können, finde ich beneidenswert. Diese Fähigkeit kann man nur schwer trainieren. Wenn aber bestimmte Situationen erfahrungsgemäß immer wieder vorkommen, könnten Sie für solche Fälle ein paar Spitzen im Voraus formulieren.

Ein Junge wurde von einem netten Paar adoptiert und kommt in die neue Schule. In der Pause wird er von zwei Jungen in die Zange genommen. Sie lachen, schubsen ihn und rufen: „Du bist adoptiert, du bist ein Loser!" Der Junge steht auf, schaut die Unruhestifter mit verwunderten Augen an und schmunzelt: „Meine Eltern wollten das beste Kind aus dem Heim bekommen und haben sich deshalb für mich entschieden. Eure Eltern mussten sich damit abfinden, was sie geboren haben!"

Ein Kandidat für die Stelle als Mitglied der Stadtregierung von Sankt Petersburg hat versucht, die Wähler durch positive Emotionen zu beeinflussen, indem er kleinere Reparaturen in Mehrfamilienhäusern durchführen ließ. Er hat bei manchen Häusern die Haustüren erneuert, abgebrannte Glühbirnen ersetzt und anschließend in die Briefkästen der Bewohner seine Werbeprospekte geworfen mit einem nicht besonders aufdringlichen Hinweis auf seine Person als den Wohltäter. Umfragen zeigten, dass er mit dieser Masche Erfolg bei den Wählern hatte. Nun waren seine Konkurrenten am Zug - es ihm gleichzutun und womöglich als Nachahmer ausgelacht zu werden? Oder es klüger angehen?

Sie vervielfältigten seine Werbeprospekte mit dem Hinweis auf die Wohltaten und warfen diese täglich in die Briefkästen der Stadtbewohner! Das ständige Unter-die-Nase-Reiben erboste die Wähler - der Wohltäter hat verloren.

Probleme schaffen, um sie dann zu lösen

Felix war Mitarbeiter einer großen Firma und zielte auf die Stelle des Abteilungsleiters, der bald in die Rente gehen würde. Felix wusste, dass sich für diese Stelle andere Kollegen beworben haben, die weit mehr qualifizierter waren als er. Zudem waren sie länger im Unternehmen beschäftigt als er - er hätte also keine Chance gegen sie. Draußen herrschten zu der Zeit Minusgrade, denn es war Ende Januar. Mit einem kleinen Geschenk überredete er den Hausmeister, die Heizung im Gebäude abzuschalten und sich rarzumachen.

Er brauchte nur zu warten, bis die Kälte spürbar wurde und die Kolleginnen in seinem Großraumbüro anfingen, darunter zu leiden. Er schlug vor, sich darum zu kümmern und verließ den Raum - einen Pluspunkt bei den Kolleginnen hatte er schon mal gesammelt! Nur ging er noch nicht zum Hausmeister, sondern in die Personalabteilung, um „über seine Chancen im Wettbewerb um die Stelle des Abteilungsleiters" zu sprechen. Auf dem Weg dahin nahm er zwei dampfende Tassen heißen Kaffees mit.

Wie erwartet, wickelten sich die beiden älteren Damen in alle verfügbaren Schals und Stofffetzen, die sie nur finden konnten und waren beeindruckt von seiner Fürsorge. Er versprach auch ihnen, sich darum zu kümmern, dass die Heizung wieder eingeschaltet wird und bedankte sich bei dem Hausmeister. Wer die Stelle des Abteilungsleiters bekam? Nicht Felix. Ihm wurde aber eine gleichwertige Stelle als Abteilungsleiter in der Qualitätssicherung angeboten!

Propaganda und Lügen

Reichspropagandaminister Joseph Goebbels untersuchte die Geschwindigkeit und den Charakter von Gerüchten und stellte fest: Je dreister und unglaubwürdiger die Lüge, desto schneller wird sie verbreitet. Die Erklärung dieses Phänomens ist ganz einfach - eine unverschämte offensichtliche Lüge lässt ihren Empfänger nicht kalt. Seine Empörung über die versuchte Täuschung will er sofort jemandem mitteilen.

Auch wenn die Geschichte zunächst mit Skepsis weitergegeben wird, doch auf diese Weise macht sie die Runde. Selbst wenn der „Patient Null" dieselbe Nachricht wieder hört, führt es eher zur Verfestigung dieses Gedankens, denn nun erzählen das auch andere, also muss es der Wahrheit entsprechen. Hier wirken im Endeffekt zwei Manipulationsmechanismen: die Propaganda nach Goebbels und die Macht der Masse. Gerade heutzutage wieder gut zu erkennen.

Wer zuerst kommt, mahlt zuerst

Ebenfalls von Goebbels stammt die Theorie, dass Menschen geneigt sind, der Erklärung zu glauben, die sie zuerst gehört haben. Hier zeigt sich wiederum die Trägheit der Gesellschaft, Informationen zu überprüfen und seine Meinung darüber neu zu bilden. So manchem Menschen wird diese Begrenztheit zum Verhängnis:

Legt vor Gericht der Staatsanwalt zu Beginn der Verhandlung eine starke Rede hin, haben die Geschworenen ihre Meinung über den Beschuldigten schon gebildet und sein Verteidiger wird es schwer haben, sie vom Gegenteil zu überzeugen – der Platz im Hirn ist belegt mit Argumenten der Anklage.

Die Macht der unausgesprochenen Worte

Eine Andeutung wirkt stärker als eine direkte Aussage. Ein Beispiel: Ein junges Ehepaar hat sich zerstritten und sucht Rat bei der gemeinsamen Freundin. Die Freundin hat aber schon seit langem ein Auge auf den attraktiven und erfolgreichen Mann geworfen. Ein Versuch, das Ehepaar durch Anstacheln und Beschuldigungen auseinanderzubringen, könnte ins Gegenteil umschlagen. Sie würde die Freundschaft der beiden und vor allem den Kontakt zu ihrem Schwarm verlieren. Was tut sie also?

Sie fragt ihre Freundin: „Wenn deine Nachbarin viel schönere Kleider hätte als du, welchen Kleiderschrank würdest du nehmen wollen? Ihren oder deinen?" „Ihren." - antwortet die Freundin natürlich. „Wenn deine Nachbarin ein teureres Auto besitzen würde, welches Auto würdest du haben wollen?" „Ihres." - folgt die Antwort. „Und wenn deine Nachbarin einen erfolgreicheren, hübscheren Mann hätte, welchen würdest du haben wollen?" Die Freundin schaut ihren Mann erschrocken an und gibt keinen Ton von sich.

Die hinterlistige Freundin sieht ihre List fruchten. Sie fragt nun den Mann: „Wenn dein Nachbar ein größeres Haus besitzen würde, welches Haus würdest du haben wollen?" Die Antwort des jungen Mannes gleicht der seiner Frau. „Wenn dein Nachbar eine größere Yacht als du besitzen würde, welche würdest du dir wünschen?" - „Natürlich seine!" - „Und wenn seine Frau viel schöner wäre als deine?"... Mehr musste die falsche Freundin nicht sagen, das Pärchen hat den Rest ohne fremde Hilfe zu Ende gedacht.

Hol zuerst den Hammer heraus

Eine Nonne läuft voller Panik aus einer Arztpraxis heraus. Die Arzthelferin fragt den Arzt, was denn passiert sei. „Nichts. Ich habe ihr nur mitgeteilt, dass sie schwanger ist." - antwortet er. „Sie ist aber zu Ihnen mit Schluckauf gekommen!!!" - „Und? Hat sie gehickst, als sie die Praxis verlassen hat? Nein!"

Die fünfzehnjährige Lena kommt nach Hause und bittet ihre Eltern, sich hinzusetzen. Als sie das tun, berichtet sie: „Ich bin schwanger, habe Genitalwarzen und eine Anzeige wegen Ladendiebstahls am Hals." Die Eltern sind der Ohnmacht nahe, erstarrt, nicht wissend, wie sie damit umgehen sollen - dann legt Lena ihr Jahreszeugnis auf den Tisch und sagt: „Alles Quatsch. Ich habe nur eine Fünf in Mathe."

Die Moral dieser Geschichten ist selbsterklärend.

Kannst du gegen die Argumente deines Gegners nichts ausrichten, zerstöre seinen Ruf

Ein Autofahrer wird angehalten, weil er die rote Ampel missachtet hat. An sein Auto tritt ein Polizist und fragt nach dem Führerschein. „Tut mir sehr leid, Herr Polizeibeamter, den habe ich bei meinen Freunden vergessen – immer, wenn ich besoffen bin, lasse ich alles Mögliche liegen.“ - beichtet der Fahrer. Der Polizist läuft zu seinem Kollegen, der am Polizeiauto geblieben ist und teilt ihm alles mit. Der zweite Beamte kommt und bittet den Fahrer ins Röhrchen zu pusten - es zeigt null an. Er fragt nach dem Führerschein des Herrn und bekommt ihn. „Mein Kollege meinte, Sie wären betrunken und sind ohne Führerschein gefahren.“ - „Wenn man ihm Zeit lassen würde, könnte er sich vieles ausdenken. Zum Beispiel, dass ich die rote Ampel überfahren habe ...“

Diese Geschichte ist zwar ein Witz, sie zeigt aber ganz genau, wie diese Methode funktioniert: Hat jemand etwas über Sie erfahren, was Ihnen schaden könnte oder besitzt andere Informationen, die Sie nicht widerlegen können, machen Sie ihn unglaubwürdig.

Dafür müssen Sie in Ihrem Umfeld Gerüchte über diese Person verbreiten, die ihren Ruf schädigt oder in deren Namen Lügen erzählen. Wenn er oder sie sich dann entscheiden, die Information gegen Sie einzusetzen, werden die Menschen dem Ganzen kaum glauben. Und wenn doch, dann nur teilweise und schreiben den extremeren Teil der blühenden Fantasie des Erzählers zu. So können Sie den Schaden, wenn nicht gänzlich abwenden, dann zumindest abmildern.

Napoleon Bonaparte

Napoleon Bonaparte war ein talentierter Heerführer, zielstrebig und gierig nach Macht. Er hatte eine narzisstische Persönlichkeit und dachte nur an sich. Doch dank hohen Intellekts war er auch ein geschickter Manipulator.

Mitten in einer Belagerung am Abend nach einer Schlacht ging er im Lager spazieren und entdeckte einen seiner Soldaten schlafend auf seinem Wachtposten. So etwas wurde damals mit dem Tod bestraft. Er verstand, dass eine Hinrichtung seine Männer gegen ihn aufbringen würde, denn sie alle sind sehr erschöpft, schließlich ziehen sie schon seit Monaten von einer eroberten Stadt zur nächsten. Er nahm ein Gewehr und stellte sich neben den schlafenden Soldaten. Als er dabei gesehen wurde, erklärte er, dass er mit dem Soldaten mitfühlt und weiß, dass dieser schon lange Zeit loyal ist und mit ganzem Herzen seinem Land dient. Napoleon gewann mit dieser Tat den Respekt und die Liebe seiner Armee. In die nächste Schlacht gingen die Männer besonders motiviert und eroberten die Stadt.

Nachwort

Mittlerweile wurden so viele Betrugsmaschen erfunden. Jeden Tag fallen Manipulatoren neue Tricks ein. Es ist so viel über Manipulationen und die menschliche Psyche bekannt. Ständig werden Strategien und Gegenstrategien entwickelt. Es ist praktisch unmöglich, alles in einem Buch zusammenzufassen und zu jedem Trick einen passenden Ratschlag zu erteilen.

Wollen Sie sich vor Manipulationen schützen, bleiben Sie aufmerksam, gewöhnen Sie sich lösungsorientiertes Handeln an, bleiben Sie flexibel und offen Neuem gegenüber, bleiben Sie kritisch und überprüfen Sie sowohl Informationen als auch Menschen. Behalten Sie Ihre Gefühle im Griff und handeln nicht unüberlegt. Beobachten und lernen Sie – Menschenkenntnis bietet guten Schutz vor Betrügern. Die Manipulationstechniken und ihre Wirkungsweise zu kennen, hilft, sie aufzudecken und somit nicht darauf reinzufallen. Stärken Sie Ihr Selbstwertgefühl, dann haben die meisten Täter keine Chance. Ist dennoch etwas passiert, haken Sie es als eine Lehre ab, stehen Sie wieder auf und genießen Ihr Leben!

Ist es Ihr Ziel, das Wissen, um die Manipulation zu Ihren Zwecken zu verwenden, sind meine Empfehlungen ähnlich: Starkes Selbstwertgefühl hilft zu überzeugen. Menschenkenntnis ermöglicht es Ihnen, die richtige Strategie zu finden und sie an die jeweilige Person anzupassen. Beobachtungsgabe und analytisches Denken helfen Ihnen, neue Wege zu finden und Ihre Umgebung zu beeinflussen. Bleiben Sie dran!

Angelika Hornig

Haftungsausschluss

Die Umsetzung aller enthaltenen Informationen, Anleitungen und Strategien dieses Werkes erfolgt auf eigenes Risiko. Für etwaige Schäden jeglicher Art kann der Autor aus keinem Rechtsgrund eine Haftung übernehmen. Für Schäden materieller oder ideeller Art, die durch die Nutzung oder Nichtnutzung der Informationen bzw. durch die Nutzung fehlerhafter und/oder unvollständiger Informationen verursacht wurden, sind Haftungsansprüche gegen den Autor grundsätzlich ausgeschlossen. Ausgeschlossen sind daher auch jegliche Rechts- und Schadensersatzansprüche. Dieses Werk wurde mit größter Sorgfalt nach bestem Wissen und Gewissen erarbeitet und niedergeschrieben. Für die Aktualität, Vollständigkeit und Qualität der Informationen übernimmt der Autor jedoch keinerlei Gewähr. Auch können Druckfehler und Falschinformationen nicht vollständig ausgeschlossen werden. Für fehlerhafte Angaben vom Autor kann keine juristische Verantwortung sowie Haftung in irgendeiner Form übernommen werden.

Urheberrecht

Impressum

Autor:

Angelika Hornig

vertreten durch:

MAK DIRECT LLC

2880W OAKLAND PARK BLVD, SUITE 225C OAKLAND PARK, FL 33311 FLORIDA

Printed in Poland
by Amazon Fulfillment
Poland Sp. z o.o., Wrocław

76847657R00065